本书受到以下项目资助：国家自然科学基金项目"快…
聚落空间演化及重构——以豫西山地嵩县为例"（项目编…
省高校人文社会科学研究一般项目"豫西山区县域城乡聚…
路径研究——以嵩县为例"（项目编号：2024-ZZJH-156）。

经管文库 · 经济类
前沿 · 学术 · 经典

山区县域聚落空间演化及重构
——以嵩县为例

SPATIO-TEMPORAL EVOLUTION AND SPATIAL
RESTRUCTURING OF SETTLEMENTS IN
MOUNTAINOUS COUNTIES:A CASE STUDY
OF SONGXIAN COUNTY

段小薇 著

经济管理出版社
ECONOMY & MANAGEMENT PUBLISHING HOUSE

图书在版编目（CIP）数据

山区县域聚落空间演化及重构：以嵩县为例/段小薇著.—北京：经济管理出版社，2023.7
ISBN 978-7-5096-9156-4

Ⅰ.①山… Ⅱ.①段… Ⅲ.①乡村地理—聚落地理—研究—嵩县 Ⅳ.①K926.14

中国国家版本馆 CIP 数据核字（2023）第 135568 号
地图审图号：豫 S[2023 年]013 号

组稿编辑：王　洋
责任编辑：王　洋
责任印制：黄章平
责任校对：张晓燕

出版发行：经济管理出版社
　　　　　（北京市海淀区北蜂窝 8 号中雅大厦 A 座 11 层　100038）
网　　址：www.E-mp.com.cn
电　　话：（010）51915602
印　　刷：唐山玺诚印务有限公司
经　　销：新华书店
开　　本：720mm×1000mm/16
印　　张：12.75
字　　数：257 千字
版　　次：2023 年 7 月第 1 版　2023 年 7 月第 1 次印刷
书　　号：ISBN 978-7-5096-9156-4
定　　价：98.00 元

·版权所有　翻印必究·
凡购本社图书，如有印装错误，由本社发行部负责调换。
联系地址：北京市海淀区北蜂窝 8 号中雅大厦 11 层
电话：（010）68022974　邮编：100038

前　言

改革开放以来，伴随城镇化的快速推进，作为山区居民居住以及进行生产生活等社会经济活动主要载体的山区聚落，经历了剧烈变动，其数量、规模、空间格局、空间结构等均发生了显著变化。与此同时，山区乡村聚落作为山区基础的行政区划及管理单元（或是基础自治单元），其发展态势直接影响到全国脱贫成果和全面小康社会的巩固，是构建社会主义和谐社会成败的试金石，也是社会主义新农村建设以及当前乡村振兴战略实施难点中的难点。因此，了解山区乡村聚落演化的时空规律，掌握山区乡村聚落空间演变的影响机理，把握山区乡村聚落未来的发展方向，对丰富聚落研究相关内容、推动山区脱贫成果巩固与山区乡村振兴有效衔接，实现山区聚落长久持续良好的发展具有重要的理论与现实意义。

本书正是在此大背景下，选取原豫西山地集中连片的国家扶贫开发工作重点山区县中人口最多且具有一定代表性的嵩县为研究案例，基于人地关系理论、区位理论、空间结构理论、路径依赖理论、空间生产理论、生活质量理论和公共产品理论等地理学和经济学相关理论，以山区县域聚落的"空间格局—演变过程—演变机理—空间优化重构"为主线，运用 GIS 空间分析方法结合地形起伏度、地形位指数和分维数等指数方法，从总体、分区对嵩县聚落空间分布特征及其演化、聚落空间结构演变进行分析；运用因子分析、地理探测器模型、多元回归分析方法、空间计量模型（包括空间滞后模型 SLM、空间误差模型 SEM 和地理加权回归模型 GWR），从自然村、行政村和乡镇尺度对嵩县聚落空间分布的影响因素时空变化进行分析；基于空间生产、生活质量、生态位和居住场势理论，依据就近原则，运用加权 Voronoi 图和对比聚落之间"居住场势"大小，实现宏观与微观相结合，得出嵩县聚落未来的优化重构方向。研究有以下发现：

（1）聚落演化的时空特征方面：①聚落数量显著减少而聚落规模却明显增加，1975~2015 年聚落数量减少了将近 1/4，而聚落斑块面积增加了 1.2 倍多；1975~1995 年聚落数量消失得更明显，而 1995~2015 年聚落总规模增加和扩张更为明显。②受地形限制，聚落在空间上多沿道路和河流呈条带状分布，沿县城和乡镇中心呈团状分布，且随着时间变化，多数河流道路沿线聚落仍在原位置发展，规模逐渐增大，同时向县城以及各镇区附近集聚，其中向县城集聚尤为显著。③聚落空间分布的低地、平缓坡度、小地形位指向性明显，且随时间变化分别趋于向丘陵、坡度小于6°和地形位指数小于0.4地区布局；此外，聚落区位的微小起伏指向性和聚落规模空间分布的微起伏指向性显著，且随时间变化前者向微起伏地区集中而后者向平微起伏地区集中；聚落区位的南坡指向性和聚落规模空间分布的南坡、东南坡和西南坡指向性显著，且随时间变化趋于增强。④全县聚落在空间上呈树枝状或者线—网状结构分布且随时间变化不明显，但局部有所变化，其中，在1975年时期局部呈现出的线—网状结构发展为带状—网状结构，块状发展为带状或者面状结构，带状结构有所扩展，散点状结构有所减少或者发展为块状结构；且全县形成了以嵩县县城为主中心和车村镇镇区为副中心的双核结构。

（2）聚落空间分布的影响因素及其变化方面：

1）聚落区位主要受地形、生产条件以及道路、乡镇中心、县城中心和工矿企业的辐射影响，但随时间变化，地形影响在减弱，而道路和乡镇中心的辐射影响在增强，其中，受河流的影响仅在1975年为正向影响，受距离道路远近的负向影响先减弱后增强；受乡镇中心距离远近的正向影响逐渐减弱，受县城中心距离远近的正向影响先增强后减弱，受土地生产条件好坏的影响在1995~2015年正向影响程度逐渐减弱；受工矿企业的辐射影响仅在1995年和2015年显著，但前一时期是负向影响而后一时期是正向影响，受养猪和大家畜的正向影响作用逐渐减弱，而受山羊养殖的正向影响逐渐增强。此外，三个时期嵩县聚落区位受到地形、河流远近距离、道路远近距离、乡镇中心远近距离、县城中心远近距离、劳动力多少、生产条件好坏、工矿企业远近的影响作用程度存在空间差异，且随时间变化在不同位置变化不同。

2）聚落规模空间分布受自然、社会和经济等方面因子的解释作用均较为显著并随时间有所变化，其中，地形的影响最大，社会经济因子中乡镇和县城中心的影响次之，但随城镇化进程的不断加快，县城中心的影响逐渐增强，而乡镇中心和地形的影响逐渐减弱。其中，受地形因素和生产条件的影响均仅在1995年和2015年为负向显著影响，但随时间变化前者逐渐增强而后者逐渐减弱，受河流影响仅在1975年时期为显著负向影响，受劳动力的正向影响作用先增强后减弱。此外，嵩县聚落规模空间分布在1975年和1995年受河流远近距离、道路远近距离、乡镇中心远近距离、县城中心远近距离、工矿企业以及家庭养殖业影响作用存在明显的空间差异，并随时间在不同位置有不同的变化，而在2015年受到地形、劳动力多少和生产条件好坏影响的空间差异很小，可以大致忽略。

（3）嵩县聚落空间重构方向可划分为城镇化型、重点发展型、控制扩张型和迁移合并型四大类：①在对城镇化型乡村聚落空间优化重构过程中，应将该类乡村聚落的村庄规划纳入城镇规划体系中，设计适合农民居住的社区户型，引导居民向住宅小区集中。②在对重点发展型聚落空间优化重构过程中，应将该类聚落作为中心聚落（居民点）重点发展，集中建设现代化型聚落，引导周边适宜性低、分散、规模小的乡村聚落向中心聚落集聚。③在对控制扩建型乡村聚落空间优化重构过程中，应在现有布局的基础上，通过村庄整体规划，依托各村落特有优势、改善布局，注重对村民宅基地房前屋后等闲置地进行改造，加大对空心村和一户多宅用地的整治，同时严格控制村落外延式新建，切实提高村落集约用地水平。此外，还应完善该类型聚落与外界的交通等基础设施建设，加强与集镇或者中心村的联系。④对需要迁移合并类聚落，在迁移合并时应遵循"就近迁移、由低居住场势向高居住场势地区迁移、有利于迁出地农民与迁入地农民融合"的原则，采取整体搬迁或者局部搬迁但集中安置的方式，合理安置迁移居民的住房，并安排好移民的生产生活，提高土地利用效率以及基础设施的共建和共享率。

在本书的撰写过程中，感谢洛阳市自然资源和规划局、嵩县自然资源局、嵩县人民政府、嵩县统计局、嵩县公安局以及嵩县下辖乡镇等的相关工作人员在研究数据获取中提供的帮助。感谢博士研究生导师李小建教授的指导和建议，感谢书稿撰写过程中同门朱纪广师兄、史焱文师兄、许家伟师兄、吴娜琳师姐、杨慧敏师妹、娄帆师妹等给予的支持，感谢调研过程中，白燕飞、郭向、张志伟、施瑞、高露等师弟师妹给予的帮助。

目 录

第1章 绪论 ·· 1

1.1 研究背景 ·· 1
    1.1.1 乡村聚落快速转型 ·· 1
    1.1.2 山区乡村聚落变化巨大 ·· 1
    1.1.3 山区乡村聚落发展与乡村振兴 ··· 2
1.2 问题的提出 ··· 2
1.3 研究意义 ·· 3
    1.3.1 理论意义 ··· 3
    1.3.2 实践意义 ··· 4
1.4 研究思路与技术路线 ·· 5
    1.4.1 研究思路 ··· 5
    1.4.2 技术路线 ··· 6
1.5 内容安排 ·· 7

第2章 国内外相关研究文献述评 ·· 9

2.1 相关概念 ·· 9
    2.1.1 聚落与乡村聚落 ·· 9
    2.1.2 行政村与自然村 ··· 10
    2.1.3 乡村聚落空间重构 ··· 11
2.2 国内外乡村聚落演变研究进展 ·· 12
    2.2.1 乡村聚落演变过程及其特征 ··· 13
    2.2.2 乡村聚落演变的影响因素及驱动机制 ··· 17
    2.2.3 乡村聚落空间重构 ··· 20
2.3 山区乡村聚落空间分布及演变研究进展 ·· 21

         2.3.1 西部山区 ………………………………………………… 22
         2.3.2 中部山区 ………………………………………………… 24
         2.3.3 东部山区 ………………………………………………… 25
         2.3.4 东北部山区 ……………………………………………… 25
   2.4 研究述评 …………………………………………………………… 26
         2.4.1 国内外研究特点 …………………………………………… 26
         2.4.2 研究不足 ………………………………………………… 27

第3章 相关理论与理论框架 …………………………………………… 29
   3.1 理论基础 …………………………………………………………… 30
         3.1.1 人地关系理论 …………………………………………… 30
         3.1.2 区位理论 ………………………………………………… 32
         3.1.3 空间结构理论 …………………………………………… 37
         3.1.4 规模经济与集聚经济 …………………………………… 40
         3.1.5 路径依赖理论 …………………………………………… 43
         3.1.6 空间生产理论和生活质量理论 ………………………… 44
         3.1.7 公共产品理论 …………………………………………… 47
   3.2 理论架构 …………………………………………………………… 48

第4章 研究区、数据与分析方法 ……………………………………… 55
   4.1 研究区选取与概况 ………………………………………………… 55
         4.1.1 研究区选取 ……………………………………………… 55
         4.1.2 研究区概况 ……………………………………………… 60
   4.2 研究时段的选取 …………………………………………………… 62
   4.3 数据来源与处理 …………………………………………………… 63
         4.3.1 数据来源 ………………………………………………… 63
         4.3.2 空间数据预处理 ………………………………………… 63
         4.3.3 社会经济数据与空间数据匹配处理 …………………… 64
   4.4 乡村聚落空间格局、过程与影响因素分析方法 ………………… 64
         4.4.1 景观格局指数 …………………………………………… 65
         4.4.2 空间扩展指数 …………………………………………… 65
         4.4.3 聚落形态测度方法 ……………………………………… 66
         4.4.4 探索性空间分析方法 …………………………………… 67
         4.4.5 地形起伏度和地形位指数 ……………………………… 72

  4.4.6　主成分分析法和因子分析法 ………………………………………… 73
  4.4.7　多元回归分析方法 …………………………………………………… 75

第5章　聚落演化的时空特征 …………………………………………………… 76
5.1　聚落区位演化的时空特征 …………………………………………………… 77
  5.1.1　总体特征 ………………………………………………………………… 77
  5.1.2　不同地形条件分区 …………………………………………………… 78
  5.1.3　道路不同影响区 ……………………………………………………… 83
  5.1.4　水源不同影响区 ……………………………………………………… 85
  5.1.5　县城乡镇中心不同影响区 …………………………………………… 85
5.2　聚落规模演化的时空特征 …………………………………………………… 87
  5.2.1　总体特征 ………………………………………………………………… 87
  5.2.2　不同地形条件分区 …………………………………………………… 89
  5.2.3　道路不同影响区 ……………………………………………………… 93
  5.2.4　水源不同影响区 ……………………………………………………… 94
  5.2.5　县城乡镇中心不同影响区 …………………………………………… 94
5.3　聚落空间结构变化 …………………………………………………………… 96
5.4　本章小结 ……………………………………………………………………… 98

第6章　聚落空间演变影响因素分析 …………………………………………… 100
6.1　基于自然村尺度嵩县聚落空间演变的影响因素分析 ……………………… 101
  6.1.1　聚落区位空间分布的影响因素及变化 ……………………………… 102
  6.1.2　聚落规模空间分布的影响因素及其变化 …………………………… 103
6.2　基于行政村尺度的嵩县聚落空间演变的影响因素 ………………………… 111
  6.2.1　指标体系的构建 ……………………………………………………… 111
  6.2.2　聚落区位和规模空间分布的影响因素及变化 ……………………… 114
  6.2.3　聚落区位和规模空间分布影响因素的时空变化 …………………… 120
6.3　基于乡镇尺度的嵩县聚落空间分布的影响因素分析 ……………………… 137
  6.3.1　指标体系的构建 ……………………………………………………… 137
  6.3.2　聚落空间分布影响因素分析 ………………………………………… 141
6.4　本章小结 ……………………………………………………………………… 144

第7章　聚落发展适宜性评价及其空间重构研究 ……………………………… 146
7.1　嵩县聚落空间适宜性评价 …………………………………………………… 147

7.1.1　评价指标体系构建 ………………………………………… 147
　　7.1.2　指标量化和综合评价模型 …………………………………… 148
　　7.1.3　嵩县聚落空间适宜性结果评价 ……………………………… 150
　7.2　嵩县聚落空间重构区划分 ………………………………………… 156
　　7.2.1　划分依据 ………………………………………………………… 156
　　7.2.2　划分结果分析 …………………………………………………… 157
　7.3　嵩县聚落空间重构方向及政策建议 ……………………………… 161
　　7.3.1　城镇化型 ………………………………………………………… 162
　　7.3.2　重点发展型 ……………………………………………………… 162
　　7.3.3　控制扩建型（或者内部改造型）……………………………… 163
　　7.3.4　迁移合并型 ……………………………………………………… 163

第8章　结语 …………………………………………………………………… 165
　8.1　主要结论 …………………………………………………………… 165
　8.2　创新之处 …………………………………………………………… 167
　8.3　研究不足与展望 …………………………………………………… 168

参考文献 …………………………………………………………………… 170

附录　分析附表 …………………………………………………………… 188

第 1 章 绪 论

1.1 研究背景

1.1.1 乡村聚落快速转型

我国乡村地域广大、人口众多，截止到 2017 年底，13.9 亿中国人中仍有 5.77 亿人居住于乡村聚落中，乡村聚落依然是我国人口的重要居住形式。乡村聚落作为乡村人口聚居并进行生产、生活和发展的载体（或者称容器），是乡村发展的实态表征，并始终伴随着乡村聚居社会的发展而发生相应的变化（雷震东，2005）。在我国漫长的传统社会经济发展时期，社会经济发展相对平缓，乡村聚落变化缓慢，长期的发展结果创造了富含地域文化的聚落环境，且聚落环境与对应的聚落社会发展更多地表现出良性的和和谐的适应场景（雷震东，2005）。然而，自改革开放以来，伴随着工业化、城镇化的快速发展，我国城乡地域结构发生了显著变化（刘彦随等，2016），尤其是近20年来，随着社会经济的快速发展，乡村聚落社会生活方式急剧变化，农民经济生活水平大幅度提高，传统聚落环境形态普遍地表现出与聚落社会发展要求的不适应性，乡村聚落面临转型或者已经处于快速转型中。乡村聚落快速转型中出现的"城进村退，城荣村衰"、农村空心化和日趋严峻的"乡村病"问题关乎乡村聚落是否能够快速可持续发展，必须引起足够的重视。

1.1.2 山区乡村聚落变化巨大

我国山区面积约占国土陆地面积的 70%（陈国阶，2006），山区县级行政单元约占全国的一半，但其城镇化水平远低于全国平均水平。尽管如此，全国仍有 45% 的居民生活在山区，且农村聚落依然是中国人口的主要聚居形式（邓伟等，

2013；Zhou et al.，2013）。然而，随着城镇化进程的推进，农村人口大规模迁移，很多村子逐渐消失，这种现象在山区尤为显著，我国山区县行政村个数由1992年的280163个减少至2013年的186533个，减少了将近9.4万个。以豫西山区县嵩县为例，1975~2015年的40年里，其聚落数量减少了将近1/4。与此同时，山地型聚落普遍存在规模小、数量多、布局散乱、土地利用率低等现象日趋加剧（邓伟等，2013；余兆武等，2016），成为当前城乡协调发展、新型城镇化建设的制约因素。

1.1.3 山区乡村聚落发展与乡村振兴

进入21世纪以来，为了破解"三农"问题、缩小城乡差距，中国相继实施了统筹城乡发展、新农村建设、城乡一体化和新型城镇化等宏观战略（李裕瑞等，2014），然而总体进展和成效仍不明显，有些矛盾和问题仍在加剧（刘彦随等，2016；Liu & Li，2017）。党的十九大做出了"中国特色社会主义进入新时代，我国社会主要矛盾已经转化为人民日益增长的美好生活需要和不平衡不充分的发展之间的矛盾"的重大政治论断，强调"实施乡村振兴战略"，其核心是着力破解城乡发展不平衡、农村发展不充分等突出问题，弥补全面建成小康社会的乡村短板（苗长虹和赵建吉，2018；刘彦随，2018）。乡村振兴是与"城市"对应的区域的振兴，是城镇对应村落的振兴，在振兴战略实施中要特别尊重乡村聚落发展规律（李小建，2017）。乡村聚落作为乡村振兴的载体和支撑，有其特定的发展规律，研究山区乡村聚落的空间演变规律，对于正在进行的乡村振兴战略实施具有重要的参考意义。

1.2 问题的提出

山区乡村聚落作为山区基础的行政区划及管理单元或基础的自治单元（李增元，2018），是构建社会主义和谐社会成败的试金石（陈国阶等，2007），是我国社会主义新农村建设和当前乡村振兴战略实施难点中的难点。然而，随着社会经济和城镇化的快速发展，山区乡村聚落变化巨大，面临着快速转型，未来随着人口的大范围迁移这种现象将继续存在，怎样能够向着良好的方向发展？山区聚落有着怎样的空间演变规律？影响山区聚落演变的因素发生着怎样的变化？未来山区聚落应该着重向哪方面发展？这些问题的解决对于山区乡村振兴战略的实施具有重要的参考意义。

吴良镛等（2013a，2013b）提出将县域农村基层治理作为统筹城乡发展的重要战略,即以"县域"为基元,开展农村基层治理,依据各地各具特色的自然资源、经济基础、文化特色等现实情况,促进城乡统筹规划、协调发展,有序推进农村地区的城镇化进程,并积极进行以县为单元的城镇化、新农村和制度创新试点。李小建等(2015)认为,政府主导推进城镇化快速发展的过程中,尊重自然、延续历史,充分考虑对几千年来形成的人居环境和农村聚落格局的承继非常重要。因此,本书以豫西山地山区县——嵩县为例,在山区县域聚落空间演变及其影响因素变化的基础上,探讨了山区聚落未来的重构方向,对于山区城乡统筹和乡村振兴战略的实施意义重大。

1.3 研究意义

1.3.1 理论意义

聚落是人地关系相互作用的典型形态,其形成与演化过程经历了多种因素综合作用,是地理学、经济学、社会学等学科研究的重要切入点(史焱文,2016)。特别是山区聚落的空间演变过程更具有独特性:山区聚落空间分布除遵从一般聚落分布规律之外,地形及其伴随的坡度、坡向、水系均有十分重要影响,交通条件常与地势较低地区或者河流叠加,影响聚落的分布;社会经济条件的影响在不同地形下会发生变异,产生不同的空间效果。基于此,本书拟结合地理学和经济学等学科相关基本理论,将人地关系理论、区位论、空间结构理论、规模经济与集聚经济、路径依赖理论、空间生产理论和生活质量理论、公共产品理论等相关理论进行重组与构建,与山区聚落空间演变规律和重构相结合,以期探索可用于解释山区聚落演化规律的理论。主要从以下三个方面进行尝试:

(1)山区聚落分布有一定特殊性:受地形限制,聚落空间分布格局在山区发生变异,且随着时间变化,山区聚落的演化也具有特殊性。然而已有的聚落理论多适用于平原聚落,比如,经典的克氏中心地理论,理论假设条件之一是"中心地分布的区域为均质平原,自然条件和自然资源状况相同……"(沃尔特·克里斯塔勒,2016)。那么,是否也存在一个理论适用于山区聚落。本书以豫西山地嵩县这一山区县为例探索决定山区聚落数量、规模及其分布和演变的规律是否存在?如果存在,那么又是怎样的规律?以期丰富山区聚落相关理论研究。

(2)除山区聚落空间分布和演变受地形限制有一定特殊性,其影响因素也具有特殊性：地形因素对聚落分布格局及变化具有显著的基础制约作用，社会经济因子与地形因素叠加发生变异，对聚落格局产生特殊影响，同时伴随社会经济和城镇化的快速发展以及科学技术进步，各影响因素也发生着变异，那么山区聚落演化空间分异特征的影响因素是怎样的？是否有章可循？本书拟从自然村、行政村和乡镇三个尺度对山区县域聚落空间演变的影响因素进行定量分析，拟在这方面进行探索，以期发现一些规律，丰富聚落地理学的理论研究内容。

（3）良好的居住空间环境不仅要满足人们的生理行为、生活行为、社会行为需要，而且还应是能够取得良好心理感受的统一体。聚落作为人民居住的基本场所，涉及与居民进行生产、生活以及居住环境密切相关的生产条件、生活条件和生态条件，那么是否可以从生产条件、生活条件和生态条件三个维度对已有理论进行重组和构建，以建立聚落空间适宜性指标评价体系。本书拟在这方面进行探索，以期能够更好地刻画聚落的适居性，并为聚落优化重构提供依据。

1.3.2 实践意义

我国人口众多，农村底子薄、农业基础差、城乡差距大（刘彦随，2011）。长期以来我国城乡二元体制下城市偏向的发展战略，加深了我国城乡分割，制约了当代我国经济发展方式转变和城乡发展转型的进程，成为当前我国"城进村退、城荣村衰"、农村空心化和日趋严峻的"乡村病"问题根源所在（赵海林，2010；刘彦随等，2016）。21世纪以来，国家一直关注乡村地区的发展建设，为了破解"三农"问题、缩小城乡差距，我国相继实施了统筹城乡发展、新农村建设、城乡发展一体化、新型城镇化、土地流转等宏微观战略，然而，因缺乏科学系统的指导，特别是在村镇空间规划、乡村聚落的变迁等问题上，总体进展和成效仍不明显。尤其在山区，我国山地型聚落普遍存在的规模小、数量多、布局散乱、土地利用率低等现象日趋加剧（邓伟等，2013；余兆武等，2016），成为当前城乡协调发展、新型城镇化建设乃至乡村振兴的制约因素。研究改革开放以来我国山区县域聚落数量、规模及其分布和演变规律，聚落空间演变的影响因素及其变化，山区县域聚落空间重构方向，能够为指导山区聚落向着良好方向发展提供一定的决策支撑。具体而言，本书的实践指导意义主要体现在以下三方面：

（1）在未来山区聚落选址中具有一定的实践指导意义。研究改革开放以来快速城镇化背景下山区县域聚落区位空间分布的演变规律及其受到的影响因素变化，可为山区聚落未来选址提供一定的决策参考。

（2）在聚落规模规划布局上具有一定的实践指导意义。研究山区聚落规模空间分布的演变规律及其影响因素，可为山区聚落规划布局尤其是规模的确定提供决策参考。

（3）对山区聚落空间重构具有一定的实践指导意义。对山区县域聚落空间重构进行研究，可为山区聚落空间优化布局提供一定的政策决策依据。

总的来说，研究山区县域聚落数量、规模空间演变规律，探究聚落空间演变的影响因素，分析山区聚落空间重构方向，对山区聚落未来选址和规划布局以及空间重构具有重要的现实意义。研究山区扶贫脱贫和乡村振兴的载体——山区聚落，使其在空间上合理布局，以便实现乡村基础设施和公共产品的合理布局与优化配置，以最小的投入使最多的人口享受基础设施和公共产品的有效服务，实现公共服务均等化，切实发挥好载体功能，提高居民的幸福指数，使山区聚落更好更快地发展，不仅对山区脱贫成果的巩固和山区乡村振兴战略的实施意义重大，而且有助于山区聚落实现长久持续良好的发展。

1.4 研究思路与技术路线

1.4.1 研究思路

本书以城镇化快速发展为背景，从地理学和经济学等学科视角入手，通过实地调研获取一手数据，在遥感影像、土地利用现状图、统计年鉴数据、调研数据等数据支持的基础上，通过空间分析技术、数理统计分析等方法，通过参与式制图手段，复原嵩县在城镇化转折点1975年、1995年、2008年和2015年四个时期三个时段的聚落图谱，着重分析快速城镇化背景下山区县域聚落的空间演变。研究从山区聚落空间演变特征、影响因素及其变化、山区聚落空间重构三个方面展开。

（1）以豫西山地山区县——嵩县为研究区域，结合我国以及河南省城镇化进程，选取1975年、1995年和2015年三个时期[①]聚落斑块数据，从数量和规模两方面分析山区县域聚落演化的空间分异特征，探讨全县层面以及地形、河流、道路、县城乡镇中心等不同影响因子分区层面山区聚落空间演变特征；此外，还对聚落空间结构演变进行研究。

[①] 由于2008年和2015年大多数地区聚落斑块变化不明显，故仅基于1975年、1995年和2015年三个时期聚落斑块及相关数据进行研究。

（2）综合运用空间计量模型、因子分析和多元回归分析等方法基于不同尺度对山区县域聚落空间分异特征的影响因素进行定量分析。首先，在自然村尺度上，运用因子分析、地理探测器模型和多元回归分析方法对聚落区位与规模空间分布的影响因素及其变化进行分析；其次，鉴于自然尺度的定量分析不能判断影响因子的系数值和影响作用的方向性，在行政村尺度上，采用空间计量模型（包括空间滞后模型 SLM、空间误差模型 SEM 和地理加权回归模型 GWR）对聚落区位与规模空间分布的影响因素及其时空变化进行分析；最后，考虑到在自然村和行政村尺度上受限于某些社会经济指标变量数据缺失，在乡镇尺度上运用主成分分析方法和多元回归分析方法对聚落区位和规模空间分布的影响因素进行分析。

（3）在前面研究基础上，首先，在空间生产理论、生活质量理论和人地关系理论中的生态论等理论指导下构建山区聚落空间适宜性指标评价体系，从宏观上划分乡村聚落空间重构区域，即基于加权 Voronoi 图对嵩县高适宜性聚落影响范围进行空间分割，实现宏观上搬迁方向的优化；其次，基于"居住场势"理论，从微观上衡量各泰森多边形（即宏观划分的重构区域）内低适宜性聚落与高适宜性聚落的"居住场势"相对大小，实现宏观与微观相结合，得出更加合理的聚落空间重构优化方案；最后，结合聚落空间演变特征及其影响因素变化分析得出的相关结论，得出研究区聚落未来的重构方向。

1.4.2 技术路线

本书借鉴地理学和经济学等学科的基本理论，通过重组与建构获取理论支撑。并在地图数据、遥感影像数据、实地调研数据、统计数据等数据支持的基础上，借助 ArcGIS10.1、ENVI4.8、OpenGeoDa、SPSS19.0 等软件，运用遥感影像解译、GIS 空间分析、社会统计分析、空间计量模型、多元回归分析等方法，对快速城镇化进程中山区县域聚落空间演化及重构进行研究。图 1-1 是本书的技术路线。

图 1-1　本书技术路线

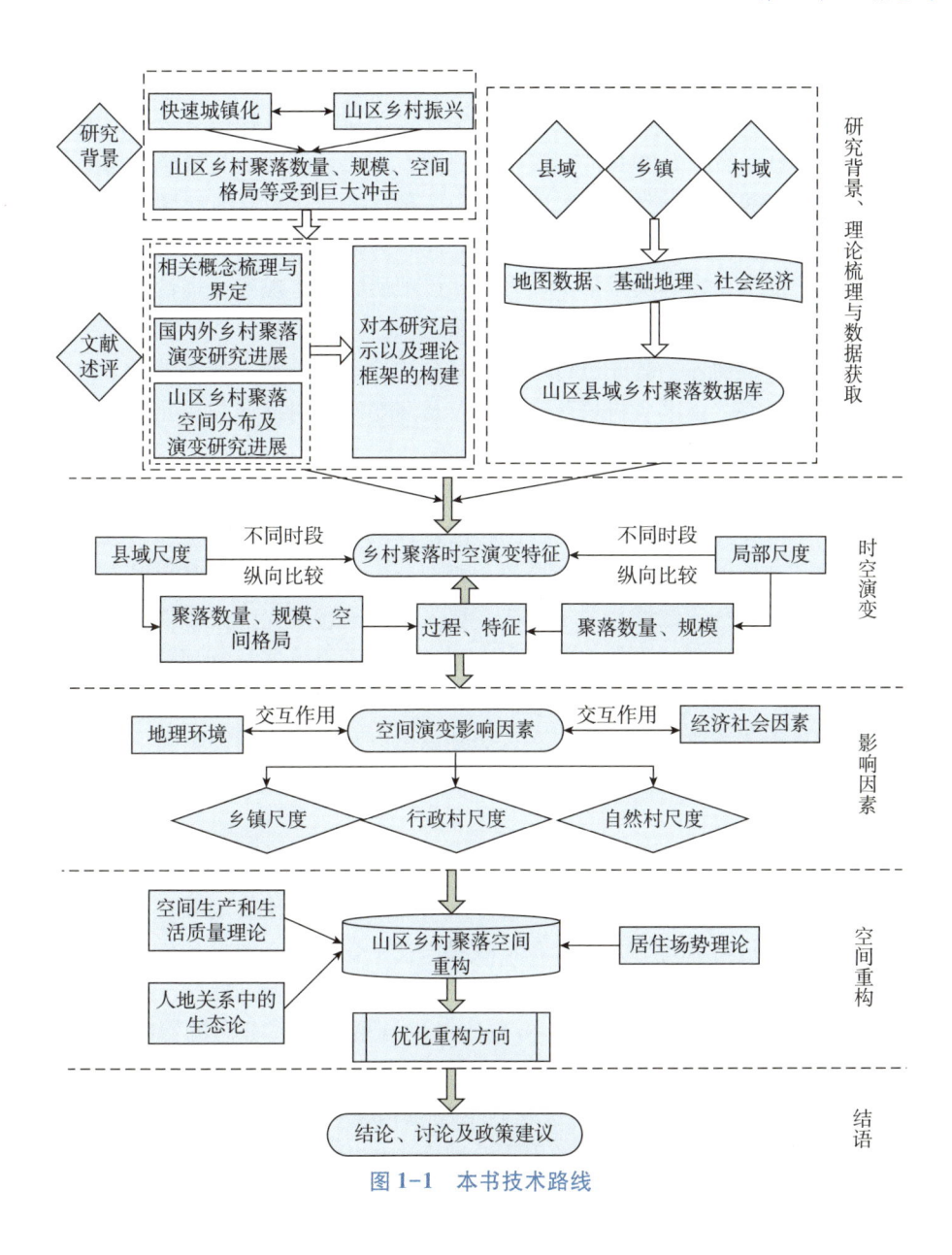

1.5　内容安排

第1章为绪论。主要阐述论文的选题背景与研究意义，认为快速城镇化对乡村聚落发展产生巨大冲击，城镇化水平低的山区正处于受全国工业化、城镇化快速发展冲击的变革期；山区乡村聚落作为山区农民居住以及进行生产生活等社会经济活动的主要载体，其发展事关新农村建设以及新时代乡村振兴重大战略的实施。山区聚落分布有一定特殊性：受地形限制，社会经济因子与自然因素叠加对聚落格局产生特殊影响，且随着时间变化山区聚落的演化也具有特殊性。本书从一定程度上能够丰富与发展原有聚落理论，同时为指导山区聚落选址、规划布局以及空间重构提供一定的决策依据，因此，该项研究具有现实和理论必要性。在此基础上，阐述了本书的研究思路与技术路线。

第2章是文献述评。首先进行了相关概念的梳理与界定，其次进行了国内外乡村聚落演变研究、山区乡村聚落空间分布及演变研究回顾，并在此基础上评述研究现状，给出对本书的启示。

第3章是山区聚落空间演化的理论分析。主要从人地关系理论、区位论、空间结构理论、规模经济与集聚经济、路径依赖理论、空间生产理论、生活质量理论和公共产品理论以及居住场势理论等主要理论中组建与构建本书的理论框架。

第4章是研究区、数据与分析方法。首先详细阐述研究区选取依据以及研究区概况，其次阐明研究时段的选取，再次列举研究所用数据及其预处理方法，最后大致介绍了本书主要用到的研究方法。

第5章是聚落演化的时空特征。从全县总体以及局部不同影响因子分区（地形、道路、河流、县城乡镇中心）对嵩县聚落数量和规模空间演变特征进行分析。

第6章是聚落空间演变的影响因素分析。首先，在自然村尺度上，运用因子分析、地理探测器模型和多元回归分析方法对嵩县聚落区位与规模空间分布的影响因素及其变化进行分析；其次，在行政村尺度上，采用空间计量模型对嵩县聚落区位与规模空间分布的影响因素及其时空变化进行分析；最后，在乡镇尺度上，运用主成分分析和多元回归分析方法对嵩县聚落空间分布的影响因素进行分析。

第7章是聚落发展适宜性评价及其空间重构研究。首先，基于空间生产理论、生活质量理论和人地关系中的生态论理论建立指标体系，对嵩县聚落发展适宜性进行评价，在评价的基础上将各个聚落划分出高、中、低三个适宜性等级；其次，基于加权Voronoi图对高适宜性聚落影响范围进行空间分割，实现宏观上搬迁方向的优化；最后，基于"居住场势"理论，从微观上衡量各泰森多边形内低适宜性聚落与高适宜性聚落的"居住场势"相对大小，实现宏观与微观相结合，得出更加合理的聚落空间重构优化方案。

第8章是结语。总结了本书的主要结论、创新之处、研究不足以及对未来的研究展望。

第 2 章　国内外相关研究文献述评

2.1　相关概念

根据研究需要对本书涉及的一些概念进行界定和说明，包括"聚落与乡村聚落""行政村与自然村"和"乡村聚落空间重构"三个主要概念。

2.1.1　聚落与乡村聚落

"聚落"这一词最早源于德文，直译为居住地（张文奎，1987）。聚落因人类生存的需要而出现：起初是不固定的、零散的孤立居住地，随着社会的发展，居住地逐渐向固定、永久的方向转化，之后随着人口的增加，房屋开始集聚形成聚落（海贝贝，2014）。在人文地理学中，将聚落定义为人类各种形式的居住场所，又称居民点，不仅是房屋的集合体，还包括与居住地直接相关的其他生活设施和生产设施（赵荣等，2006）。聚落通常被划分为乡村和城市两种人类聚居地，即乡村聚落和城市聚落。

乡村聚落（也称乡村居民点）是指在地域上和职能上与农业密切相关的人口聚居地（李瑛和陈宗兴，1994），从空间范围上看，主要是分布于乡村地域上的一些固定居民点，包括村庄（自然村、行政村与中心村）和集镇（一般集镇与中心集镇）等形式，是农民进行生产和生活的重要场所（海贝贝，2014）。其中，乡村地域是城市建成区之外的广大乡土地域（见图 2-1），即县域及其以下乡土地域（刘彦随，2018）。

城市是由乡村聚落孕育而来，伴随生产力发展以及社会分工深化而出现（刘易斯·芒福德，1989），是复杂的社会经济产物。城市是聚落的一种特殊形态，是具有一定规模并以非农业人口为主的居民集聚地（许学强等，2009）。与乡村聚落相比，两者的人口规模不同、产业结构不同、空间景观与建筑特征也不同，

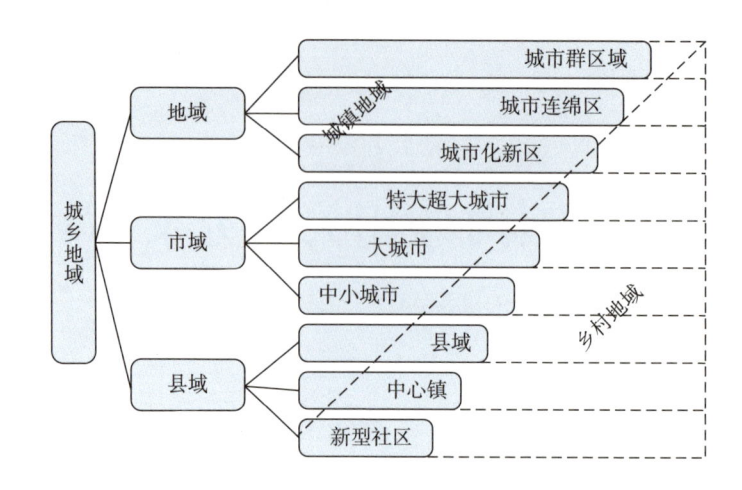

图 2-1　城镇地域与乡村地域

资料来源：据刘彦随（2018）绘制。

但就本质来说，它们都是人们居住、工作与生活的场所，是人类营造的地表景观（海贝贝，2014）。

根据已有学者和相关研究者对城乡地域的划分与聚落类型的划分（刘彦随，2018；史焱文，2016），见图 2-1 和图 2-2，同时考虑到本书研究的案例区——豫西山地嵩县这一山区县，研究时选取了嵩县境内所有聚落（包括建制镇、集镇、行政村和自然村）作为研究对象，可统一归类到乡村聚落的概念范畴内。因此，本书研究的主体对象均属于乡村聚落，且在本书研究中聚落与乡村聚落概念通用，均表示县域境内的聚落。

2.1.2　行政村与自然村

行政村是政府为了便于管理，设有管理工作机构的村一级组织或单位（张志环和赵伟，2005）。自然村是村民长时间在某处自然环境中聚居，受自然地理条件、生产、生活方式等的影响，自然形成的村落，通常称其为"村""庄"或"屯"，在山区人口稀疏的地区，可能几户村民在河流附近或者路边居住几代后，就会形成一个小村落。一个行政村可能是一个自然村，也可能由多个自然村组成，而一个自然村也可能由多个行政村组成。例如，在我国北方平原地区，自然村通常比较大，由多个行政村组成；而南方丘陵区以及西部山区自然村通常比较小，通常会是多个自然村组成一个行政村；还有一些地方行政村与自然村是重叠的。此外，根据研究需要，对村民小组的概念也作简单介绍，它是我国在人民公社解体以后，农村基层村划分的行政编组，是当前户籍系统统计中的最小尺度单

第2章 国内外相关研究文献述评

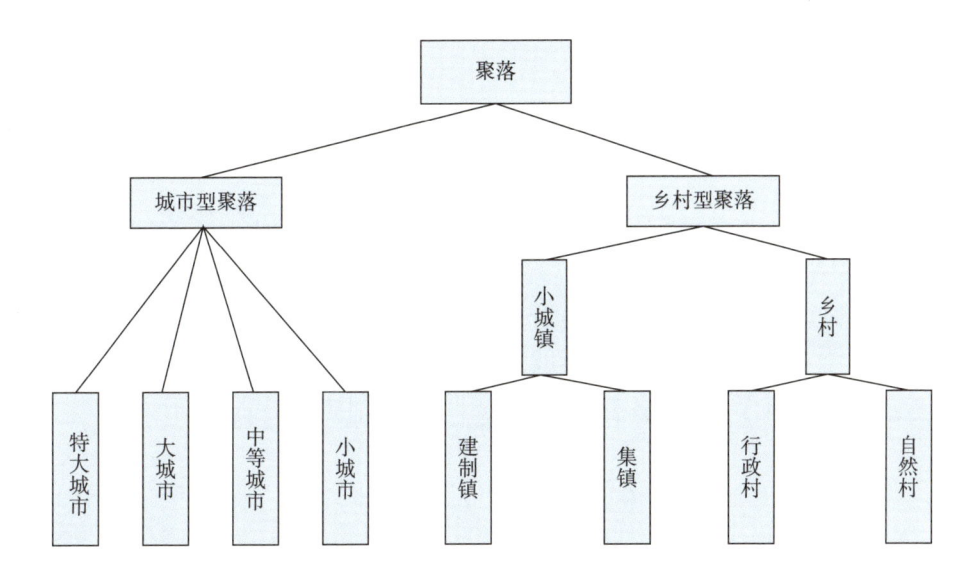

```
                    聚落
         ┌───────────┴───────────┐
      城市型聚落                乡村型聚落
   ┌────┬──┴─┬────┐          ┌──┴──┐
  特  大  中  小         小城镇      乡村
  大  城  等  城       ┌──┴──┐   ┌──┴──┐
  城  市  城  市       建    集    行    自
  市      市           制    镇    政    然
                      镇          村    村
```

图 2-2　聚落类型分类

资料来源：据史焱文（2016）绘制。

元。三者之间存在如下三种关系：①某些行政村和自然村一一对应，由多个村民小组组成（见图2-3（a））；②另一些自然村由多个行政村组成，每个行政村又由多个村民小组组成（见图2-3（b））；③还有一些行政村由多个村民小组组成，而每个村民组又由一个或多个自然村组成，即行政村由多个自然村组成（见图2-3（c））。

2.1.3 乡村聚落空间重构

乡村聚落空间重构是乡村重构空间格局的变化，即乡村重构空间形态的外显（龙花楼，2013；李红波等，2015）。龙花楼等（2013，2017）认为，乡村空间重构是指在工业化和城镇化快速发展过程中，伴随乡村内生发展需求以及外源驱动力等综合作用下，通过优化村镇空间体系，重构乡村生态、生产和生活空间格局，实现乡村地域空间的优化调整乃至根本性变革的过程。此外，他们还认为乡村空间重构的内涵包括产业发展集聚、农民居住集中和资源利用集约，涉及乡村生产空间重构、生活空间重构和生态空间重构三个方面，是乡村重构的载体。李红波等（2015）认为，乡村聚落空间重构是指在快速城镇化背景下，乡村受到各种内外因素共同作用，引起乡村聚落空间格局出现阶段性的转变。

在本书中，乡村聚落空间重构是指乡村聚落空间格局出现的阶段性的转变，涉及乡村聚落生态空间重构、生产空间重构和生活空间重构。

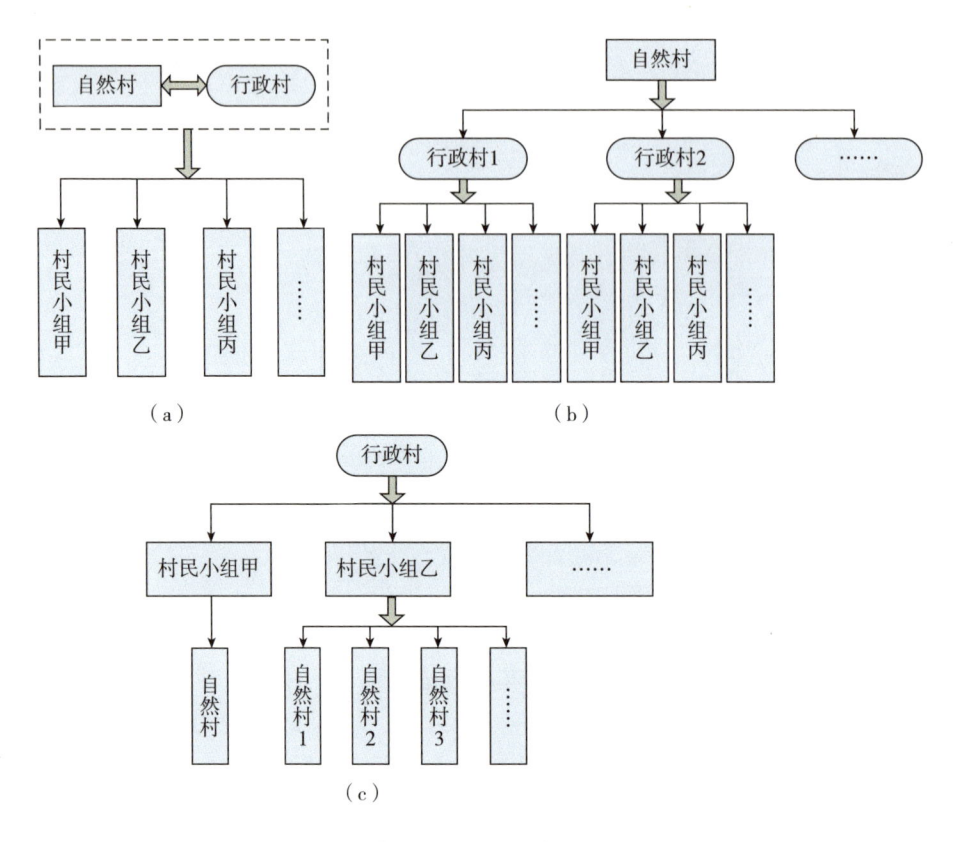

图2-3 自然村、行政村与村民组关系

2.2 国内外乡村聚落演变研究进展

通过对大量检索文献的梳理分析，可以看出，国内外乡村聚落研究内容，总体上经历了由简单趋向复杂、由单一趋向综合，并逐渐转向人文社会方面研究的发展变化过程（见表2-1）。鉴于本研究落脚点是山区乡村聚落空间演变及重构研究，这里着重对国内外乡村聚落演变研究的主要内容进行回顾。主要从三个方面展开：①乡村聚落演变过程特征；②乡村聚落演变的影响因素及机理；③乡村聚落空间重构。

表 2-1 国内外乡村聚落研究进展梳理

区域	阶段划分	时间	研究内容	参考文献
国外	起步阶段	19世纪至20世纪20年代	聚落与地理环境特别是与自然地理环境之间的关系	金其铭，1988；白吕纳，1935
	发展阶段	20世纪20~60年代	乡村聚落研究逐渐兴起，克里斯塔勒中心地理论逐渐兴起	Hall, 1931; Trewartha, 1946; Unger, 1953; Ahmad, 1956; Johnson, 1958; 李小建，2006
	兴盛阶段	20世纪60年代以来	愈加强调定性与定量相结合和多学科交叉融合	Hoffman, 1964; Lichter, 2006; Bigmore, 1994; Hall, 1996; Mcgrath, 1998; Rey & Bachvarov, 1998; Turnock, 1998; Kiss, 2000; 朱晓翔等，2016
			研究范式上逐渐向社会和人文方向转变，研究内容更加多元化和丰富	
国内	起步阶段	20世纪30年代	乡村聚落理论、乡村聚落影响因素、区域聚落研究等方面	朱炳海，1939；严钦尚，1939；李旭旦，1941；陈述彭等，1943；刘恩兰，1948；钟功甫，1948；罗开富，1948
	起伏阶段	中华人民共和国成立后到20世纪80年代	村镇规划受到重视	陈宗兴等，1994
	兴盛阶段	20世纪80年代以来	遥感、GIS技术和空间计量分析在乡村聚落研究中得到广泛应用，并取得了大量研究成果	郭焕成，1988；曾尊固，1988；冯应斌和杨庆媛，2015；朱晓翔等，2016

2.2.1 乡村聚落演变过程及其特征

（1）乡村聚落规模变化趋势。

国外学者 Conrad 利用遥感技术测度了乌兹别克斯坦农村居民点的扩展，得出 2006~2011 年研究区建筑面积增长 20%，聚落扩展 10%，农业用地转化为建筑用地（Conrad et al., 2015）。梳理文献发现对乡村聚落规模变化的研究以国内居多。我国乡村聚落规模存在着北方大于南方、平原地区大于丘陵地区、经济发达地区大于经济欠发达地区的显著区域特征（田光进等，2002）。20 世纪 90 年代初的 5 年里，受沿海开放政策和经济高速发展的影响，长江三角洲、珠江三角洲和华北平原农村居民点用地扩展较快，中西部地区农村居民点用地扩展较慢；20 世纪 90 年代末的 5 年里，沿海地区经济发展速度放慢、国家实施耕地资源保护条例，沿海地区农村居民点用地扩张受到抑制，西部地区扩展加快（田光进，2002）。2000~2008年，我国农村居民点用地，在农村自身社会经济发展的推动和城镇空间扩张的抑制作用下，呈现缓慢增长趋势（冯长春等，2012）。改革开放以前，黄淮海平原中部地区村庄规模变化较小；改革开放以来至90年代，村庄规模显著扩大；2000年左右，村庄内部空弃房屋开始增多（吴文恒等，2008）。受到多数农民处于"城乡双漂"生计状态的影响，1985~2010年环渤海地区传统农区农村聚落用地持续扩张，外围农村居民点用地类型随中心地城市的持续外扩逐渐转变甚至消失（杨忍等，2015）。黄河三角洲典型地区近20年来农村居民点数量大大增加，规模差异增大，居民点平均规模减小，出现了许多零星分布的小居民点（蔡为民等，2004）。中东部平原地区，安徽淮北平原区1993~2003年乡村聚落用地呈增加趋势，年均增长率为0.83%（蒋旭东等，2008）；湖北平原湖滨地区公安县用地规模与聚落分布密度成反比（郑文升等，2014）；石家庄市1996~2006年的10年间乡村聚落用地规模年均净增长超过300公顷（刘巧弄等，2009）；仙桃市1996~2004年农村居民点用地总量呈递减趋势，但仍然呈粗放利用状态（胡贤辉等，2007）。北京大都市郊区人均乡村聚落用地存在着城市发展新区>近郊城市功能拓展区>远郊生态涵养发展区的空间分异特征（曲衍波等，2011；冯应斌，2014）。中西部丘陵地区，巩义市乡村聚落用地总面积及占地比重20年来有较大幅度增加，平原地区居民点规模大、农户居住用地扩张速度快、侵占可用耕地的趋势明显，丘陵地区居民点规模小，山区居民点过度分散、零碎分布现象比较突出；快速城镇化背景下巩义市乡村聚落规模扩张明显，集约用地程度较低（李君和李小建，2009；许家伟，2013；海贝贝等，2013）。黄土沟壑丘陵区，甘谷县1998~2008年近10年间，乡村聚落占地总面积比重由3.69%上升至5.45%，斑块总面积增加47.76%，但平均斑块面积在减小（马利邦等，2012）；秦安县乡村聚落用地面积呈现出"先缩小后扩大"与"先扩大后缩小"演变趋势（郭晓东等，2008）；七里河区乡村聚落在2002~2012年10年间，平均斑块面积减少34.3%（李骞国等，2015）。江南丘陵区，赣南地区乡村聚落规模较小，但在低地平原、经济发达区、等级较大的中心村、交通要道及河流周边、同质文化区及经济功能区聚落空间规模不断扩大（陈永林和谢炳庚，2016）。受坡度、水系与道路影响显著，福建上杭县2004~2014年乡镇政府所在地中心村镇面积扩大了4.59倍，远高于一般聚落，是山地城镇化过程中景观变化最剧烈的地区（余兆武等，2016）。

（2）乡村聚落空间分布及形态演变。

国内外学者对乡村聚落空间分布及形态演变进行诸多研究：

国外学者Clark等（2009）研究发现，在2009年前的几十年里，美国大城市远郊乡村聚落形态,在空间上,表现出由孤立、分散逐步向集中连片演化的趋势。德国地理学家克里斯泰勒在对德国南部所有城市及中心聚落研究的基础上,于1933年创立了中心地理论,提出了聚落分布呈三角形、市场区域呈六边形的空间结构,并认为中心地的空间分布形态受市场、交通和行政等因素的制约形成不同的中心地系统空间模型(李小建,2006)。Dickinson(1949)对德国乡村聚落的类型、结构、形态以及演变过程进行研究,进一步解读了中心地理论(史焱文,2016)。Bylund(1960)在对瑞典聚落研究的基础上,提出了聚落扩散的四种类型;并且假设在所有地区条件相同的情况下聚落都是从母聚落开始逐渐向外扩展,扩展的过程一般可以分为区域扩展(由区域外的居民长距离迁移导致)和居住形态改变(由居住区内部的居民短距离移动导致)两个阶段。Swainson(1944)对英国萨摩赛特地区乡村聚落的分散与集聚形态进行了描述性分析。

随着遥感、GIS、景观生态学等技术手段,以及空间计量、分形等定量模型方法在乡村聚落研究领域内的应用,我国乡村聚落空间分布及形态演变研究成果越来越多。研究时间跨越商周时期至今,研究区域涵盖东北地区、华北地区、西北地区、中部地区以及西南地区,涉及平原、丘陵、黄土高原、盆地等多种地貌类型。主要得出以下结论:

首先,在空间分布变化方面。商周时期至清朝3000多年间,蔚县乡村聚落总体演化过程呈现由集中分布趋向随机分布的特征,演化过程中形成了"缓慢增长的壶流河一侧'一'字形'双核'分布模式——普遍增长的壶流河下游'多核'分布模式——快速增长的壶流河两侧大范围增长带的空间扩展模式——稳定增长的壶流河两侧带状'多核'空间分布模式"四个不同阶段的区域空间格局(宋晓英等,2015)。城乡一体化过程中,聚落选址和布局的演变特征呈现出,发达地区居民聚集区由点状分布趋向面状分布,欠发达地区则由点状分布趋向线状分布(廖荣华等,1997)。以20世纪30年代初为转折点,巴林左旗聚落分布由以空间扩展为主转为密度增加,高程上呈现出由400~600米高程区向其他高程区扩展,空间演变经历了由疏至密的过程(韩茂莉和张暐伟,2009)。黄淮海平原中部地区村庄格局的演变,经历了中华人民共和国成立前绝对缓慢发展、改革开放前相对缓慢发展、20世纪80年代快速扩张、90年代稳定前进、新世纪逐步衰退的系列演化格局(吴文恒等,2008)。晋中平原地区1979~1997年农村聚落的扩展类型,依据扩展规模大小、速度快慢、形态紧密松散程度可分为快速紧密大规模扩展型、快速紧密小规模扩展型、快速松散大规模扩展型、快速松散小规模扩展型、缓慢紧密大规模扩展型、缓慢紧密小规模扩展型、缓慢松散大规模扩展型和缓慢松散小规模扩展型8类(冯文勇和陈新莓,2003)。黄河三角洲1985~2003年乡村聚落在空间分布上呈现集中、密集的趋势(蔡为民等,2004)。

长三角水网地区，自20世纪90年代至2012年，乡村聚落用地呈现出成片集聚、组团分散、沿主要交通线带状拓展等三种演变趋势（徐谦等，2012）。成都平原西北部都江堰市，2005~2010年农村居民点的空间分布总体上聚集程度增高，但空间集聚态势变化不明显（任平等，2014）。浙江省鄞州滨海平原，农村居民点分布由2005年的空间随机分布演变为2011年的集聚分布模式，并呈现向外扩张的态势，分布区域和尺度均有扩大（陈阳等，2014）。近郊村落是城镇化进程中必然存在的一种空间形态，由于城镇化环境和主体的差异，近郊村落存在多种类型，并在空间格局上均呈现出"似城非城""似村非村"的城乡叠合景象（姜方炳，2014）。

其次，在演变类型方面。闵婕和杨庆媛（2016）将三峡库区农村居民点空间格局演变分为自然演变、加剧演变、剧烈演变和三峡工程扰动四种类型。关小克等（2016）依据农村居民点用地与农村人口的耦合关系，将北京市西部村庄演变分为理性成长、理性衰退、非理性成长、非理性衰退及无变化五种类型。李君（2009）从空间结构变化特征，将农户居住空间演变归纳为增长型（又分为内生扩充式演变和外延累积式演变）、缩减型、平衡型和重建型四种类型，从时空结合的角度将农户居住空间的演变归纳为缓慢随机演变、缓慢有序演变和快速有序演变等类型。许家伟（2013）将乡村聚落的扩展类型划分为块状扩展、带状扩展和分散扩展三种类型，陈永林和谢炳庚（2016）将乡村聚落空间演化划分为过渡式、渐进式、聚核式、汇流式、渗透式、飞地式六种模式。邢谷锐等（2007）将城市化进程中乡村聚落空间演变类型分为主动性、被动型和消极型。海贝贝（2014）以郑州市为例研究了快速城市化进程中城市边缘区聚落空间演化，研究发现城市边缘区聚落的生命历程，经历传统乡村聚落→城郊村（远郊村与近郊村）→城中村→城市社区不同阶段。

（3）乡村聚落空间演变过程与阶段。

国外学者Pacione（1984）认为可将乡村空间结构演化分为农业社会阶段、过渡性阶段、工业化阶段、技术工业高消费阶段四个阶段（Pacione，1984）。南非学者Lewis和Mrara研究发现Transkei地区乡村聚落空间分布形态由分散演化为集聚（Lewis & Mrara，1986）。20世纪70年代Plattaer按照商业和市场形成过程，把聚落的空间发展过程分为未中心化、定期市集的中心化、农村市集中心化三个阶段（张京祥等，2002）。

国内学者范少言（1994）研究发现集中化和分散化是乡村聚落空间演变过程的主要表现形式，空间形态按"形态的萌生→生长→成熟化阶段"顺次推进，且不同层次形态呈现复合螺旋发展状态。张小林按照城乡聚落互动发展的演化过程，将乡村聚落体系演化分为农业社会阶段、过渡性阶段、工业化阶段和技术工业高消费阶段（张小林，1999）。李伯华和曾菊新（2008）把乡村聚落空间演变分为原始时期（聚落处于封闭状态）→空心化时期（村庄核心部位老化荒废）→道路依附初期（农户经营多样化和交通改善后）→道路依附中期（农户经营多样化和交通改善后）→道路依附晚期（农户经营多样化和交通改善后）→村镇空间格局的网络化时期（交通网络系统稳定后）六个阶段。房艳刚和刘继生（2009）认为，改革开放40多年来，集聚型农业聚落空间演变经历了"机械型外向扩展→蔓延型外向扩展与空心化→内部重填与再集聚"三个阶段。龙花楼等（2009）认为，城乡结合部的乡村聚落一般经历"实心化→亚空心化→空心化→再实心化"四个阶段。周国华等（2011，2013）将农村聚居演变的一般过程划分为初期阶段、过渡阶段、发展阶段、成熟阶段。郭晓东（2007）认为，随着人口的增长，聚落空间结构的演变经历了不同阶段的连续扩张（源聚落由内向外连续扩展，不断扩大，形成集村）和跳跃性扩散（包含近距离跳跃性扩散和远距离跳跃性扩散）两种情形。在快速城市化的推动下，我国半城市化地区乡村聚落正面临或经历空前的形态演变和现代转型，韩非和蔡建明（2011）认为，半城市化地区乡村聚落经历了"传统均质化形态→转型初期异质异构的混杂形态→转型后期功能区块布局形态"三个阶段。彭鹏（2008）研究发现湖南农村聚居模式的历史演变，经历了均衡、徘徊、渐变和剧变四个阶段，在每个阶段农村聚落位置、规模、结构及形态存在差异，演变趋势可归纳为自发的、自发较有序的和快速有序的三种类型，其中快速有序的演变趋势是演变的主导方向。赵思敏（2013）将农村聚落规模演变过程划分为快速增长、缓慢增长和快速下降三个阶段；在对农村聚落空间布局历史演变模拟的基础上，将其演变过程划分为水源指向性、水源指向性向耕地指向性转变和耕地指向性向交通指向性转变三个阶段。中国传统聚落形态存在着"自然式"（自下而上）、有机演进和"计划式"（自上而下）理性演进趋势（刘晓星，2007）。云南省掌鸠河流域，近300年来聚落空间演变，经历了缓慢增长阶段、高速增长阶段和缓慢增长阶段（霍仁龙等，2016）。在西部山区，坡地聚落的空间迁移过程是人地状态的体现，呈现出传统人地压力下向上迁移的胁迫过程和缓释人口压力下向下迁移的协调过程；坡地村落的空间演进过程主要有向上迁移的分散过程和向下迁移的集中过程、"空心化"以及整村迁移过程（马海龙等，2008；王传胜等，2012）。

2.2.2 乡村聚落演变的影响因素及驱动机制

乡村聚落是一个持续变化的动态单元，其空间演变的影响因素十分复杂，在不同区域或同一区域的不同发展阶段，各类因素间的相互耦合关系与主导因素也不尽相同，乡村聚落空间演变的影响机制也呈现出不同的特征（朱晓翔等，

2016），当前对乡村聚落空间演变的影响因素及驱动机制研究逐渐趋于全面与综合。

国外学者 Hill（2003）对乡村聚落演变的主要影响因素进行了定性概括，包括：①生存性的不合理，诸如由自然条件造成或由人为活动形成的不适宜人类居住、威胁居住安全、需要搬迁或采取防灾避险的情况，如气候变化、洪水等灾害以及部落之间的战争或外来者的入侵等。②经济生产方式的转变，新技术或新农业资源的出现会影响到经济生产方式发生转变，进而引起从事该类农业活动的农村聚落重新布局。③人口增长因素，人口增长以及家庭规模的扩大，引起农户住房需求的增加，进而促使乡村聚落外延式和内生式的空间变化。④农村周边的土地使用类型转化，如农村聚落内部土地使用不合理，或与聚落相邻的土地使用类型变更，会导致对原有聚落进行重新布局规划。⑤政府行为（政策或者经济原因）的影响，如由于受到城市化发展的影响，城市周边农村原有的功能、环境条件发生改变，使村庄与整体规划不协调，需要对其进行整治或者翻新改造乃至迁移等。

此外，还有学者从不同角度对影响乡村聚落演变的影响因素进行了实证研究，主要集中在以下四个方面：①经济生产方式的转变引起当地乡村聚落重新布局。例如，Gregory Veeck（1992）通过对南京周边乡村聚落的研究发现，轻工业的出现以及工业和城市商业的进入，会促进郊区乡村聚落重新选址定位。②政府行为的作用。例如，南非学者 Lewis（1986）研究了南非东南部特兰斯凯（Transkei）地区的乡村聚落演变过程，证实政府行为在乡村聚落由分散形态演化为集聚形态过程中起主要作用；Ronald 和 Shen（1990）分析了1949年以来中国主要地区乡村聚落变化，强调国家政策在乡村聚落重建和布局规划中的导向性作用。③交通等基础设施网络的影响。Thorsen 和 Uboe（2002）指出，乡村聚落分布的集聚和中心性倾向，在很大程度上受到农村地区公共基础设施改革的影响。④家庭经济收入提高的影响，伴随家庭经济收入的提高，住房消费增加，进而引起乡村聚落区位分布的变化。例如，Vermeer（1988）、李君和李小建（2008）研究发现，20世纪80年代，中国农村地区逐步显现的农村居民收入的分化，会引起单个村庄内、不同村庄之间或者不同地区间等不同层面的乡村聚落空间分布的不均衡性。

国内也有诸多学者对乡村聚落演变的影响因素进行研究，得出的主要结论有：自然因素是乡村聚落空间演变发展的基础，而人文社会因素则对空间演变产生重要影响（朱晓翔等，2016）；最初的聚落往往与优越的地理位置、农业自然条件和开发历史有密切的关系，随着经济发展、国家政策、人类活动、城市发展、生产技术、农民经济收入以及自然环境的改变，聚落也不断兴衰消长，环境的作用不容忽视，乡村聚落的区位分布遵循"传统经济时期应有利于农耕、非农时期应促使村庄多元经济的发展、高消费和享受阶段则要求良好的生活居住环境"的规律（郭晓东，2012；尹怀庭和陈宗兴，1995；金其铭，1982；李旭旦和金其铭，1983；蔡为民等，2004；范少言，1994；范少言和陈宗兴，1995）。城市化进程中，乡村聚落空间演变受到用地、人口、产业、基础设施以及观念等多方面因素变化的影响，且工业化、城市化和经济因素的作用逐渐增强（邢谷锐等，2007；郭晓东等，2010）。宋晓英等（2015）以蔚县为例进行研究，发现乡村聚落演化主要受到自然条件、军事历史条件、人口迁移和经济贸易发展等因素的影响。李君（2009）认为，农户居住空间分布及演变特征是区域自然、社会、经济以及历史发展环境下，农户居住空间活动状态的综合反映，且自然环境条件、耕地规模分布、交通体系、工矿企业分布、城镇化以及政策调控等不同区域环境因素对农户居住空间分布与演变发挥不同作用。在人口推动下，巴林左旗聚落环境选择经历了由优至劣的过程（韩茂莉和张暐伟，2009）。李冬梅等（2016）以吉中低山丘陵区蛟河市为例进行研究，发现1997~2014年蛟河市乡村聚落受城镇吸引集聚特征越来越明显，自然因素、区位因素和人口因素是农村居民点时空演变的主要动力。

在乡村聚落演变的驱动机制方面，已有学者做过如下研究：席建超等（2011）从微观尺度对乡村聚落旅游用地的空间演变进行研究，认为村庄用地空间格局的变化受到市场需求、自然地理环境、农户行为和政府调控等因素的相互作用和共同驱动影响。周国华等（2011）在深入分析各因素对农村聚居演变的作用方式与程度的基础上，将它们划分为基础因子（自然地理条件、交通设施、农田水利设施、血缘与地缘关系、农作模式、文化习俗、生活习惯）、新型因子（交通设施、公共服务、通信与网络、经济发展水平、农业现代化、产业非农化、经营方式转变、使用制度创新、农户流动过程、农户择业行为、农户互动关系、农户消费模式和行政区划调整）与突变因子（自然灾害、重大项目建设、重要资源开发与保护和环境污染事件）三类，三者共同构成了农村聚居演变的"三轮"驱动机制。惠怡安（2010）将陕北丘陵区农村聚落发展的驱动力概括为自然资源驱动力（土地资源、水资源和植被资源、地形和地貌）、经济增长驱动力（资源的开发利用、非农产业的快速发展、农户非农收入的日益提高、交通条件）、社会文化驱动力（人缘和地缘关系、风俗习惯与宗教、家庭的微观化、公共服务体系的建设）和制度政策驱动力（户籍制度和退耕还林制度、新农村建设、农村土地流转制度的建设）四个方面，其中，经济驱动力和制度驱动力是农村聚落发展的主要驱动力，自然驱动力和社会文化驱动力是辅助驱动力。冯应斌（2014）认为，农户数量增加是促进乡村聚落用地规模增长的主导因素，并且认为在时间尺度上，村域微观尺度的乡村聚落用地增长驱动因素经历了由人口要素驱动→经济要素驱动→环境经济政策等多重要素驱动。王传胜（2011a）等对昭通市坡地聚落进行研究，发现低城镇化工业化水平、有限的城市集聚力与欠发达的商品经济是坡地聚落分散态势的重要成因。此外，还有学者认为聚落规模大小与当地城镇化发展过程密切相关（李小建等，2015），城镇化逐渐影响山地村寨的发展（李桂媛等，2016）。在新时期，湖南农村聚居模式的演变不仅受到血缘、宗教、风水、民俗、耕作模式、对自然灾害的规避、对地形条件的利用等传统农业耕作时期因素的影响，而且也受到新型人地关系的驱动作用（彭鹏，2008）。

2.2.3 乡村聚落空间重构

近年来，乡村重构受到越来越多学者的关注，涉及乡村地理的聚落重构、社会经济重构、空间重构等方面（李红波和张小林，2012）。西方学者对乡村重构的研究主要集中在诸如乡村聚落转型（George，1964）、家庭农场和农业的转型（Johnsen，2004；Lobley & Potter，2004）、乡村重构过程中土地利用、社会结构和阶层变迁（Nelson，2001）、美国乡村零售业重构的路径（Vias，2004）、地方政府管理模式变化（Douglas，2005）等方面。

鉴于国情不同、发展历史不同、发展阶段不同，国外经验可以借鉴，但不能照搬于我国。近年来，国内学者开始注重乡村聚落空间重构方面的研究。李红波等（2015）研究认为乡村聚落空间重构受到乡村系统内外综合因素共同作用，且城镇化、工业化、政府调控、乡村自身的更新改造和空间生产等因素的作用程度不同，在不同重构阶段乡村聚落空间形态和作用机制也存在差异。陈永林和谢炳庚（2016）提出了不同发展阶段乡村聚落空间重构的基本思路，即初期进行景观要素的重建，中期进行聚落结构上的重组，后期最终实现聚落功能上的重塑。王勇和李广斌（2011）认为改革开放以来，苏南乡村聚落功能先后经历了三次转型，即从"工业生产+农业生产+生活居住"三位一体，到"工业生产"与"农业生产+生活居住"相互分离，再到"工业生产"、"农业生产"和"生活居住"三者分离。李传武等（2015）以主体功能区为视角，将安徽芜湖市乡村聚落地域，划分为优先重构区、鼓励重构区、适度重构区、引导重构区和限制重构区五种类型，并根据不同类型提出不同的重构模式。席建超等（2014，2016）研究发现，野三坡旅游区三个旅游村落（苟各庄村、刘家河村落和上庄村）在空间形态上，表现为"现代城镇""半城镇化""传统村落"的过渡特征，并对应形成"就地重建型""飞地开发型""原地利用型"三种空间重构模式，认为与传统乡村聚落"空心化"空间重构过程产业发展集聚、农民居住集中、资源利用集约不同，旅游乡村聚落空间重构过程和演进模式则以乡村聚落空间融合、立体扩张和适度集约为基本特征，代表着未来乡村城镇化进程的一种理想模式。韩非和蔡建明（2011）认为，半城市化地区乡村聚落可以通过城镇化整理、迁建和保留发展三种重建路径来实现，分为农民集中安置导向下的农民新村、农业专门化生产导向下的农业专业村镇和生态旅游导向下的民俗旅游村三类发展模式。吴昕晖（2015）等认为，"淘宝村"与发展乡村旅游业、文化产业等第三产业共同组成了国内乡村重构的第三种模式。杨庆媛等（2015）研究认为，农村居民点空间重构模式可分为以城镇化、工业化等外部关联为动力源的"城镇化引领型"，以产业发展为内生动力源的"内部改造型"和"中心村整合型"，以及以政府政策引导为动力源的"生态移民型"模式。陈培培和张敏（2015）运用行动者网络理论，对南京市江宁区"世凹桃源"大世凹美丽乡村的重构过程与机制进行分析。杜相佐等（2015）利用引力模型测算农村居民点之间的相互吸引力，识别核心居民点节点及其空间辐射范围，引导农村居民点空间重构，实现从空间力学视角辨析农村居民点及其辐射力进而实现重构。王成等（2014）将生物学中的共生理论引入村落居住空间重构，对于农村居民点空间重构具有较强的适用性。谢作轮等（2014）应用加权 Voronoi 图和"居住场势"测算，得出黄土丘陵沟壑区榆中县农村居民点的空间重构方案。

2.3 山区乡村聚落空间分布及演变研究进展

我国山区乡村聚落空间分布研究可追溯至 20 世纪 30 年代，尤其是自 21 世纪以来，关于我国山区（通常包括山地、丘陵连同比较崎岖的高原）聚落空间分布及其演变研究成果逐渐丰富。研究区主要集中在西部大巴山区、西南山区（青藏高原边缘山区、云南高原、贵州岩溶山区）、黄土丘陵区，中部嵩山地区，东部江南丘陵区、武夷山脉南麓和博平岭山脉间、东北部长白山西麓，以及整个中国山区等。研究方法采取定性与定量相结合，越来越注重景观格局指数、遥感、GIS 和空间计量方法的运用。研究结果越来越精细化和科学化。研究内容涉及乡村聚落的数量、规模和等级空间分布形态以及数量变化、规模扩张、规模等级变化、演变模式、影响因素和驱动机制等。陈国阶等（2007）在《中国山区发展报告——中国山区聚落研究》一书中指出，我国山区聚落的宏观分布格局，受到大的地貌单元和自然气候带控制，而呈明显的东西海拔差异和南北地带差异。中观分布格局因所处地貌类型不同而有所不同，这里以我国东、中、西部和东北地区作为分类依据，分别对我国西部山区、中部山区、东部山区和东北地区的山区乡村聚落空间分布及其演变研究进行梳理。

2.3.1 西部山区

近代对我国西部山区乡村聚落的研究较早，开始于20世纪30年代，但是大量研究集中在2000年之后，研究区主要集中在大巴山区，西南山区的青藏高原边缘山区、云南高原、贵州岩溶山区，以及黄土高原丘陵沟壑区。

首先，在大巴山区主要是关于乡村聚落空间分布的研究。1935年，我国著名地理学家林超等（1935）、王传胜等（2011a）对大巴山区坡地聚落进行研究发现，坡地聚落具有以散居为主、多分布在阳坡、聚落人口移动剧烈等特征，主要是受战乱、饥馑、经济落后、文化程度低、交通不便等因素影响而形成。李胜坤等（2014）对秦巴山区竹溪县乡村聚落空间格局研究，发现乡村聚落密集程度自中东部、北部、南部依次降低，聚落用地规模呈现出"北部较大，中、南部偏小"，且随着地形位指数的增大，乡村聚落用地规模不断减小，全县聚落斑块不规则程度较高。

其次，对黄土高原丘陵沟壑区及其周边高原或者丘陵区乡村聚落的空间分布及演变研究内容较为丰富。研究区主要集中在陇中黄土丘陵区的秦安县、甘谷县和通渭县，黄土高原西部的兰州市七里河区，黄土高原与内蒙古高原过渡区的陕北榆林地区，以及秦岭山地向黄土丘陵区过渡的天水地区。研究发现，陇中黄土丘陵区秦安县乡村聚落密度较高，但聚落空间分布极为分散，且与海拔、坡度、河流等自然地理条件密切相关；乡村聚落类型与聚落的空间分布特征存在明显的对应关系，即大中型、集聚型、商品经济型和半商品经济型乡村聚落主要分布在河谷川道地区，而小型、分散型、传统农业型和劳务输出型乡村聚落主要分布在黄土丘陵山区（郭晓冬等，2013）。秦安县域的村落经历了数量增长，规模扩张、等级增多和空间分布上由疏到密的演变过程；乡村聚落具有由河谷阶地向丘陵山区逐渐扩散的明显特征，且是由传统农业社会人口增长、劳作半径和土地承载力限制以及社会生产力发展等多种因素共同作用的结果，人口迁移和人口增长引起村庄面积变化"先缩小后扩大"与"先扩大后缩小"两种趋势同时存在，仅有冯家湾呈现出面积连续缩小的趋势；秦安县域村庄的空间扩展是十分复杂的，村庄的扩展主要表现在1985年以后，黄土丘陵山区聚落的扩展主要趋向于山前平地或地形相对宽阔平坦之处，河谷川道地区聚落扩展主要沿河流与公路在河谷阶地上展开（郭晓东等，2008，2009）。近10年来黄土丘陵区甘谷县乡村聚落占土地总面积的比例有所上升，斑块数和斑块总面积均有所增加，但平均斑块面积减小；空间分布上2008年甘谷县乡村聚落密度明显高于1998年（马利邦等，2012a）。通渭县乡村聚落斑块点集呈"南疏北密、东疏西密、距县城距离近的密"的空间分布格局，斑块密度与海拔、人口分布有一定相关性（马利邦等，

2012b）。2002~2012年10年间黄土高原西部的兰州市七里河区乡村聚落发展较快，斑块数目增多，平均斑块面积减小，集镇中心及三条沟谷地带分布逐渐密集，空间上总体呈现"融合—迁移"之演变趋势；乡村聚落向地形平坦、交通和水系沿线布局的趋向明显，地形梯度在3级以下、距离道路和河流1000米是乡村聚落发展的主要集聚区；同时乡村聚落的演变受农户耕作半径、中心城市的发展影响较大，城镇化与工业化、农业产业化、土地经营方式的转变、农户生计的改变、政策制度的实施等因素是全区乡村聚落空间演变的主要驱动力（李骞国等，2015）。陕北榆林地区不同土地类型（包括河谷地、丘陵、风沙地）的聚落平均密度依次有"河谷地>黄土丘陵区>风沙地"，乡村聚落密度呈现随河流级别的增高而变大、随海拔高程的升高而降低、随交通便捷度的提升而变大的趋势（汤国安和赵牡丹，2000）。陕北黄土丘陵宽谷区乡村聚落具有规模小、密度小、分布不均匀、沿树枝状水系递减以及向阳、向路和向沟分布等特点（甘枝茂等，2004）。位于秦岭山地向黄土丘陵区过渡的天水地区，人口分布主要以分散和小规模形式为主，在地域上显著的表现为河谷高密度、丘陵中密度、山地低密度三种类型区（牛叔文等，2006）。天水市麦积区乡村聚落空间分布受海拔和坡度影响显著，乡村聚落的形成、发展及空间分布是自然和人文社会等多种因素共同作用的结果（郭晓东等，2012）。

最后，对西南山区乡村聚落的空间分布研究也开始于20世纪30年代，随后在2000年之后，对该地区的乡村聚落研究内容逐渐丰富。例如，1939年，朱炳海在对西康村落的研究中发现，通常在海拔3500米以下的居民户呈分散分布，耕地呈带状分布。云南省昭通市聚落分布具有坡地聚落比例高、聚落密度突出、聚落分散布局、民族聚落垂直分异等显著特点，特殊的区位、人口基数和高人口增长率引起聚落的高密度分布，低城镇化、低工业化水平、低城市集聚力以及商品经济欠发达导致了聚落的分散态势（王传胜等，2011a）。坡地聚落的空间迁移过程是人地状态的体现，呈现传统人地压力下向上迁移的胁迫过程和缓释人口压力向下迁移的协调过程；坡地村落的空间演进过程主要有向上迁移的分散过程、向下迁移的集中过程以及"空心化"和整村迁移过程（马海龙等，2008；王传胜等，2012）。云南省掌鸠河流域河谷地带始终是聚落密度最大的区域并向边缘山区扩展，高程2200米和2500米、坡度20°是聚落扩展的重要界限，人口数量的增长是聚落数量增加和空间扩展的主要驱动力，少数民族的迁移与定居增强了聚落分布的垂直性特征（霍仁龙等，2016）；岩溶山区农村聚落总数在增多，但规模扩展受制于山区地理环境，分布形状趋于复杂且向交通线集聚分布，在优化、保护开发型以及恶劣发展型地区聚落空间发展方向有所差异（罗光杰等，2010；李阳兵等，2012）。三峡库区低山丘陵区乡村聚落以中型聚落为主、独立院落和大型聚落较少，空间分布呈现出东部相对密集、西部和西南部较为稀疏，且具有明显的道路、水源指向性，受海拔和坡度影响显著（谢玲等，2014）。闵婕等（2016）研究发现，在村级范围内的乡村聚落变化率呈明显的"东增西缓中减少"特点，乡村聚落演变过程受到自然环境、社会经济、政策制度等因素的综合作用，空间演变模式可分为自然演变、加速演变和剧烈演变三种类型。重庆三峡库区乡村聚落空间发展呈现集聚与扩散并行的总体特点，即聚集型分布与网络扩展并行、团聚型分布与带状伸展并进、散居型分布与串珠状延伸并存等演进类型；非自然力是驱动乡村聚落分布与演进的重要力量，自然地理环境因素起到显著的基础制约作用（李孝坤等，2013；谢玲等，2014）。

2.3.2 中部山区

中部山区乡村聚落的研究主要集中在嵩山北麓的巩义市、大别山南麓的红安县以及江南丘陵区的赣南。20世纪90年代以来，巩义市乡村聚落用地总面积及相应占地比重有较大幅度的增加，乡村聚落分布变化表现出规模集中化和局部分散化并存的现象，乡村聚落斑块形态趋于规则（海贝贝等，2013）。李君（2009）研究发现，巩义市乡村聚落分布演变，表现出不同的区域类型特征，即平原地区农户居住空间分布相对集中（居民点规模大、农户居住用地扩张速度快、侵占可用耕地的趋势尤为突出）、丘陵地区农户居住空间分布集中度较低（居民点空间布局多表现为同等级块状组合，呈现布点多、规模小等特点）、山区农户居住空间分布具有明显的地带性特征（居民点过度分散、零碎分布现象比较突出）。许家伟（2013）研究发现，1990~2010年巩义市农村聚落斑块扩展主要分为块状扩展、带状扩展和分散扩展三种类型。快速城镇化背景下巩义市乡村聚落规模扩张明显，集约用地程度较低；乡村聚落空间扩展呈现出较为明显的区位集中指向，由地理位置偏僻、交通不便利、居住环境条件差的区域逐渐向地势相对平缓、交通基础设施相对优越、经济发展环境较好的地方集中；在未来乡村聚落空间演变中土地利用集约化、交通体系分布和农村经济发展将是影响农户居住形态和乡村聚落空间格局变化的三大主导因素（李君和李小建，2009；许家伟，2013；海贝贝等，2013）。李伯华等（2012）探讨了转型期湖北省东北部大别山南麓红安县二程镇8个村乡村人居环境演变特征和微观机制，发现从历史的维度来看乡村人居环境演变特征主要体现在"乡村聚落的空心化和边缘化，乡村生态环境的剧烈恶化以及乡村社会文化的更新"等方面；从微观的视野来看，乡村人居环境的演化实质上是农户空间行为作用的外在表现。陈永林和谢炳庚（2016）对江南丘陵区的赣南地区乡村聚落空间演化及重构进行分析，发现赣南地区乡村聚落数量、规模及密度均较小，但有扩大的演化趋势（在低地平原、经济发达区、等级较大的中心村、交通要道及河流周边、同质文化区及经济功能区聚落空间规模不断扩大），集中分布在海拔为200～600米、坡度<15°的低山盆地、河谷阶地等地区及道路和河流沿线；聚落空间分布与演化的影响因素主要有自然因素（地形、气候和水源）和社会人文因素（人口的迅猛增长、新农村建设、工业化、城市化的快速发展和制度文化观念）；聚落空间演化有过渡式、渐进式、聚核式、汇流式、渗透式、飞地式六种模式，演变动力分别是低地指向、经济指向、中心地指向、交通/河流指向、文化指向及功能指向。

2.3.3 东部山区

东部山区乡村聚落的研究主要集中在江苏省太湖东山和西山、浙西中低山丘陵区、镇江市丘陵区、北方太行和燕山两大山脉交汇处的野三坡旅游区、武夷山脉南麓和博平岭山脉之间的福建上杭县。研究发现，江苏省太湖东山和西山聚落分布与水源供应、防洪条件以及靠近田园的距离等密切相关，山区聚落发展变化受到社会制度改变、历史习惯、工商业布局、交通条件改善、行政区变动以及经济发展和人民收入增加等因素的影响（金其铭，1984）。浙西中低山丘陵区，桐庐县农村居民点用地的空间格局呈现出由高山区向河谷平原集中，在河谷平原区、河谷区和山区的农村聚落用地分别呈现出团状、带状和分散分布的特征（陈振杰等，2008）。镇江市丘陵区，乡村聚落空间格局呈现出十分显著的东西分异特征，受地形、经济、交通、水系、耕地分布等因素的影响较大（张荣天等，2013）。野三坡旅游区乡村聚落土地利用模式演变呈现出"核心—边缘"的差异，距离核心景区越近的村落，土地集约利用程度越高，旅游功能愈加完善，村落风貌格局变化愈大；在具体空间形态上，三个村落表现为"现代城镇""半城镇化"和"传统村落"的过渡特征，并对应形成"就地重建型""飞地开发型""原地利用型"三种空间重构模式（席建超等，2014）。2004～2014年福建上杭县农村聚落数量出现大幅下降，空间分布态势并没有发生太大变化，主要集中在西部汀江水系与东北部，并有进一步加强的趋势，山地型农村聚落集聚与分散存在尺度效应，受坡度、水系与道路影响显著，乡镇政府所在地中心村镇面积扩大了4.59倍，远高于一般聚落，是山地城镇化过程中景观变化最剧烈的地区（余兆武等，2016）。

2.3.4 东北部山区

对东北部山区乡村聚落的研究集中在长白山西麓吉林中部低山丘陵区。李冬梅等（2016）以蛟河市为例进行研究，研究发现蛟河市农村居民点总量有所下降，村级尺度农村居民点大范围减少，但局部小范围集聚程度增加，乡级尺度农村居民点变化存在空间差异；整体空间格局在 1997~2014 年的 17 年里变化不大，均匀度的变化较微弱，但密集度有所增加。

2.4 研究述评

2.4.1 国内外研究特点

（1）国内外乡村聚落的研究内容总体上经历了由简单到复杂，由单一向综合，并逐渐向人文社会方向转变的发展变化过程。①国外乡村聚落研究经历了起步阶段（19世纪初至20世纪20年代，侧重于聚落与地理环境特别是与自然地理环境之间的关系方面的研究）、发展阶段（20世纪20~60年代，研究内容着重于乡村聚落的形成、发展、类型、职能、规划等方面，并在理论上取得较大进展）和兴盛阶段（20世纪60年代至今，又可以分为计量变革阶段和转型重构阶段，该时期乡村聚落研究方法上愈加强调定性与定量相结合和多学科交叉融合，研究范式上逐渐向社会和人文方向转变，研究内容更加多元化和丰富）。国外乡村聚落研究中比较重视多学科的综合，注重对乡村聚落出现的各类新问题和新现象进行剖析，并运用新理论和新方法对其进行分析。②国内近代乡村聚落研究起步较晚，1949年前乡村聚落研究多为具体聚落的调查和描述，内容涉及分布、分类和规模等方面，偏重于解释乡村聚落与环境间的因果关系；中华人民共和国成立后乡村聚落研究有过起伏，80年代以来，随着乡村经济的发展，乡村地理研究日益受到重视，步入一个新的发展阶段：在研究方法上逐步由定性描述转为定性与定量相结合，并越来越注重遥感、GIS技术和空间计量分析在乡村聚落研究中的应用并取得了大量研究成果；同时受人文地理学文化转向的影响，开始注重乡村聚落人文和社会方面的研究，研究内容日益多元化。

（2）国内外对乡村聚落演变研究主要集中在乡村聚落过程及其特征、乡村聚落演变影响因素及驱动机制以及乡村聚落空间重构研究等方面。自20世纪30年代以来，针对我国山区乡村聚落空间格局及乡村聚落演变研究成果逐渐丰富，研究范围涵盖西部大巴山区、西南山区、青藏高原边缘山区、云南高原、贵州岩溶山区、黄土丘陵区、中部嵩山地区、东部江南丘陵区、武夷山脉南麓和博平岭山脉间、东北部长白山西麓以及整个中国山区；研究方法采取定性与定量相结合，越来越注重景观格局指数、遥感、GIS和空间计量方法，研究结果越来越精细化和科学化；研究内容涉及乡村聚落的数量、分布形态、影响因素、数量变化、规模扩张、规模等级变化、演变模式、驱动机制等。

（3）在城镇化进程与乡村聚落发展研究方面，已有学者的研究主要集中在我国城市化背景下乡村聚落空间演变的影响因素、乡村聚落演变阶段、空间分布形态变化、城市边缘区乡村聚落的动态演化等，以及城镇化水平对乡村聚落发展的影响、乡村聚落变化与城镇化的关系等方面。

（4）西方学者对乡村聚落空间重构的研究着重分析乡村重构过程中土地利用研究，相比较而言，由于国情不同、发展历史和发展阶段不同，我国对乡村聚落空间重构研究内容更为丰富，研究涉及乡村聚落空间重构的概念界定、基本思路、重构区类型划分、空间重构基本特征、空间重构模式等。

2.4.2 研究不足

（1）研究侧重实证分析，对乡村聚落空间演变的理论研究不够。

乡村聚落的演化既是一个社会经济过程的反映，也是一个遵循生态区位规律而发生的空间自组织过程（张京祥等，2002）。乡村聚落空间演变仍是当今学术界研究的热点问题，但是实证研究多于理论研究，缺少理论创新，且国外乡村聚落理论研究贡献较多。中国乡村聚落空间格局有长时间的演变历史，特别是在当前中国处于城镇化、工业化和农业现代化快速推进时期，聚落格局正在发生重大变化，中国乡村聚落研究面临新的问题和挑战，中国特殊情况下农村聚落演变有可能形成独特的空间结构模型。而作为特殊地形的山区聚落更具特殊性，长时段的山区聚落空间演变有没有特定的规律？这一问题有待进一步深入分析，以期丰富我国聚落地理学相关理论研究。

（2）缺乏以山区乡村聚落为研究对象的长时段研究。

山区聚落的空间演变研究由于客观因素的存在，如山区聚落斑块数据的提取需要高精度的遥感数据或者大比例尺地形图数据才能满足要求。但 2000 年以前的遥感数据精度很难达到研究需要，大比例尺地形图也为涉密数据，所以较难获取；同时山区村子分散、地形复杂，获取长时段人口数据难度大、周期长。已有研究多是基于从地形图、土地利用现状图或者高分辨率遥感影像提取的聚落斑块数据，对 2000 年之后的山区乡村聚落空间格局或演变进行研究。然而，乡村聚落演变是一个长期过程，改革开放以来我国城镇化进入快速发展时期，山区乡村聚落变化很大，同时山区聚落分布有一定特殊性：受地形限制，社会经济因子与自然因素叠加对聚落格局产生特殊影响，且随着时间变化，山区聚落的演化也具有特殊性。在此背景下，将研究时段延伸至 20 世纪 70 年代，并通过一定途径获取多时段山区乡村聚落斑块数据和人口数据进行山区乡村聚落空间演变研究更能发现一些规律性问题，意义重大。

（3）研究多基于聚落斑块数据进行分析，缺少基于人口数据的研究。

我国乡村聚落演变研究多是基于聚落斑块数据进行，尽管聚落斑块作为聚落的直观表现形式可以反映聚落区位和规模的大部分信息，但聚落内人群的生存和发展决定了聚落的兴衰，而且改革开放以来，随着经济社会和城镇化的快速发展，人口大规模迁移，引起聚落的消失或衰减，多数村落空心化现象在加剧，获取长时段人口数据进行聚落空间演变研究具有很强的现实意义，同时将聚落斑块和聚落人口的长时段演变放到一起进行对比研究更能发现一些规律，可为聚落的空间重构提供一定的决策依据。

（4）缺乏对快速城镇化进程中山区乡村聚落空间重构研究。

改革开放以来，我国城镇化进入快速推进阶段，在这一过程中我国山区聚落受到巨大冲击，山区乡村聚落在数量和规模上均发生很大变化。同时，近年来在城镇化、工业化和政府调控等外部因素和乡村聚落自身社会经济文化等内部因素日趋影响下，我国乡村聚落进入功能转型和空间加速重构的关键期，同时我国山区又是自然灾害高发区、生态脆弱区和国家贫困集中区，在此背景下研究山区乡村聚落空间重构，能够丰富聚落地理学相关研究内容，也能为实际的乡村发展实践提供指导，十分具有研究的必要性。

综上所述，本书以豫西山地山区县——嵩县为研究案例，从乡村聚落演化的时空特征、乡村聚落空间分布的影响因素及其变化以及山区乡村聚落空间重构三方面展开研究。以期多方面剖析山区县域乡村聚落的空间演化特征，把握其演化规律，为山区乡村聚落健康可持续发展提供决策依据。

第 3 章　相关理论与理论框架

改革开放以来，中国经历了经济社会和城镇化的快速发展，对乡村聚落发展产生巨大冲击，尤其是城镇化水平低的山区正处于受全国工业化、城镇化快速发展冲击的变革期，在这样的背景下山区乡村聚落空间格局、结构等经历着历史性的转型和重构。本文关注于快速城镇化背景下山区乡村聚落的空间变化，是乡村聚落空间动态演变与相关理论互动联系理论在现实中的有效呈现。聚落是人类活动的中心，是地表重要的人为营造景观，不仅是房屋的集合体，还包括与居住地直接相关的其他生活设施和生产设施，其使用的建筑材料、分布位置、空间形态、时空演化以及影响因素等都是人地关系的集中反映（赵荣等，2006；［法］白吕纳，1935）。乡村聚落是乡村地域系统中人类社会文化经济活动的微观载体，也是人地关系相互作用的具体表现，其在城镇化进程中的空间演变体现出在不同城镇化阶段中人地关系理论的相关内容。在城镇化进程中山区乡村聚落区位空间分布格局及其变化与集聚经济理论和路径依赖理论相联系，山区乡村聚落空间演变的影响因素分析与区位理论、公共产品理论和人地关系理论相联系，乡村聚落空间结构特征与中心地理论和空间结构理论相联系，同时山区乡村聚落面临转型重构，空间生产理论、生活质量理论和居住场势理论可为山区乡村聚落的空间重构提供理论基础。基于此，本章从人地关系理论、区位理论、空间结构理论、规模经济与集聚经济、路径依赖理论、空间生产理论、空间生活理论和公共产品理论以及其他相关理论入手为山区乡村聚落在快速城镇化进程中的空间演变及重构研究提供理论基础，同时将山区乡村聚落空间演变及重构分析内容与相关理论结合构建理论分析框架，对探究山区乡村聚落演变的规律性与系统性具有重要作用，对丰富与完善相关理论也能起到一定推动作用。

3.1 理论基础

3.1.1 人地关系理论

人地关系理论作为人文地理学及其各分支学科的基础理论，反映的是人与自然之间关系的理论。人地关系是一种普遍存在的客观关系，这里的"人"是指社会性的人，是指在一定地域空间和一定生产方式下从事各种生产活动或社会活动的人；"地"是指与人类活动有密切关系的、无机与有机的自然界诸要素有规律结合的、在空间上存在着地域差异的、在人的作用下发生改变的地理环境，即经济、文化、社会地理环境（金其铭，1988）。人地关系的产生经历了一个漫长的历史过程，曾出现诸多不同的人地观，由最初的天命论到环境决定论、或然论，再到适应论、生态论，然后到环境感知论、文化决定论等；直到20世纪60年代，面对因世界各国工业发展产生的大量废弃物以及农业发展导致一些地方出现荒漠化、水土流失、农业污染等日益恶化的环境问题和生态失调等全球性问题，人类意识到人与自然之间应该保持和谐和协调的关系，由此，谋求人与自然和谐共生的人地关系和谐论，在世界范围内逐渐得到确认（赵荣等，2006）。在此，对不同历史时期占据过主导地位的人地关系理论做简单介绍：

（1）环境决定论（Environment Determinism），即地理环境决定论，简称决定论，强调自然环境对社会发展起决定性作用。环境决定论的思想在西方渊源很长，可以追溯至古希腊时代，先后有希腊学者亚里士多德、法国政治哲学家孟德斯鸠、德国哲学家黑格尔以及德国地理学家 F. 拉采尔及其学生美国地理学家 E. C. 森普尔等学者对此进行研究。虽然该思想流行时间较长，但是因其过分强调环境的决定作用而忽略各种因素之间的复杂关系，自20世纪30年代开始遭到许多批判。地理学家认识到，不同地域的人类社会在受到自然环境的影响之外，还受到社会、历史等诸因素的影响，且地理环境并不起决定作用。

（2）或然论（Possibilism），也称可能论，它不是强调环境在人地关系中的决定性作用，而是注重人对环境的适应与利用方面的选择能力。该思想由法国地理学家 P. 维达尔·白兰士于20世纪初首次提出，他认为，在人地关系中，不能用环境决定来解释一切人类现象，一定的自然条件为人类的居住规定了界限，但同时也提供了可能性，人们则按照自己的传统生活方式而做出不同的反应或者适应。之后又有他的学生 J. 白吕纳对该思想进行更为深入的研究，他认为，在人地关系方面，自然是固定的，而人文是不定的，两者之间的关系常随时代而发生变化。

（3）适应论（Adjustent Theory）和生态论（Human Ecology），都是尝试借助生物学上有关生态学的一些观点来分析人地关系的特点。其中，适应论由英国人文地理学家 P. M. 罗克斯比提出，生态论由美国地理学家 H. H. 巴罗斯提出。两者的论点相似，即自然环境对人类活动有限制作用，但随着文化的发展，人类社会对自然环境和环境变化有长期的适应，存在对环境的利用和利用的可能性；着重研究人类活动对自然环境的适应。与此相对应的有生态位理论。生态位的概念最早由 J. Grinell 于 1917 年提出，他将群落中的生物所处的地位和所起的作用抽象地定义为生态位；接着，C. Elton 于 1927 年将生态位强调为生物有机体在群落中的功能地位；C. E. Hutchins 于 1957 年提出多维生态位的概念，他将生态位拓展为生物的空间位置及其在群落中的功能地位；随后，1983 年 E. R. Piank 强调生态位的概念内涵中不仅包括生物开拓和利用环境的能力，也包括生物与环境相互作用的各种方式，并将生态位的主体从仅包括生物种群扩展到包括个体、物种以及种群在内的所有生物单位（陈国阶等，2007）。近年来，随着生态位概念的不断拓展，生态位理论已经被运用于经济学、地理学、社会学等学科中，其含义也不断得到拓展（李君，2010）。1969 年，John C. Hudson 借鉴植物生态学中的一些发现提出乡村聚落区位理论，认为乡村聚落的演变经历了"乡村规模的空间扩张（由地区人口规模增加引起）——乡村聚落密度的提升（由乡村聚落在短距离上不断扩散引起）——规律性聚落类型的形成（由乡村人口空间上的竞争导致）"三个阶段（Hudson，1969）。

乡村聚落是乡村居民进行生产、生活和发展的基本地理单元，包括生产功能和社会组织功能等，是村民与其周围环境进行物质、能量和信息交换的重要地理单元（陈国阶等，2007）。乡村聚落是自然、经济、社会复合系统的区域空间载体，从生态学的视角看，其组织、功能、结构同样存在着"产生—发展—演变或消亡"的过程：乡村聚落的形成、发展、扩张或缩减以及变迁发展处于环境之中，乡村聚落和环境之间存在紧密的互动关系，同时会衍生出一定的关系状态，称之为生态位。乡村聚落生态位表达了聚落和环境资源空间特性的互动关系（见图 3-1），是两者互动适应后形成的一种客观的共存均衡状态。乡村聚落生态位包含了乡村聚落向人类提供的自然因素和社会经济因素的总和，其中自然因素包括地质、地貌、水文和气候等，社会经济因素包括生产条件和生活条件以及各种社会关系等。相较于城市聚落，乡村聚落与环境要素间的关系或相互影响更为复杂多样（李君和陈长瑶，2010a）。山区聚落和生态环境之间的关系非常密切。生态位理论能够较好地反映山区乡村聚落生态关系的持续变动，在解释山区乡村聚落空间演化和动力机制等方面具有一定的理论及现实意义。

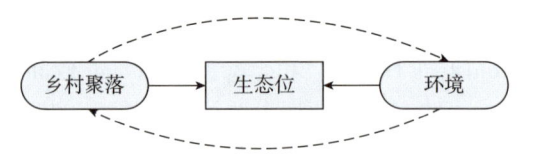

图 3-1　乡村聚落、聚落生态位、生态环境关系

资料来源：据李君和陈长瑶（2010）绘制。

（4）和谐论（Harmony Theory），是在20世纪60年代之后，面对人口剧增、资源匮乏、环境恶化、生态失调等日益严重的全球性问题时，一些地理学家提出人地关系应当"和谐"的思想，即人与自然是共生和谐的关系。该思想认为，人地关系包括两方面：一方面是人类应顺应自然规律，充分合理地利用地理环境；另一方面是要对已经破坏的不协调的人地关系进行优化调控。

总的来说，人地关系是自有人类以来就始终存在的客观关系，不同时代、不同形式、不同类型的乡村聚落都处于具体的地理环境之中，是在一定的社会生产力水平条件下，人类活动与特定地理环境相结合的产物（金其铭，1988）。作为人类活动的中心，聚落是地表重要的人为营造景观，是几千年人地关系综合作用的结果，其使用的建筑材料、分布位置、空间形态、时空演化以及影响因素等，都是人地关系的集中反映，反映出人地互动的演变过程（白吕纳，1935；赵之枫，2004）。原始社会人类活动聚居点的发展体现的是自然环境与原始生产活动单一作用的人地关系。进入封建社会后人类生产力水平提升，促进了农耕经济发展，人口扩张，聚居点规模不断扩大并逐渐演变为聚落，体现的是农耕文明下的人地关系。随着生产力水平的升级，人地关系表现越复杂，部分聚落规模逐渐扩大显现出早期城镇雏形并升级为城镇聚落，城镇化伴随而生，同时随着经济社会的快速发展，引起资源、要素向城镇集中，越来越多的人口流向城市，城镇化进程逐渐加快。在城镇化过程中，人地关系是指农村地域人口和土地向城镇地域转化过程中呈现出的各系统的相互作用机制（王利伟和赵明，2014），具体表现为农民转化为市民的"人口城镇化"和城镇建成区向外扩张的"土地城镇化"，涉及土地、劳动力和资本等生产要素空间重组以及生态环境、社会、文化等生活要素变迁的复杂过程（见图3-2）。

3.1.2　区位理论

区位理论是关于区位（即人类活动所占有的场所）的理论，它研究人类活动的空间选择及空间内人类活动的组合，探索人类活动的一般空间法则（李小建，2006）。区位理论有两层基本含义：一层是人类活动的空间选择，即在区位主体已知的条件下，从区位主体本身的固有特征出发，分析适合该区位主体的可

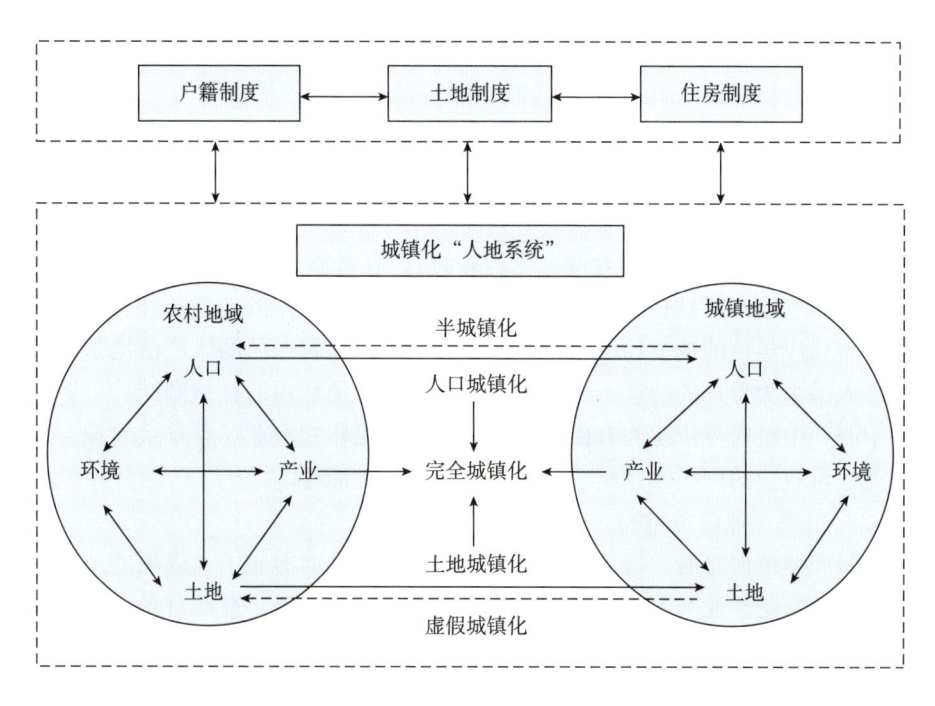

图 3-2 城镇化"人地系统"示意图

资料来源：据王利伟和赵明（2014）绘制。

能空间，从中选择最佳区位；另一层与前者相反，即在空间区位已知的情况下，根据空间的地理特性、经济和社会状况等因素，研究区位主体（即人类活动）的最佳组合方式和空间形态。各种经济活动的区位选择是在一定的行为驱动下形成的，如有的是追求经济利益最大化，有的是追求社会效益最佳，还有的则是寻求自我满足等行为的合理性。总之，经济活动的空间行为是按照一定的法则来进行的，有其特定的规律，如工业区位选择的动机一般是追求利润最大化，住宅区位选择的动机主要是追求效用最大化，而服务设施区位通常是追求福利的最佳化等（魏后凯，2011）。按照经济活动具体内容的不同，可将其分为农业区位论、工业区位论和商业区位论等，其中，比较经典的区位论主要有杜能农业区位论、韦伯工业区位论和克里斯泰勒中心地理论等。在此，对这三个经典的区位论进行介绍：

（1）杜能农业区位论。

德国农业经济学家冯·杜能（Von Thunen）在他1826年出版的《孤立国同农业和国民经济之间关系》一书中，首次系统地阐述了农业区位理论的思想，奠定了农业区位理论的基础，后人将之称为杜能农业区位理论。该理论的核心是杜能从地租出发，得出了农业商品围绕市场呈环状分布的理想模式。杜能环的发现，为后来的工业、商业区位理论，以及空间相互作用和城市地域结构等理论的分析奠定了基础。也正因如此，后人尊称杜能为区位论的鼻祖。

杜能在分析时对于其假定的"孤立国"给出了前提假定条件，即均质平原且中央只有一个城镇，不存在可用于航运的河流与运河，马车是唯一的交通工具，距城市80千米之外是荒野且与其他地区隔绝，人工产品供应只来源于中央城镇，而城镇的食物供给则只来源于周围，企业经营型农业是追求利益最大化的农业（即满足经济人追求利益最大化的假设）。在杜能假想的"孤立国"内，农业生产的基本条件处处相同。杜能用区位地租替代了具体的地理条件，指出合理的农业布局应尽可能地节约成本，追求最大利润，即农产品的生产活动是以追求地租收入最大为合理的活动，由此，形成了农业土地利用的杜能圈结构，即以城市为中心，由里向外依次为自由式农业、林业、轮作式农业、谷草式农业、三圃式农业、畜牧业的同心圆结构，简称杜能圈或者杜能环。

（2）韦伯工业区位论。

德国产业革命之后，近代工业有了较快发展，从而形成了大规模的地域间人口移动，尤其是产业与人口向大城市集中的现象极为显著。在此背景下，德国经济学家阿尔弗雷德·韦伯（Alfred Weber）通过探索工业生产活动的区位原理，试图说明与解释人口在地域间大规模移动以及城市人口与产业的集聚机制，并于1909年出版了《工业区位论》一书，创立了工业区位论（李小建，2006）。

与农业区位论一样，韦伯的工业区位论也是在一系列的严格假设条件下进行论证的，即已知原料供给地的地理分布；已知产品的消费地与规模；劳动力存在于多数已知地点且不能移动，各地劳动力费用水平是固定的，在这种费用水平下可以得到劳动力的无线供应。同时，韦伯在构筑工业区位理论时，对区位因子这一重要概念进行了界定，强调了三种基本的区位因子：运费差别、劳动力差别以及集聚（分散）经济和不经济。并在此基础上分成三个阶段来构建工业区位理论：第一阶段，仅考虑运费的地区差异，构筑了基本的工业区位框架；第二阶段，将劳动费用作为考察对象，研究由第一阶段运费形成的最佳区位变形，即研究运费和劳动费用同时作用下形成的最小费用区位；第三阶段，分析集聚（分散）因子对最小费用区位形成的作用，即集聚（分散）因子使生产集中于某点（或者其他地点）而产生利益，引起区位的第二次变形。这种阶段性的理论构建思维是韦伯区位论的一大特色（李小建，2006）。韦伯研究发现，生产费用的高低对选择最佳的工业区位和企业厂址起着决定性作用，而与生产费用相关的运费、工资和集聚作用则是影响生产费用的主要区位因素；工业布局应该尽可能地靠近原料地和燃料地以便达到运费最低点，同时，如果运费最低点与工资水平最低点不同，那么工资水平的变动会引起企业生产地的"第一次偏移"，即从运费最低点转移到工资成本最低点；工业集聚作用会引起企业生产地"第二次偏移"，即转向集聚经济效益最明显的地点。总的来说，工业布局的原则应是寻求最佳区位，综合考虑运费、工资、集聚这三项主要因素。

同农业区位论鼻祖杜能一样，韦伯是第一个系统地建立工业区位理论体系的经济学者。韦伯首次将抽象和演绎的方法运用于工业区位研究中，建立了完善的工业区位理论体系，为之后的学者研究工业区位提供了方法论和理论基础；该理论最大的贡献是最小费用区位原则，即费用最小点就是最佳区位点，之后的许多理论都是在此基础上进行修正和改进的（张文忠，2000）；韦伯的理论不仅限于工业布局，对其他产业布局也具有指导意义，尤其是他提出的指向理论已经超越工业区位的范畴，发展成为经济区位选择的一般理论（魏后凯，2011）。

(3) 克里斯塔勒中心地理论。

克里斯塔勒中心地理论又称中心地方论，是20世纪30年代德国地理学家克里斯塔勒在其重要著作《德国南部的中心地原理》中提出的，是克里斯塔勒在探索"决定城镇数量、规模以及分布的规律是否存在？如果存在，那么又是怎样的规律"的课题中产生的。

和杜能农业区位论、工业区位一样，中心地理论也有严格的假设条件：①中心地分布的区域为均质平原，自然条件和自然资源状况相同，人口均匀分布，居民收入、需求及消费方式相同；②交通条件相同；③就近购买；④生产者和消费者均是理性经济人假设。在此假定条件下，克里斯塔勒从经济学视角研究聚落，认为经济因素是决定城镇和农村聚落存在的决定因素（沃尔特·克里斯塔勒，2016）。他在经过大量实地调查，跑遍了德国南部所有城市及中心聚落并获得大量基础数据和资料基础上，运用演绎的思维方法研究空间法则和原理，提出了三角形聚落分布、六边形市场区域的空间组织结构，分析了中心地规模等级、职能类型与人口的关系，并在市场、交通、行政三原则基础上形成了中心地空间系统模型（李小建，2006）。其中，市场原则是中心地理论的基础，市场原则下中心地系统及其服务范围数据和在市场原则基础上形成的中心地系统分别见表3-1和图3-3；市场、交通以及分离原则在很大程度上决定了中心地的分布、范围和数量，将这些原则称为中心地的分布规律或者聚落分布规律，这为解释聚落体系空间结构提供了理论基础。

表3-1 市场原则下中心地系统及其服务范围数据

中心地等级（由高到低）	中心地数（块）	补充区域数（服务区数）（块）	区域范围（服务半径，千米）	区域面积（服务范围，平方千米）	提供的中心商品种类数（种）	中心地标准人口（人）	区域（服务区域）人口（人）
L	1	1	108.0	32400	2000	500000	3500000
P	2	3	62.1	10800	1000	100000	1000000

◆ 山区县域聚落空间演化及重构

续表

中心地等级（由高到低）	中心地数（块）	补充区域数（服务区数）（块）	区域范围（服务半径，千米）	区域面积（服务范围，平方千米）	提供的中心商品种类数（种）	中心地标准人口（人）	区域（服务区域）人口（人）
G	6	9	36.0	3600	600	30000	350000
B	18	27	20.7	1200	330	10000	100000
K	54	81	12.0	400	180	4000	35000
A	162	243	6.9	134	90	2000	11000
M	486	729	4.0	44	40	1000	3500
合计	729	—	—	—	—	—	—

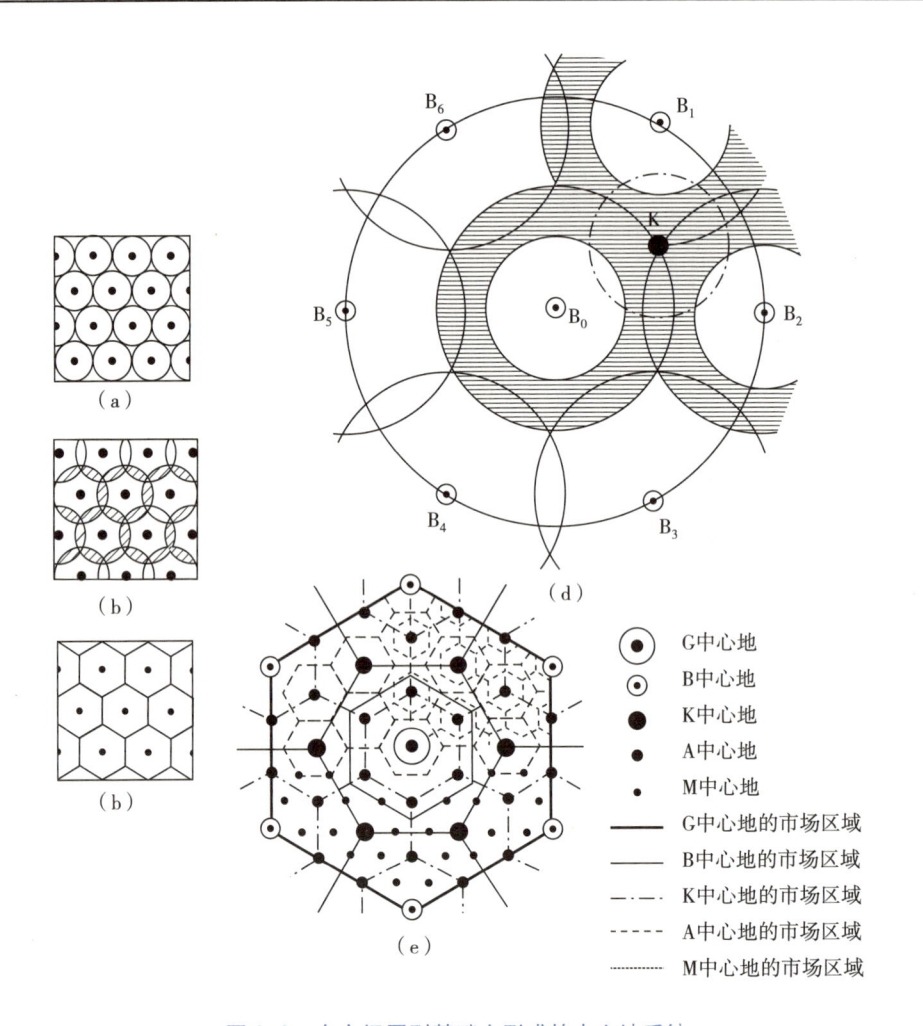

图 3-3 在市场原则基础上形成的中心地系统

资料来源：据克里斯塔勒（2016）和李小建（2006）绘制。

中心地理论提出之后，诸多学者以不同地区为例对其进行了检验。Brush 和 Bracey（1955）以美国威斯康星州南部和英格兰南部两个地区为例发现乡村服务中心存在等级体系，并对两者进行了对比研究。20 世纪 50 年代后，有学者对中心地理论进行补充和修正：Bunge（1966）以实例证明如果经济地域以人口密度而不是单纯以面积作为分析基础，能使克里斯塔勒中心地理论更加完善；Haining（2010）构建了中心地体系中由各级市镇构成的点阵之间相互作用模型；Wang（1999）在传统中心地框架之下以城市间交通成本作为重要考虑因素并同时强调乡村腹地的不均一性，构建了包括两级中心地的一般均衡模型。美国学者施坚雅（Skinner，1998，2000）在对晚清时期中国中心地分类和对其经济层级分析的基础上，从地形有系统变化而非一概平坦、需求密度的分布有变化而非均匀以及运输费用有系统变化而非相同三个方面对克氏中心地理论进行了修正，并在此基础上提出了符合中国主要地区体系的结构。

与国外学者对克氏中心地理论的大量修正和补充研究有所不同，20 世纪 80 年代以来，国内学者对克氏中心地理论的发展，主要集中在验证和应用方面。有学者以河北省胜芳镇为例，对农村聚落分布进行初步研究，得出了农村聚落的分布完全符合中心地理论结构的结论（李平华和于波，2006）。牛亚菲（1989）以苏北沿海平原地区的赣榆县和灌云县为例，对克氏中心地理论中的城镇体系空间布局和等级结构方法进行验证，发现赣榆县遵循 k = 3 的市场原则，而灌云县集镇空间分布遵循 k = 4 的交通原则。杨吾扬和梁进社（1997）对我国华北平原地区的城市中心地进行研究，也发现了基本符合中心地理论的地域结构。克里斯塔勒认为的交通线会影响聚落分布使其发生变化的观点，在华北平原地区得到验证且效果明显：在京广线等交通沿线不仅产生了新的聚落，而且原有聚落发展成较高一级的中心地。袁莉莉和孔翔（1998）以苏州工业园区中心村建设规划为例，对克氏中心地理论在区域聚落体系规划中应用的可能性进行探讨，结果表明，实际条件与理论假设相符合的条件下，克氏的中心地理论可以用于指导聚落体系规划。曾刚等（1998）将克氏的中心地理论应用于苏州工业园区中心村建设中，提出了中心村生活生产区位体系的"七度中心地模式"，即每个中心村理想化的组织为包括一个中心居民点、五个基层居民点和一个村级工业区。朱纪广（2015）在梳理了中心地理论发展历程的基础上，构建了一个多尺度的具有时间动态的中心地理论框架。

3.1.3 空间结构理论

这里主要对和本书密切相关的增长极理论、核心—边缘理论、点—轴渐进扩散理论，以及与这些理论相对应的极核式空间结构、点轴式空间结构和双核式空间结构进行简要阐述。

（1）增长极、核心—边缘理论与极核空间结构。

增长极理论首先由法国经济学家佩鲁（Perroux）于1950年提出，后又经赫希曼、鲍得维尔（Boudeville）和汉森（Hansan）等学者进一步发展，受到区域经济学家和区域规划师及决策者的普遍重视，被认为是区域发展分析的理论基础，也是区域经济发展的政策工具（李小建，2006；许学强等，2009）。该理论认为由于区位条件的不一样，一国或一地区的经济增长不可能均衡地同时在所有地点发生，总是在一些条件较好的地点率先开始，进而发展成为增长中心或增长极，即一些在空间分布上有集聚需求的经济部门或组织会选择区位条件相对好的地方作为发展场所。然后由这些中心通过不同的渠道逐渐向其他地区传导和扩散，进而推动整个地区经济增长。自20世纪60年代开始，关于增长极的研究主要沿部门增长极（即推动型产业）和空间增长中心（即集聚空间）两条线展开。前者强调经济结构的优化，着重发展推动型工业；后者强调经济地域空间的优化，以发展中心带动整个区域。

核心—边缘理论，有时也称中心—外围理论或者中心—边缘理论，是20世纪60年代与70年代，发展经济学家研究发达国家与不发达国家间不平等关系时，形成的相关理论观点的总称。后来中心、外围概念及分析被引入区域经济相关研究中，并将空间关系概念融入其中，形成了可以用以解释区域间经济发展关系和区域间空间模式的核心—边缘理论（李小建，2006）。该理论也可以用于解释经济空间结构演变模式，试图解释一个区域，如何由互不关联的孤立发展，变成彼此联系的发展不平衡，又由发展极不平衡变为相互关联的平衡发展。美国学者Friedman在1966年出版的《区域发展政策》一书中提出的"核心—边缘"理论比较有代表性。他认为，由于多种原因，在多个区域中，会有个别地区因具有发展优势而率先发展成为"中心"，而其他地区发展缓慢成为"外围"，这样便形成了中心和外围之间不平等的发展关系。在此关系中，中心居于统治地位，外围依赖于中心处于从属地位。

在区域发展的早期阶段，城（镇）作为增长极主导着整个区域的发展状态。就城乡地域而言，区域的发展首先从城（镇）开始，并通过支配效应、乘数效应或者极化与扩散效应影响乡村地区发展；城镇和乡村在共同发展过程中，城镇因具有前期发展优势，在发展中处于主导地位，成为经济发展的"中心"，而乡村地区则成为依附于城镇的"外围"，区域内呈现城乡发展非均衡的空间关系；在城镇化背景下，城镇地区率先发展，当前阶段山区县域城镇对周围乡村地区的影响仍以支配作用和极化作用为主。

空间上表现为极核空间结构，它主要形成于区域发展的初级阶段，呈现出整个区域的空间结构由单个相对强大的经济中心与落后的外围地区组成。城乡二元结构是极核空间结构的表现形式之一。

(2) 点—轴渐进扩散理论与点轴式空间结构。

我国著名经济地理学家陆大道院士(1988,1995,2001)在点轴系统研究中作出了重大贡献。他认为区域空间结构是由"点"和"轴"两种基本要素组成,其中"点"是区域内人口、产业、经济组织和社会组织等相对集中地,对应各级中心地(居民点),即区域的各级中心城镇,可以是小乡镇也可以是大城市,此外,还包括其他集聚区。"轴"可以是由交通、通信干线、能源和水源通道等连接起来的"基础设施束",或者称产业集聚带。"点—轴"渐进扩散理论是"点—轴"理论体系中的一部分,阐释了"点—轴"系统空间结构的形成机理。点—轴式空间结构式,有时又称点—轴系统,是极核式空间结构的进一步发展演化(李小建,2006),是点扩散和轴集聚相结合的产物。

"点—轴"渐进扩散理论的核心是社会经济客体大都集聚在点上,并通过线状基础设施束(又称扩散通道)联结成一个有机的空间结构体系。该理论的两个主要依据是:生产地域组织的演变过程与生产力发展水平相关;事物之间的相互引力和扩散方式具有普遍性。理论的基本内容为:在区域开发的初期阶段,社会经济客体从一个或多个扩散源开始,沿着若干线状基础设施束(或称扩散通道),渐次扩散社会经济"流",在与中心不同距离位置,形成强度不同的新集聚中心;遵循"扩散力随距离延伸而衰减"规律,新集聚中心的规模会随距离的增加而减小;相邻地区扩散源扩散的结果使扩散通道相互联结,形成发展轴线;随着社会经济进一步发展,发展轴线也进一步延伸,新的规模相对比较小的集聚中心和发展轴线又将不断形成(陆大道,2002)。社会经济客体在空间中以"点—轴"渐进形式扩散,进而形成"点—轴"空间结构(陆大道,1995,2002)。其形成过程如图3-4所示。

(3) 双核式空间结构。

双核结构模式是指在某一区域中由区域中心城市和港口城市及其连线组成的一种空间结构现象(陆玉麒,1999)。双核结构模式从机理上看源于区域中心城市和港口城市的空间组合,因兼顾了区域中心城市的居中性和港口城市的边缘性,可以实现区位上以及功能上的互补(陆玉麒,1998;李小建,2006);从形成类型看,可分为外生型双核结构和内源型双核结构两类(陆玉麒,2002)。在我国,双核结构普遍存在于沿海和沿江地区:在沿海地区有广州—深圳、杭州—宁波、济南—青岛、北京—天津、沈阳—大连等双核结构;在沿江地区有成都—重庆、南昌—九江、长沙—岳阳等双核结构。受地形、社会经济、历史条件等因素的影响,位于河流流域的城镇易形成双核空间结构(邓祖涛和陆玉麒,2007);

(a）均匀分布状态　　　　　（b）点线形成

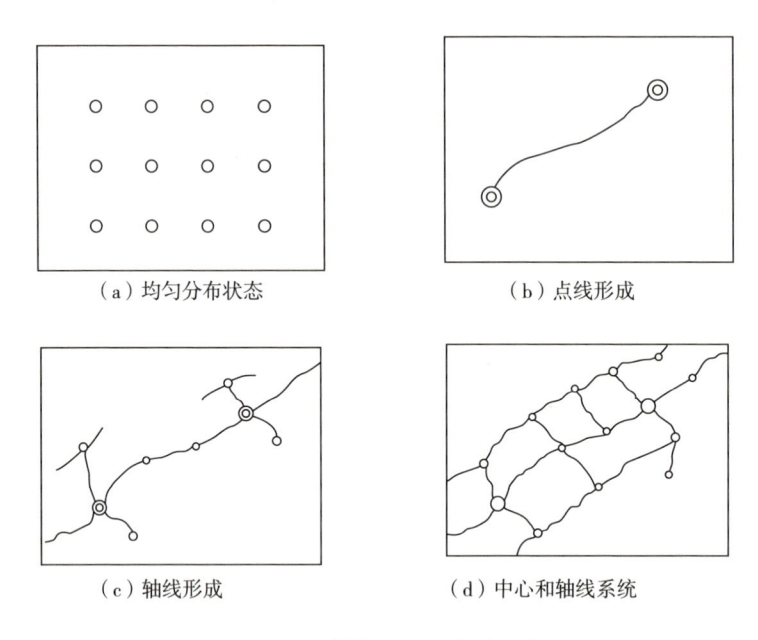

(c）轴线形成　　　　　（d）中心和轴线系统

图3-4 "点—轴"空间结构的形成过程

资料来源：据陆大道（1995）绘制。

双核结构可以弥补"点—轴"开发中二级轴线空间尺度差别太大的缺陷（陆玉麒和董平，2004）；但中点城市是双核结构发展中的薄弱环节，即当双核结构发展到一定阶段时，中点城市得到迅速发展，有可能成为中点核心城市（陆树启和陆玉麒，2003）。

3.1.4 规模经济与集聚经济

（1）规模经济。

规模经济（Economies of Scale）是指由于产出水平的扩大而引起的在长期内产品平均成本的降低。按照其产生的原因，有内部规模经济和外部规模经济之分，也有静态规模经济和动态规模经济之别（魏后凯，2011）。内部规模经济产生于单个企业水平，它是由企业生产经营达到一定规模而产生的好处。外部规模经济产生于行业或区域水平，它是由于企业所在行业的发展或者企业在一定地区范围内的聚集而产生的好处。从经济结果来看，内部规模经济将导致不完全竞争，而外部规模经济将导致集聚经济。外部规模经济，又称外部性、外部效应或者集聚经济，是指企业可以通过布局在其他企业附近而得到益处，这得益于关联产品运输成本的节约、劳动力市场与基础设施等公用资产的共享，以及知识、技术溢出等因素的存在。静态外部规模经济是指一个企业的产出或生产效率在投入不变的情况下，会随着其他企业产量的增加而增长，在此过程中平均成本趋于下降。即静态规模经济将引起更高的生产率水平，而动态外部规模经济将提高产业的生产率增长率。图3-5列出了规模经济的类型划分。

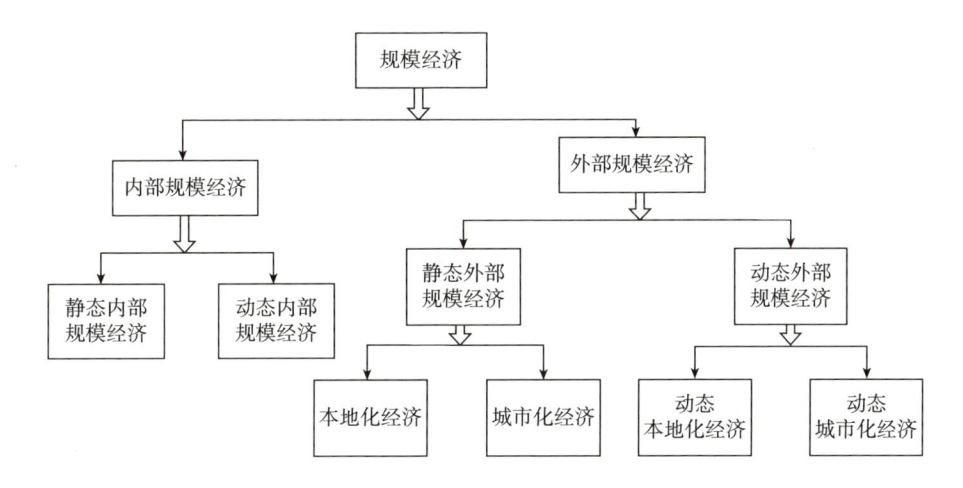

图 3-5 规模经济的分类

资料来源：据魏后凯（2011）绘制。

（2）聚集经济。

聚集经济（Agglomeration Economics）本身是一种外部性。关于集聚经济有多种不同的阐释，概括起来，是指企业生产经营活动在空间上的集聚所带来的经济效益和成本节约。聚集经济在不同尺度的地理空间上存在不同的聚集表现形式，如在微观尺度上，通常表现为相同（或者相似）产业的企业或是产业关联企业在某特定地区的集中所形成的产业群落；而在宏观尺度上，最典型的代表是城市多样化经济的体现。聚集经济作为城市形成原因的外在表现形式，为了解城市的兴起以及发展提供了有力的理论支持。聚集经济的研究从以韦伯、廖什为代表的区位理论到马歇尔提出的"外部性"，再到克鲁格曼的新经济地理学，无不为聚集经济理论的丰富和完善作出了贡献。

德国经济学家韦伯最早在其学术著作《工业区位论》中提出了集聚经济的思想。他根据集聚经济的作用方向将其分为集聚因子和分散因子，强调集聚因子是指一定量的生产集中在特定的空间所产生的收益，使生产成本或销售成本降低，而分散因子则是集聚的反作用力，是指生产分散化而带来的优势；指出两种因子的相对强弱最终确定企业或产业的集聚形态。其中，集聚因子的作用分为两种形态，一种是由经营规模的扩大而产生的集聚，另一种是由多种企业在空间上集中产生的集聚，后者的集聚利益是通过企业间的协作、分工和基础设施的共同利用所带来的；分散因子作用主要是消除由集聚带来的地价上升造成的一般间接费、原料保管费和劳动费用的上升（魏后凯，2011）。

韦伯从区位选择和集聚等因素分析了企业在空间选址上集中的原因，但是对聚集的经济学概括还不够充分。马歇尔将聚集因素进一步抽象，从经济学角度分析了人类和产业聚集的根本动因。在《经济学原理》一书中，他将人口与企业聚集的原因归结为外部规模经济，他认为，外部规模经济往往可以通过许多产业内部或行业内部的生产厂商，在特定地方的集中，而获得区域上的聚集（马歇尔，2010），这也是聚集的动力所在。

马歇尔认为，企业在空间上的聚集除最主要的自然因素外，还有知识外溢、产业配套和劳动市场三个因素影响（马歇尔，2010）。他对这三个要素分别进行分析，认为知识的外溢是以信息传递为媒介，而近距离的技术传播较为容易，更容易吸引类似的生产企业向特定空间集中。产业配套是指为工业生产企业提供服务的其他部门如原料供应、中间品加工等；某一行业生产企业在空间上的集中会带来其他与之相关联产业部门或服务部门来此聚集，从而为生产企业带来便利，并降低企业的生产成本。劳动力市场在企业聚集的同时向区域集中，企业在空间形成一定的聚集规模，就会吸引专业的劳动者加入，并最终促进劳动力市场的形成；当企业与劳动力在同一空间集聚时，就会降低双方的搜寻匹配成本，从而降低企业的劳动力成本；且这种稳定的劳动力市场会不断累积，吸引更多更加优秀的人才进入，实现劳动力市场的自我更新，从而也会为企业带来发展的动力和相适应的人才。此外，马歇尔还对交通条件改善对聚集的影响进行了分析。扩展到城市研究，交通条件的改善同样对城市产生聚集和扩散的效用，交通条件一方面会改善城市的组织条件，但另一方面也可能引发"郊区化"等扩散现象（何悦，2016）。

俄林（Bertil Ohlin）在继承前人聚集理论的基础上，于1933年将聚集经济分为企业内部聚集经济、企业外部（行业内部的聚集经济，又称马歇尔聚集）和城市化经济三个层次（秦尊文，2010）。胡佛（1990）提出了因企业集聚而产生的两种外部经济，即本地化经济（Localization Economies）和城市化经济（Urbanization Economies），其中，前者是指相互紧密联系的产业部门形成的综合体，为本地企业创造生产合作优势，反映单一产业集中程度的外部经济；后者是指巨大城市集聚体的组成要素，反映城市规模的外部经济。集聚经济存在适度的空间范围，当集聚水平适度时，就会出现正的外部性，产生集聚经济；相反，当集聚水平不适度时，就会出现负的外部性，产生集聚不经济。魏后凯（2011）概括了集聚经济效益的主要来源，包括：①某些指向性相同或前、后向关联的工业企业集中布局，可以节约生产成本；②相关工业在地理上集中于某一特定地区，可以共同利用某些辅助企业；③工业的地理集中可以利用城市公共基础设施和服务设施，包括公路、铁路、机场、仓库、给排水与供电设施、邮电通信设施、教育与科研设施、商业饮食设施、文化娱乐设施以及一些其他的服务设施等；④人口和工业的大量集中将会扩大本地市场的潜在规模；⑤人口和工业的集聚将有助于熟练劳动力市场的形成，如城市化的过程也是农村人口逐步向城市迁移的过程，人口的集聚势必增加相应的商品和服务的需求，引起相应的配套公共服务和公共产品的集聚；⑥大城市一般是区域性的金融中心，拥有各种金融机构，可为企业融资提供方便；⑦工商业的集中，可以使经营管理工作者和企业间面对面地交流；⑧地理集中还能够促进企业的革新。在获得集聚经济的同时，过度的地理集中也会产生集聚不经济，集聚不经济主要来源于以下五个方面：①交通拥挤使得市内运输费用和时间大大增加；②地方资源的不足和交通条件的限制，可能导致能源、原材料供给短缺；③用电用水紧张，供电不足，地价和水电成本大幅度提高；④住房拥挤，环境污染严重，居民生活质量下降；⑤大城市地域范围的不断扩展，导致通勤人数和通勤距离大为增加。

3.1.5 路径依赖理论

路径依赖是指经济、社会或技术等系统一旦进入某个路径（不论是好还是坏），就会在惯性的作用下不断自我强化，并且锁定在这一特定路径上（尹贻梅等，2011）。路径依赖的概念产生于技术变迁分析中，最早由美国经济史学家David提出，后来经过Arthur和North等学者的发展，被广泛运用于经济学、政治学、管理学和社会学等学科，成为理解经济社会系统演化的重要概念。学者对路径依赖概念的认识有不同的理解，但也有一些共识，主要表现为：①路径依赖强调了系统变迁中的时间因素，强调历史的"滞后"作用，这种"滞后"作用既有可能是历史事件的结果造成的，也有可能是历史本身内在的性质（即内在的规则和秩序）造成的。②路径依赖既是一种状态，也是一种过程：就状态而言，路径依赖是一种"锁定"，这种锁定既有可能是有效率的，也有可能是无效率的；就过程而言，路径依赖是一个非遍历性的随机动态过程，它严格地取决于历史上的偶然事件（即小概率事件）。路径依赖并不一定指历史决定论或"过去依赖"，相反，路径依赖是一个随机的、情景的过程，即在历史的每一个时点上，技术、制度、企业、产业可能的未来演化轨迹（即路径）都是由历史和当前状态所决定的（曹瑄玮等，2008）。

David（1985）和Arthur（1989）的研究中，路径依赖是指技术选择的不可预见、被锁定和缺乏效率的情况，Arthur认为新技术具有报酬递增的性质，先发展起来的技术凭借自身占据的优势地位,通过规模效应、学习效应促成单位成本降低,致使其在市场上越来越流行,并由此实现自我增强的良性循环;反之,一种更为优良的技术却可能由于起步较晚,没能获得足够的跟随者,而陷入恶性循环,甚至"锁定"在某种被动状态之下,无法突破。随后,North等把路径依赖的研究由技术转向了制度。North(1994,1997)认为Arthur提出的技术变迁的机制也适用于制度,并且逐渐发展了制度专用的路径依赖概念;North认为路径依赖是指制度框架使各种选择定型并约束可能被锁定的制度路径,主要表现为:①制度变迁与技术演进一样,也存在着报酬递增和自我强化机制,一旦这种机制使制度变迁走上某一路径,其既定方向会在以后的发展中得到自我强化,沿着既定的路径,经济和政治制度变迁可能进入良性循环轨道得到迅速优化,也可能顺着原来的错误路径往下滑甚至会被锁定在某种无效率的状态之中;②制度变迁也不完全与技术演进相同,它除受报酬递增机制决定外,还受市场中的交易因素影响,随着报酬递增和市场不完全性增强,制度变得极其重要,自我强化机制发挥着重要作用,并呈现出一些不同特点,制度矩阵的相互联系网络会产生大量的递增报酬,而递增报酬又使特定制度的轨迹保持下去,从而决定经济长期运行的轨迹;③制度变迁比技术演进更为复杂,行为者的观念以及由此形成的主观抉择在制度变迁中起着更为关键的作用,不同历史条件下将形成行为者不同的主观抉择,这既是各种制度模式存在差异的重要因素,也是不良制度或经济贫困国家能够长期存在的原因之一。Campell、Hausner、Federowicz、Vincensini等关于制度性路径依赖不同机制的解释与North的新制度主义思路有所不同,他们的总体理论观点是进化的(Campell,1991,1996,1997;Hausner,1995;刘汉民,2003),认为路径依赖是指制度重建时,由参与者的认知能力所定的主观选择模型继续认同旧的基本制度结构,导致旧制度在新政权中以新的形式延续的情况。

3.1.6 空间生产理论和生活质量理论

在介绍空间生产理论和生活质量理论之前,先对与人类居住、生存以及生活等密切相关的需求层次理论进行介绍。

需求层次理论是美国心理学家亚伯拉罕·马斯洛于1943年在《人类激励理论》一书中提出的,同时该书也同步在 *Psychological Review* 期刊上全文发表,他将人类需求像阶梯一样从低到高按层次分为五种,分别是:生理需求、安全需求、社交需求、尊重需求和自我实现需求。其中:①生理上的需求是人类维持自身生存的最基本要求;②安全上的需求,是人类对人身安全、健康保障、资源所有性、财产所有性、道德保障、工作职位保障、家庭安全等事物的需求;③社交上的需求,即情感和归属的需求,这一层次包括对友情、爱情、性亲密的需求,感情上的需要比生理上的需要更细致和细腻，它和一个人的生理特性、经历、教育、宗教信仰都密切相关；④尊重的需求包括对自我尊重、信心、成就、对他人尊重、被他人尊重的需求，马斯洛认为，尊重需要得到满足能使人对自己充满信心、对社会充满热情，并能体验到自己活着的用处和价值；⑤自我实现的需求，该层次包括对道德、创造力、自觉性、问题解决能力、公正度和接受现实能力等事物的需求。

空间生产理论是由法国马克思主义思想家亨利·列斐伏尔首创的。列斐伏尔先对空间概念进行了较为全面的哲学考察，并深刻地批判了将空间仅仅视为容器和"场"的传统观点。在此基础上，他将其理论聚焦于城市空间生产，提出了"（社会的）空间是（社会的）产物"的核心观点。最后建构了一个展现这个空间生产过程的三元一体理论框架（即"空间三元论"）：①空间实践（Spatial Practice），城市的社会生产与再生产以及日常生活；②空间的表征（Representations of Space），概念化的空间，科学家、规划者、社会工程师等的知识和意识形态所支配的空间；③表征的空间（Spaces of Representation），"居民"和"使用者"的空间，它处于被支配和消极地体验的地位（Lefebvre，1991；列斐伏尔，2008；叶超等，2011）。尽管列斐伏尔的空间生产理论是以欧洲的城市空间为研究背景，对乡村生活阐述极少，包括他的其他著作思想也很少被用于英美国家的乡村研究（韩勇等，2016）；但1996年列斐伏尔（Lefebvre）曾在书中写道："如果我们将乡村视为城市的一种类型，而并非与城市对立的二元分类，该框架（概念三元组）可以被用于乡村。"哈尔法克（Halfacree，2007）认为空间的三重逻辑结构能够解释乡村空间，并在此基础上构建了乡村空间的三元组框架（见图3-6），即乡村地方性——相对独特的空间实践，与生产和消费活动关联；乡村的表征——那些由阶级利益、文化权威、规划者和政客表达的空间；乡村生活——个人的、多样化的、具有不同层次的一致性和断裂性。20世纪90年代开始，我国学术界对城市空间的生产理论开始予以关注（夏建中，1998），2000年以后，出现了城市空间生产理论的研究热潮，包亚明2003年编著的《现代性与空间的生产》对普及国外经典的空间生产理论起到很好的作用。随着我国旅游业的发展，孙九霞和苏静（2014）、郭文等（2015）将空间生产理论运用于旅游地空间生产、社会变迁、居民认同、关系生产等方面的研究；明庆忠和段超（2014）将空间生产理论应用于古镇旅游景观的空间重构中。也有学者将空间生产理论应用于乡村空间的研究中，如王勇等（2012）从空间生产视角，提出了苏南乡村空间转型期的乡村治理措施，王成和李颢颖（2017）将系统论思想引入乡村生产空间，提出"乡村生产空间系统"理念，初步构建乡村生产空间系统的研究框架。

◆ 山区县域聚落空间演化及重构

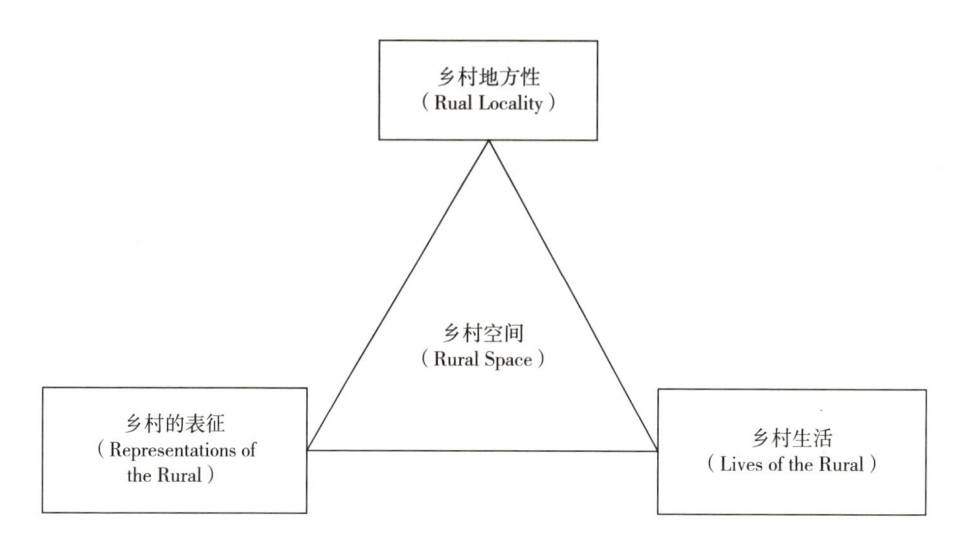

```
                乡村地方性
               (Rural Locality)


                 乡村空间
                (Rural Space)


    乡村的表征                     乡村生活
(Representations of              (Lives of the Rural)
   the Rural)
```

图 3-6 哈尔法克里乡村空间生产模型

资料来源：据 Halfacree（2007）绘制。

　　生活质量理论（Life Quality Theory）起源于美国，由美国经济学家约翰·加尔布雷斯（Galbraith John Kenneth）于 20 世纪中叶在《富裕社会》中首次提出。加尔布雷斯将生活质量定义为人们生活的舒适便利程度以及精神上所得到的享受和乐趣，认为经济增长不是目的，经济增长的目的在于创造更好的生活质量。美国经济学家罗斯托在他 1971 年出版的著作《政治和成长阶段》中增加了"追求生活质量"阶段，并将该阶段当作经济增长的最高阶段，认为一个完整的现代经济社会演化系列可以划分为六个阶段，即传统社会阶段、为起飞准备阶段、起飞阶段、成熟阶段、高额群众消费阶段和追求生活质量阶段。此外，罗斯托还认为生活质量的提高是经济增长的必然产物。社会学家坎贝尔等将生活质量定义为"生活幸福的总体感觉"，包括人们的满意度、幸福感和社会积极性三个方面（Campbell et al.，1976）。我国经济学家厉以宁在他 1986 年出版的《社会主义政治经济学》一书中，提出生活质量是反映人们生活和福利状况的一种标志，包括自然方面和社会方面的内容，其中，自然方面是指生活质量的美化、净化等，社会方面是指社会文化、教育、卫生、交通、生活服务状态、社会风尚和社会治安秩序等，他还进一步说明，生活质量的高低与人们的福利增减直接相关，在人们的实际收入不变的情况下，如果生活环境比过去有所美化和净化，社会各种文化和生活服务比过去更加方便，社会风尚和社会治安比过去好转，就意味着生活质量的提高、生活的改善和福利的增长。显然，从经济学角度定义生活质量，主要是强调经济发展程度对人们生活水平的提高作用，进而改善了人们的生活质量，经济发展是生活质量的基础。与厉以宁持有相似观点的有朱国宏和冯立天等，其中，朱国宏（1992）认为生活质量是指在一定经济发展阶段中人口生活条件的综合状况，冯立天（1995）认为生活质量是一个国家或地区人们生活条件的优劣程度。陈义平（1999）将生活质量定义为"社会提供国民生活的充分程度和国民生活需求的满意程度"，它包括社会对人们生活的供给和人们对生活的需求两个方面。周长城（2003）定义生活质量是"建立在一定的物质条件基础之上，社会提高国民生活的充分程度和国民需要的满足程度，以及社会全体成员对自身及其生存环境的认同感"，他将生活质量分为环境的承载能力、生命的效用、个体的生存能力和个体对生活的评价四方面。目前，国内外对生活质量的定义和理解主要分为主观生活质量、客观生活质量和主客观综合生活质量三种倾向。客观指标是衡量生活质量的必要指标，在可实现的情况下，将主观指标加入衡量生活质量的体系，有益于全面衡量生活质量。

伴随着我国小康社会的全面建成和随着人们生活水平的不断提高，如何提升农村居民生活质量已成为美丽乡村建设的迫切要求。在新型城镇化和工业化的背景下，应以生活质量水平提升为导向，合理优化乡村聚落空间以及乡村聚落空间功能，从而提升农村居民生活质量。

3.1.7 公共产品理论

公共产品的研究起源于 1739 年，哲学家大卫·休谟在其著作《人性论》中论述了一种被后人称为"搭便车"的现象，即某些任务的完成虽然对个人并没有好处，但对整个社会却有好处，需要通过集体行动来执行。之后，有亚当·斯密、李嘉图、马歇尔等若干经济学家对此问题从多个方面进行研究和探索，但是直到 1954 年和 1955 年保罗·萨缪尔森在《经济学与统计学评论》上相继发表了两篇有关公共物品的文章（即《公共支出的纯理论》和《公共支出理论图解》）之后，理论界才对公共产品产生了共识（贾晓璇，2011；秦颖，2006）。一般认为，萨缪尔森于 1954 年发表的《公共支出纯理论》一文，标志着现代公共产品理论的诞生。萨缪尔森将物品明确地划分为私人消费物品和共同消费物品。其中，公共物品具有非排他性和非竞争性，每个消费者对某种公共产品的消费量不仅相同，而且与该种公共产品的总消费量相同；每个消费者对私人物品的消费量之和等于私人物品的消费总量。此外，他还提出了公共产品的最优供给条件，即生产中私人产品与公共物品的边际转换率，等于消费者私人产品与公共产品的边际替代率之和，这就是公共产品供求中的萨缪尔森条件，即生产上的边际转换率等于消费上的边际替代率。布坎南提出了俱乐部理论和准公共产品的概念，丰富了公共产品理论。他认为存在这样一种组织，它仅对组织成员提供商品，即俱乐部产品，俱乐部内部成员对产品的消费是平等的、非排他的，如果俱乐部的规模是一个人，则实际上就是私人产品，如果是全体人，就是公共产品（Buchanan，1965）。

"搭便车"理论首先由美国经济学家曼瑟·奥尔森在他1965年出版的《集体行动的逻辑：公共利益和团体理论》（*The Logic of Collective Action Public Goods and the Theory of Groups*）一书中提出，其基本含义是不付成本而坐享他人之利。由于公共产品具有非排他性和非竞争性，使人们可以消费某种公共产品而不需要付出任何成本或仅需要支付很少的成本，这就会产生"搭便车"现象，也会出现休谟论著中所说的"公共悲剧"，这是一种市场失灵现象，需要政府承担供给公共产品和服务的责任。

奥茨（Oates）在其1972年出版的经典名著《财政联邦主义》中提出了一个分权理论，他认为中央不可能顾及到各个地区居民的不同需求和偏好，因而只会按照最一般的公平需求在各地区间进行分配，会降低资源配置效率。相反，若由地方政府按照当地居民的需求偏好来提供公共服务，则会提高资源配置效率。基于福利经济学的观点，奥茨认为最有效的资源配置应使社会福利达到最大。

3.2　理论架构

根据本书的研究主线"山区县域聚落演化的'空间格局—演变过程—演变机理—空间优化重构'"构建理论框架。

首先，在构建理论框架之前，先对本书研究对象及其经济学含义进行说明。本文主要研究山区县域乡村聚落的空间演化及其重构，这里的聚落不是单个聚落，而是聚落群体，即整个县域内的聚落。乡村聚落是农户居住场所在空间上的集聚，聚落的形成和聚落规模是农户综合考虑生产和生活两种情况下的群体活动结果（李小建等，2009）。在一个聚落中任何一个新农户的加入都会产生正负两种外部性：正外部性产生于生活方面，产生于人们对交流和安全的需要，如新住户的加入扩大了交流的范围，增加了聚落的安全性；负外部性产生于生产方面，产生于生产成本的上升，可能包括户均生产资源的下降。聚落规模的大小取决于正负外部性两者之间的权衡。

其次，根据城镇化进程中人地关系理论与乡村聚落的联系，本书在山区乡村聚落空间演变特征分析、空间演变影响因素选取、空间重构研究中，均结合人地关系对乡村聚落发展的影响展开研究。区位论、空间结构理论、规模经济与集聚经济、路径依赖理论对乡村聚落的区位、规模的空间分布特征及其变化和聚落体系的空间结构特征及其变化等内容，能够起到很好的解读作用；区位论和公共产

第 3 章 相关理论与理论框架

品理论为乡村聚落空间演变的影响因素分析提供了理论依据；空间生产理论和生活质量理论以及人地关系中的生态论为山区乡村聚落空间重构提供了理论基础。根据以上关于人地关系理论、区位理论、空间结构理论、规模经济与集聚经济、路径依赖理论、空间生产理论和生活质量理论以及公共产品理论等在山区乡村聚落空间演变研究、影响因素分析以及聚落空间重构研究中的运用，刻画出了在本书中相关理论与主要研究内容之间的关系（见图3-7）。

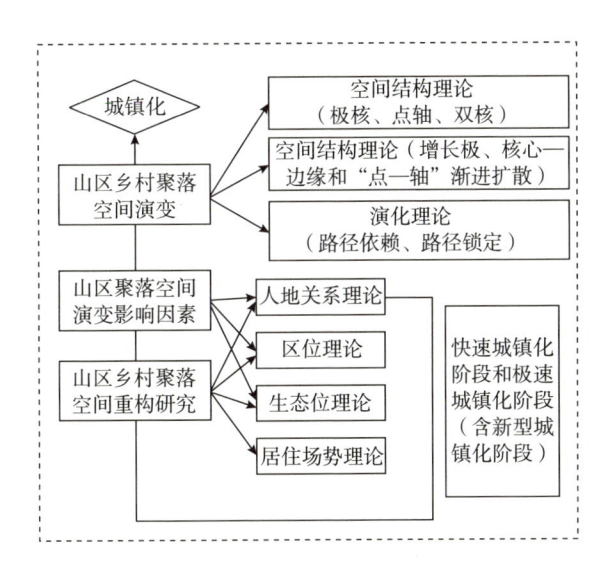

图 3-7 相关理论与主要研究内容之间的关系

最后，本书理论框架的构建主要从聚落空间演变、空间演变影响因素和空间重构三方面展开，构建的理论框架如图 3-8 所示。

（1）聚落空间演变的理论框架构建。

聚落空间演变是聚落群体在空间上的分布形态、分布结构以及等级体系分布结构的变化过程，也可以认为是聚落空间格局的演变过程，是由聚落内农户的迁移从量变到质变产生的结果，势必引起聚落的消失、增加、缩减和扩张等变化。

乡村聚落，作为一个空间实体，占有一定的空间且具有一定的空间结构，对乡村聚落空间格局的分析是研究聚落问题的基础。同时，改革开放以来，伴随城镇化的快速推进，山区县域乡村聚落空间格局发生巨大变化，研究山区县域乡村聚落的空间格局及其变化规律可为乡村聚落优化重构提供决策依据。其中，聚落的空间格局包括聚落空间分布特征和空间结构特征以及聚落体系的空间结构。

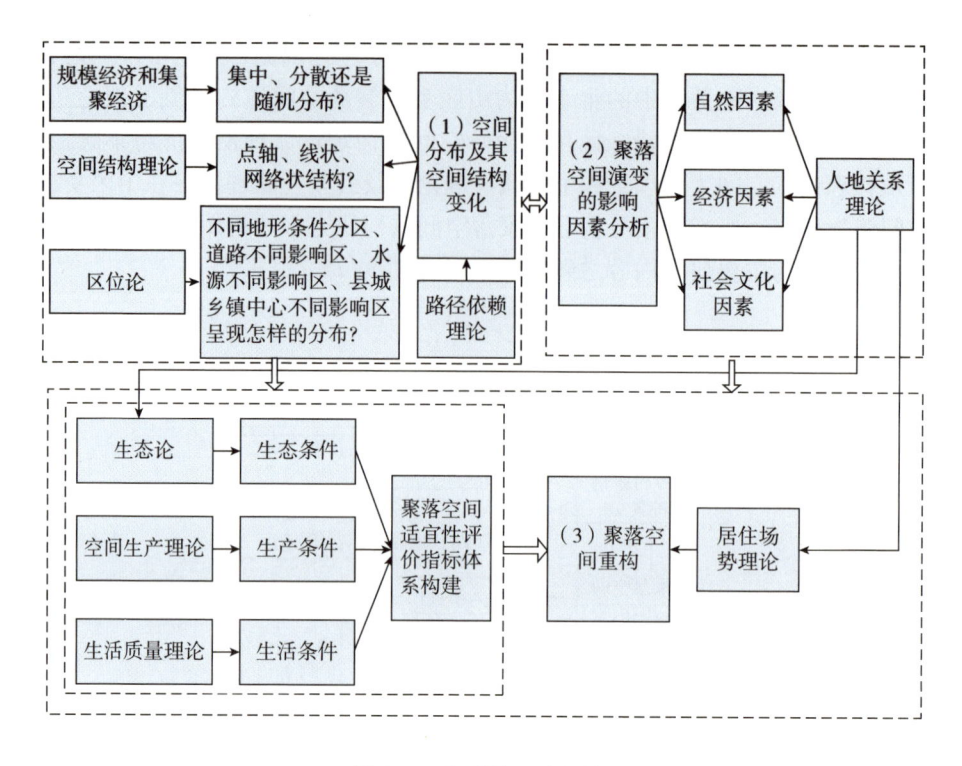

图 3-8　本书的理论架构

　　一般而言，地理要素的空间分布形状有点状、线状、离散的区域和连续的区域四种基本的分布类型（金其铭，1988）。山区乡村聚落的空间分布类型不同程度地涉及这四种分布类型，呈现出点状、线状、树枝状、线网状、块状、面状等分布形态。当不考虑聚落面积的大小时，往往可把一个聚落（也称居民点）看作一个点，居民点系统可以表示为不同等级的点状分布。考察不同地区居民点分布特征，会发现有些区域的居民点分布比较密集（集聚型），有些区域则比较分散（分散型），有些区域则呈随机型分布。通常，山区乡村聚落由于受地形限制，在海拔高的地方呈现出分散分布，而在地势相对较为平坦的地区呈现出集聚分布。这是农户对居住区位选择的结果，是农户尽量满足自身人居利益需求最大化的选择结果，但在实践过程中，由于认识能力的差异、信息不对称等多种因素的影响常常使其在进行居住空间选择时带有"非理性"的行为（余斌，2007），使居住空间效用并不一定最优或者合理。农户在村际间迁移或者在原有居住地和其他居住地之间迁移的决策，是在对现居住空间效用和未来居住空间需求进行评价的过程中实现的，是人们在一定生产方式下的有意识的行为。从某种程度上，与企业的规模效应和集聚效应类似，一个聚落中的农户越多，聚落规模越大，越有利于基础服务设施以及其他配套服务的完善，并且可以节约成本（人均成本降低），使效益更大化，居民也将会得到更好的居住效益。这也就解释了为什么随着时间变化，越来越多的人向城镇或者其他区位优越的地区集中，使那里的聚落规模越来越大，分布越来越集聚，形成良性循环；而其他生存恶劣的聚落则趋于缩减甚至消失。逐渐地也会引起聚落空间格局的变化。在聚落区位变化过程中，也会有"路径依赖或者惯性"存在，如居民在最初选址之后，因为不愿变动或者受到习惯、传统观念等因素影响，新建房屋会继续沿着原聚落周边选址或者扩建，使得聚落区位变动不大，而聚落规模逐渐增大。一般居民在进行居住区位决策的过程中，对原居住空间评价往往放大，原居住区位的邻里关系、日常行为空间等因素会强烈地作用于对新居住区位的决策。因此，居民进行居住区位再选择时通常会选择原居住区周边或者比较熟悉的空间（张文忠等，2003）。

聚落空间结构既包括聚落的空间分布结构也包括聚落等级体系的空间分布结构，乡村聚落的空间分布结构主要呈现点轴式、极核式、双核式和网络状结构。而在山区一般以点轴、极核式空间分布结构居多。

(2) 聚落空间演变影响因素分析的理论框架构建及模型的设定。

聚落作为人类活动的空间，在地域上表现为自然、经济和交通等多种区位的有机结合。早期的聚落选址主要考虑自然环境因素，通常地势相对比较平坦、有水源供给等比较适宜人类居住的地区为聚落区位选择的首选地；随着经济社会和城镇化的快速发展，社会经济文化、制度等因素发挥越来越重要的作用。那么在山区，自1975年以来，伴随改革开放和城镇化的快速推进，影响聚落空间演变的因素是否也是如此？不同时期的主导因素是否有所不同？这些影响因素随时间变化发生着怎样的变化？

乡村聚落的规模增减、聚落自身的消失或出现与农村公共产品是否能够得到提供和有效利用密切相关。农村公共产品的提供和有效利用可提高农业生产力，提高农民生活水平，是农村经济发展的重要基础。典型的纯农村公共物品有全国性的涉农法律、法规、政策、制度，农业基础科学研究，农业科技信息服务，农业基础设施建设，民兵训练，计划生育，农村治安等；准公共物品有农村电网改造、农村公路建设、农村文化馆、农村公共卫生、农村合作医疗与保障、农村教育、公共牧场以及近海渔场等（王小宁，2005）。农村公共物品大部分是准公共物品，此外，还包括氧气、空气等无形的公共产品。聚落空间演变的影响因素包括诸多农村公共产品，如氧气、空气、政策制度、农村基础设施、农村教育等。在山区，聚落空间分布及变化受地形地貌因素影响明显，此外还受到河流、道路、耕地面积、距离县城乡镇中心距离等因素影响。基于此，构建聚落空间演变影响因素分析的目标函数。同时，考虑到聚落在空间上可以抽象为点，聚落点的空间分布可以表征聚落区位的空间分布；但是由于聚落本身又有大小之分，聚落规模在空间上的分布也不同，故在影响因素分析时，将两者区分开分别构建回归模型，以避免将两者混淆。最终考虑到两者又有内在的统一性，在分析之后，最终凝练聚落空间演变的影响因素时再将两者统一起来进行解释。构建线性目标函数如下：

模型 1（聚落区位空间演变的影响因素分析）：

$$Y1 = b_0 + b_1X1 + b_2X2 + \cdots + b_nXn \tag{3-1}$$

模型 2（聚落规模空间演变的影响因素分析）：

$$Y2 = c_0 + c_1X1 + c_2X2 + \cdots + c_nXn \tag{3-2}$$

式（3-1）和式（3-2）中，b_0，b_1，b_2，$\cdots$，b_n 和 c_0，c_1，c_2，$\cdots$，c_n 分别为模型 1 和模型 2 的常数项系数；X1，X2，$\cdots$，Xn 是影响因素变量。在不同尺度以及不同模型分析时，变量数目不等（根据共线性以及其他参数的检验，仅保留通过检验的自变量因子）。

（3）聚落空间重构的理论框架构建。

居住空间是满足人们心理行为需要的基本场所。当人们对原居住的空间占用不满足时，对居住空间的重新占有欲便会增强（李小建，2009）。良好的居住空间环境不仅要满足人们的生理行为、生活行为、社会行为需要，而且还应是能够取得良好心理感受的统一体。因此，聚落作为人民居住的基本场所，主要涉及与居民进行生产、生活以及居住环境密切相关的生产条件、生活条件和生态条件。

李君借鉴区位理论中的"空间场势"分析，引入村域（即聚落）"居住场势"这一概念来分析农户居住区位选择（或者称聚落选址）问题。她认为居民选择居住地（即居住区位的选择）是在一定的"场势"中进行，当居住地"居住场势"较低不能满足居民居住的空间需求时，居民便会向"居住场势"更高的居住区位移动。居民选择居住地区位，是在自然环境条件和社会经济条件有差异的背景下进行的有"场"运动（李君，2009，2013；李君和陈长瑶，2010b）。该理论认为村域"居住场势"的影响因素包括自然环境条件、经济发展水平和社会文化环境等方面，村域"居住场势"应该是由多个资源因子构成的多维空间系统单元，从多维空间对村域"居住场势"进行描述有利于概念分析的精确化。但鉴于多维空间的复杂性（如就特定区域内的村庄而言，社会文化环境等方面的因素比较难以衡量），为了更直观地表达村域"居住场势"，选取有代表性两个因子（即二维空间单元）来对其进行刻画，村域"居住场势"的效用水平用等效用曲线来表示（见图 3-9）。同一条曲线上的两个因子为相互替代关系且"居住场势"相等，不同曲线上的"居住场势"效用水平不同，离原点越远"居住场势"越大，即效用水平有 $I_1 < I_2 < I_3$。将村域"居住场势"看作由自然环境因

子和经济社会因子构成的二维空间单元（见图3-10）。其中，自然环境因子一般是影响村域"居住场势"的外部环境因素，如村庄的地形（地貌）、区位条件（通达性）等；经济社会因子则是影响村域"居住场势"的内部因素，如村庄农户整体的居住水平、村内基础设施及公共设施的配置水平等。同一条曲线上的村域"居住场势"相等，而离原点越远"居住场势"越大，即随着外部环境的逐步改善和内部经济发展水平的不断提高，村域"居住场势"越来越大（李君，2009，2013）。

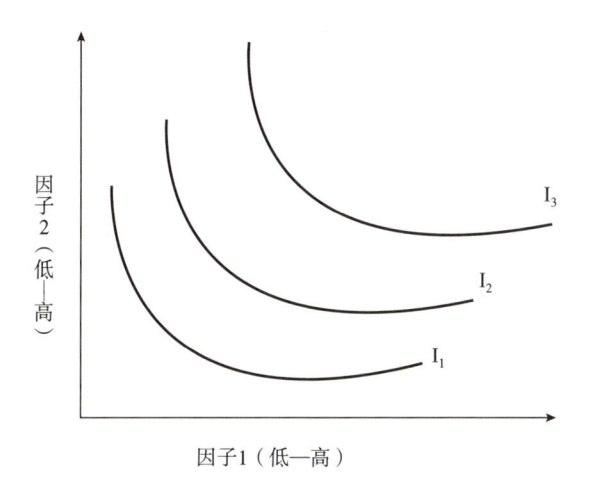

图 3-9 等效用曲线

资料来源：据李君（2009）绘制。

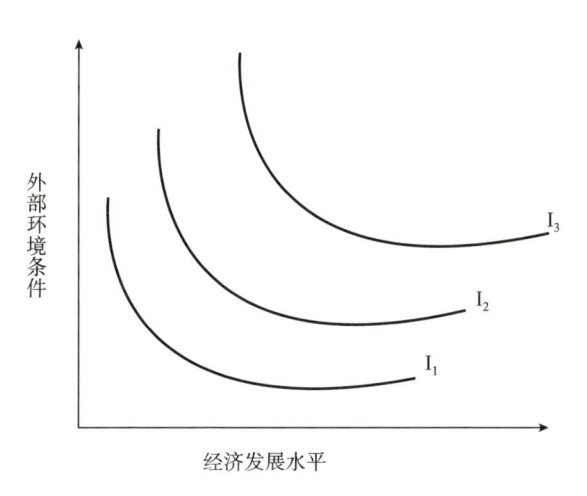

图 3-10 乡村聚落"居住场势"

资料来源：据李君（2009）绘制。

李君构建的二维村域"居住场势"可反映农户所在村域的"适居程度"，不同环境条件下农户所居住的村域的"居住场势"不同，涉及村庄的外部居住环境、居住规模大小、农户整体的居住水平以及居住功能等。一般而言，"居住场势"大的村庄，居住环境相对较好，规模较大，农户整体居住水平较高，对居民有更大的聚集力和吸引力；同时，村域"居住场势"会随时间变化而发生改变，进而影响居民乃至整个村庄做出相应的改变（即影响区位活动主体的行为）。由于聚落的生产、生活和生态条件对聚落内居民的生产、生活和居住环境影响很大，依据空间生产理论、生活质量理论和人地关系中的生态论理论从生产条件、生活条件和生态条件三个维度构建聚落空间适宜性指标体系将能更好地刻画聚落的适居性，也能为聚落优化重构提供依据。基于此，本书从生产条件、生态条件和生活条件三个维度构建了聚落空间适宜性评价的指标体系（见图3-11）。

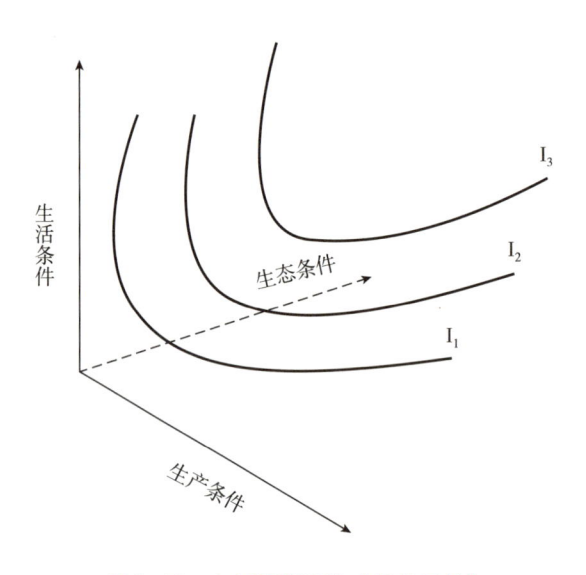

图 3-11　乡村聚落三维"居住场势"

我国乡村聚落是当地居民与周围环境长时期人地相互作用的结果，反映了人们适应环境和利用环境的智慧（李小建和罗庆，2014），在进行新农村建设和聚落优化空间重构时，考虑原有聚落格局有利于中华民族几千年传统人居环境的延续。基于此，在当前聚落空间分布的基础上，构建聚落空间适宜性评价指标体系，划分聚落空间适宜性类型，依据此分类并在"居住场势"理论指导下，遵循居民就近迁移并且由低"居住场势"聚落向高"居住场势"聚落迁移的规律，制定聚落的空间优化重构方案。

第4章 研究区、数据与分析方法

4.1 研究区选取与概况

4.1.1 研究区选取

(1) 选取嵩县的依据。

本书是在国家自然科学基金项目"传统农区新型城镇化进程中聚落空间格局演变研究——以河南省为例"和快速城镇化背景下山区乡村聚落空间演化及重构——以豫西山地嵩县为例的支持下进行的研究及撰写工作。研究团队成员基于河南对城市边缘区、平原地区以及工业化地区的乡村聚落进行了相关研究。然而，豫西山地的山区聚落研究鲜有涉及。通过查阅大量的文献资料，发现虽然已有一些学者对山区乡村聚落空间格局及演变进行过一些研究，但正如第2.4.2节研究述评中所述，仍有问题有待解决。地处河南，研究豫西山区乡村聚落演变及重构意义重大。又因豫西山地处于我国第二阶梯向第三阶梯过渡地带，地形千差万别，落差大，有集中连片原国家扶贫开发工作重点山区县[①]——栾川、嵩县、洛宁、汝阳、卢氏、鲁山、南召和淅川县（见图4-1）。但由于鲁山、南召和淅川县内均分布有不同面积比重的平原，且三个县中山低山面积分别仅占到28.9%、34.4%和12.6%，因此，研究区从另外五个县中选取。

嵩县行政区面积位居五县第二（见表4-1），且在1992~2015年的23年里，嵩县人口总数稳居五县第一位，但人口密度接近五县平均水平，经济发展水平位居五县中间水平，农民人均纯收入高于汝阳县、洛宁县和卢氏县，但略低于栾川县，人均粮食产量略高于五县平均水平（见图4-2至图4-6）。此外，

---

① 2020年底，我国脱贫攻坚战取得全面胜利。

◆ 山区县域聚落空间演化及重构

嵩县地处集中连片山区县居中位置（见图4-1），且境内有依托旅游、养殖、种植、金矿以及仅靠农业等谋生的村落，存在有村落消失、村庄整体或局部搬迁、空心村等现象。以嵩县为例进行研究具有较好的代表性。因此，本书以嵩县为例进行研究。

表4-1　五县行政区面积及排名　　　　　　　　单位：平方千米

县名	行政区面积值	排名
栾川	2477	3
嵩县	3009	2
汝阳	1328	5
洛宁	2306	4
卢氏县	4004	1

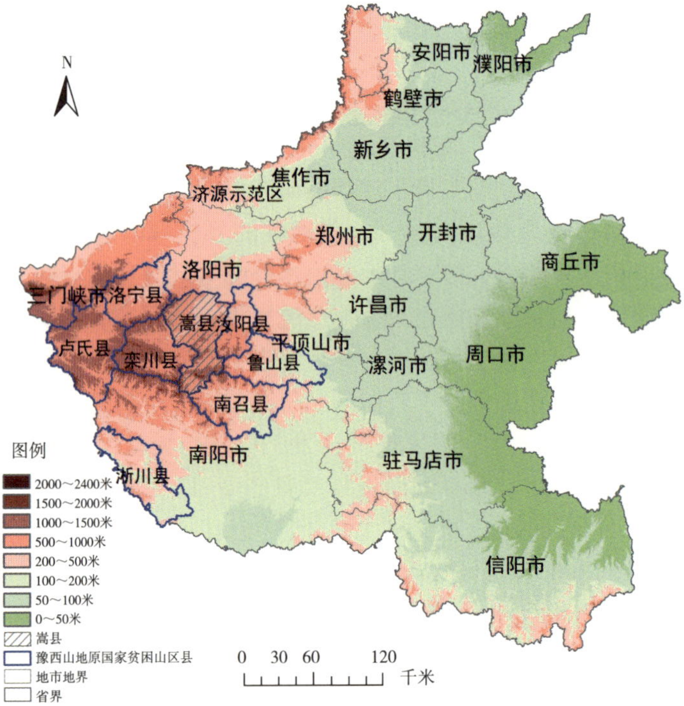

图4-1　豫西山地集中连片原国家扶贫开发工作重点山区县

56

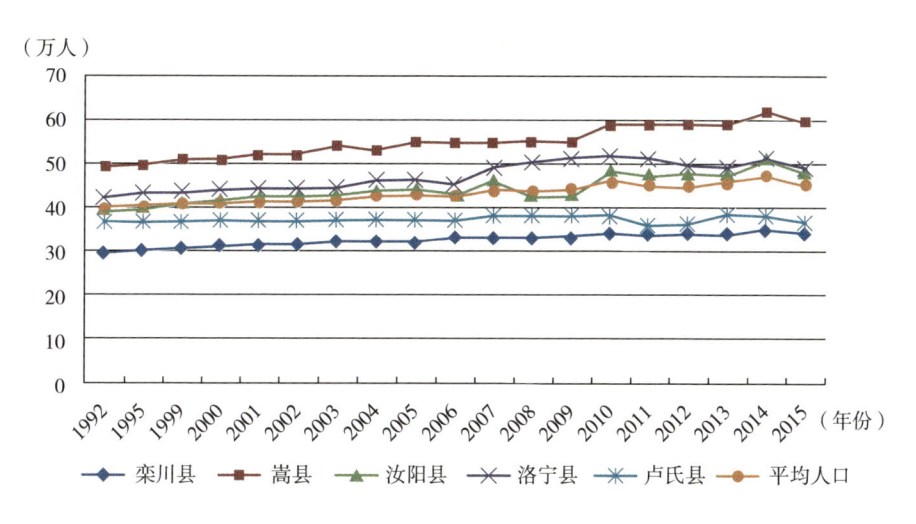

图 4-2　1992~2015 年豫西五个山区县年末总人口

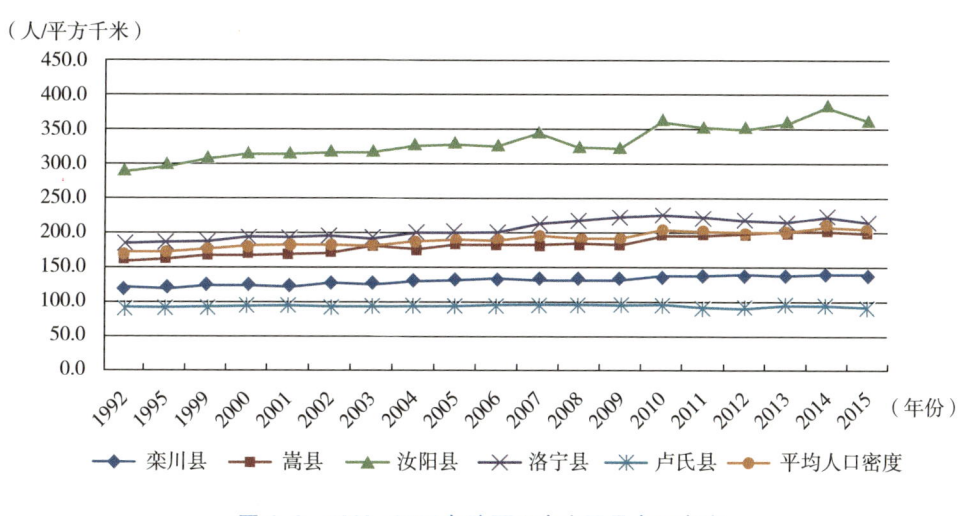

图 4-3　1992~2015 年豫西五个山区县人口密度

（2）选取嵩县七乡镇的依据。

本书以嵩县为例对山区聚落空间演化及重构进行研究，在研究中既用到聚落斑块面积数据，也用到人口数据。然而，由于获取全县多个时段的聚落斑块（即自然村）人口数据比较困难；同时，考虑到乡镇发展情况不同，以及各乡镇所在位置地形地貌有一定差异，且嵩县地势由东北向西南逐渐隆起；从全县 16 个乡镇中，选取县城所在城关镇以及县城以南共七乡镇（见图 4-7），即丘陵浅山区

❖ 山区县域聚落空间演化及重构

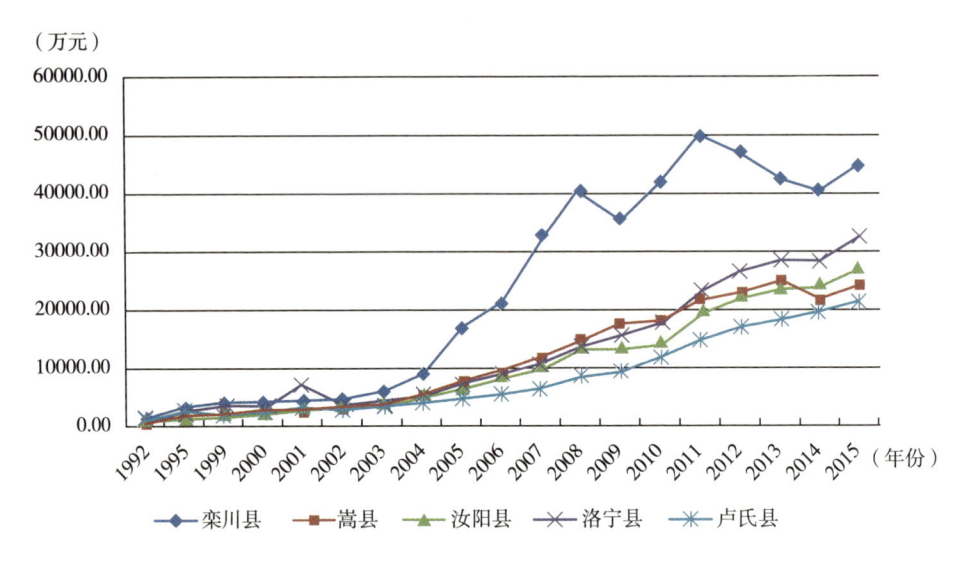

图 4-4 1992~2015 年豫西五个山区县人均 GDP

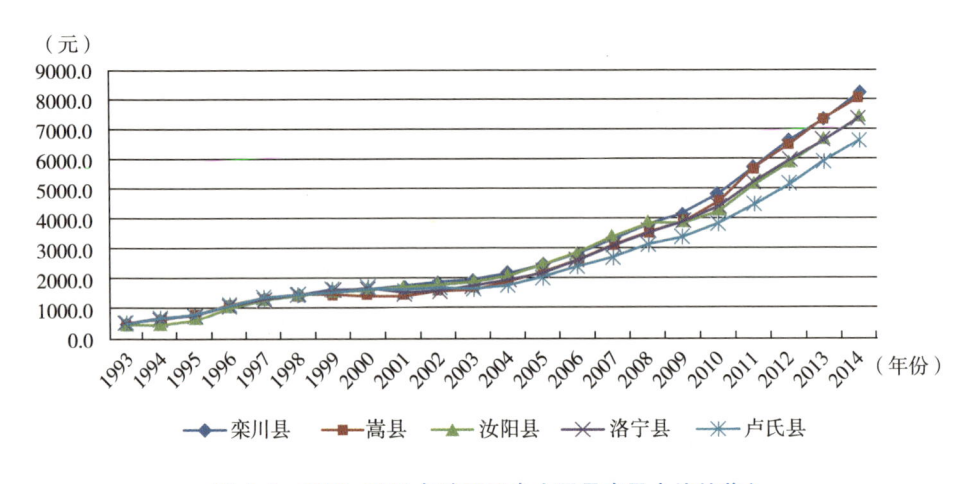

图 4-5 1993~2014 年豫西五个山区县农民人均纯收入

一乡一镇、浅山区一乡一镇和浅山深山一乡两镇共七乡镇作为自然村人口数据获取的对象（见表 4-2）。其中，城关镇、何村乡、纸房镇、黄庄乡、木植街乡、车村镇和白河镇的乡镇政府所在地与县城的距离依次递增；何村乡、纸房镇、城关镇、黄庄乡、木植街乡、车村镇以及白河镇的几何中心距县城中心依次递增。

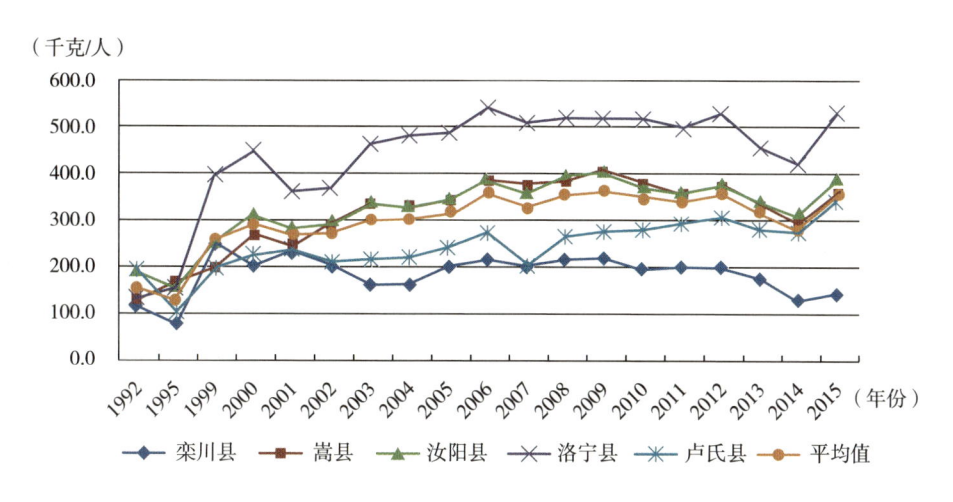

图 4-6　1992~2015 年豫西五个山区县人均粮食产量

表 4-2　嵩县七乡镇位置及地形情况

乡镇名	乡镇政府所在地与县城中心的距离（米）	乡镇几何中心与县城中心的距离（米）	丘陵（%）	低山（%）	中山（%）	分区①
城关镇	2082.66	14373.80	42.38	51.00	6.59	丘陵浅山区
何村乡	3152.40	8592.45	46.55	53.42	0.00	
纸房镇	3229.24	10130.57	29.48	62.77	7.73	浅山区
黄庄乡	22039.48	20750.24	13.13	81.56	5.29	
木植街乡	25361.49	27619.70	0.00	63.36	36.13	浅山深山区
车村镇	45841.08	48160.78	0.00	45.83	54.17	
白河镇	68517.21	66709.82	0.77	55.34	43.90	

---

① 为了与依据高程划分的丘陵区、低山区和中山区作区分，这里将丘陵面积比重和低山面积比重均高于 40% 的城关镇和何村乡所在地区称为丘陵浅山区；将低山面积比重高于 60% 的纸房镇和黄庄乡所在地区称为浅山区；将低山面积比重和中山面积比重均高于 36% 的车村镇、木植街乡和白河镇所在地区称为浅山深山区。

◈ 山区县域聚落空间演化及重构

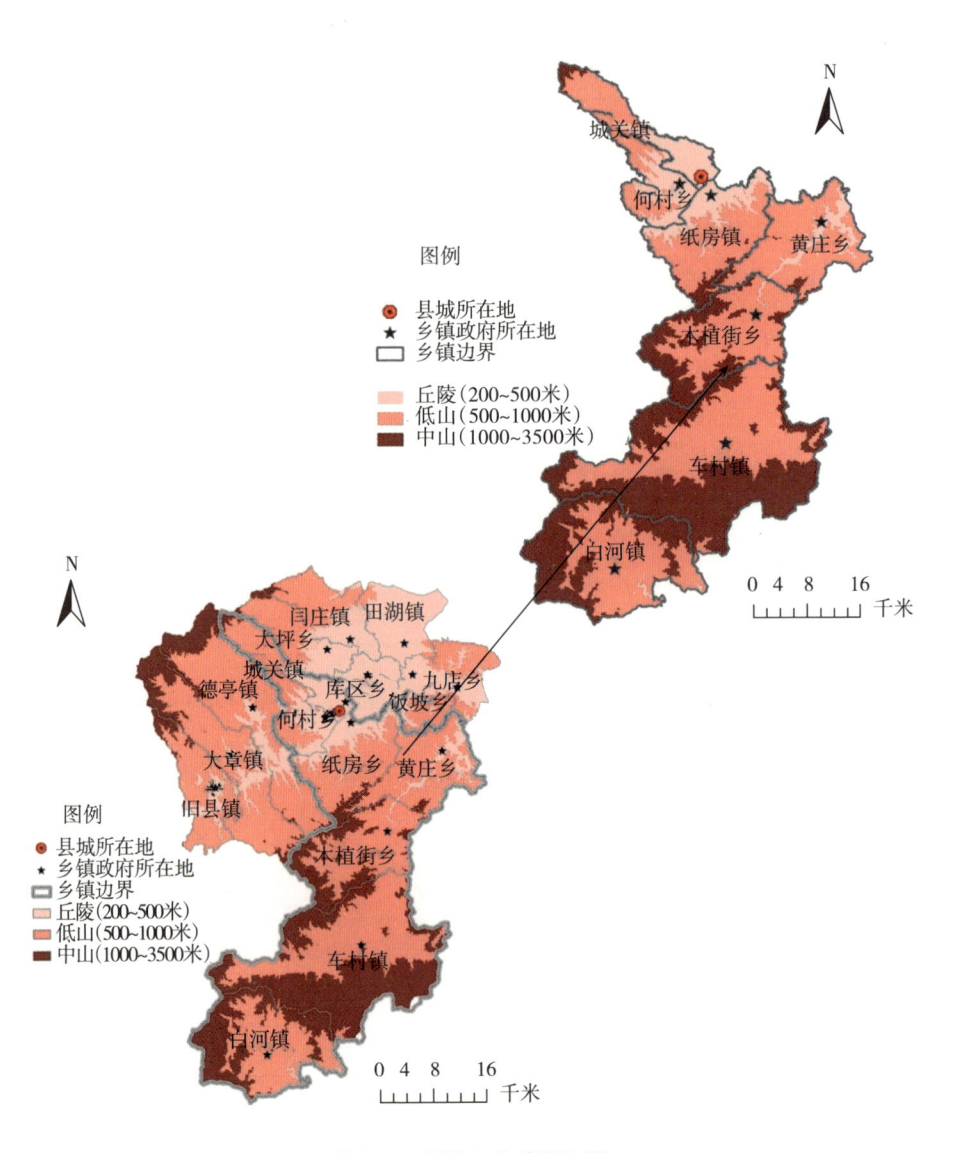

图 4-7　嵩县七乡镇区位图

4.1.2　研究区概况

嵩县属洛阳市辖县，位于豫西山地（见图 4-8）。下辖城关、田湖、车村、旧县、闫庄、德亭、大章、白河、纸房、饭坡10个镇①和大坪、库区、何村、九店、黄庄、木植街6个乡。16个乡镇共310个行政村12个社区，总人口62万，其中农业人口53万，全县总面积3009平方千米。地势由东北向西南逐渐隆起，海拔245~2211.6米，垂直高差达1966.6米。全县总面积中，中山、低山和丘陵占比分别为22.3%、56.4%和21.3%。

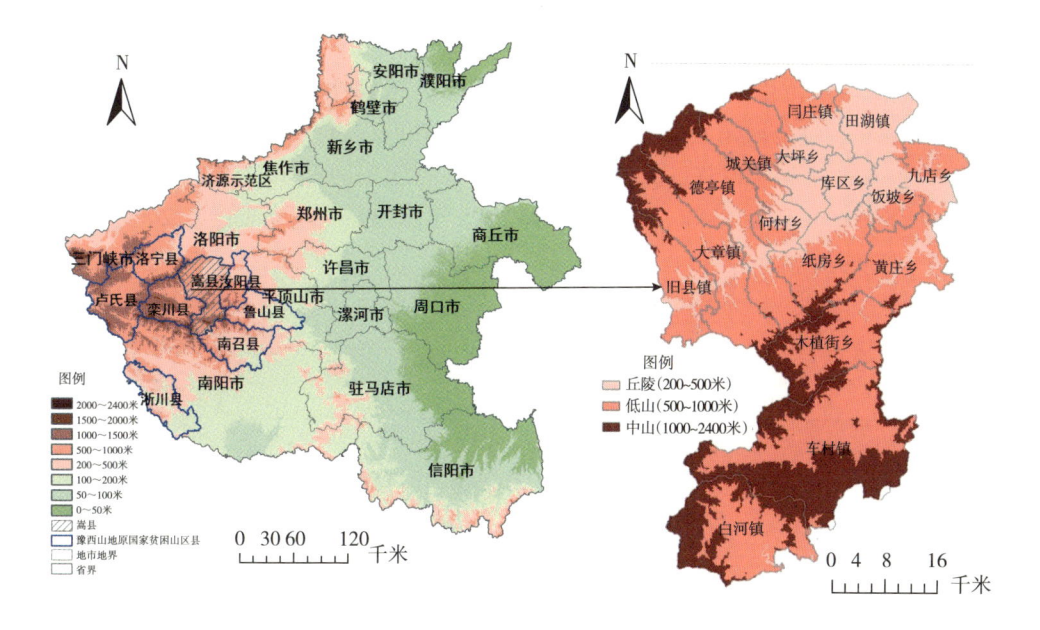

图4-8 嵩县地理区位图

近年来，嵩县农业农村经济实现新进展，农村面貌不断改善。2014年，完成生产总值133.8亿元，规模以上工业增加值30亿元，两者分别增长7.5%和9.5%；公共财政预算收入5.26亿元，公共财政预算支出21.6亿元；固定资产投资172.4亿元，增长16.2%；社会消费品零售总额62.4亿元，增长11%；城镇居民人均可支配收入21409元，农民人均纯收入8041元，分别增长8%和9.8%。

---

① 城关镇于1984年1月建镇，田湖镇于1987年6月建镇，车村镇于1995年8月建镇，旧县镇于1999年5月建镇，闫庄镇于2008年1月建镇，德亭镇于2009年1月建镇，大章镇于2010年1月建镇，白河镇于2010年10月建镇，纸房镇于2011年10月建镇，饭坡镇于2013年8月建镇。

4.2 研究时段的选取

根据全国、河南、豫西地区（包括洛阳市和三门峡市）、洛阳市以及三门峡市等城镇化进程的快慢选取本书的时间节点（见图4-9）：首先，根据全国和河南省城镇化进程中的拐点，选取1975年、1995年和2015年三个时期；其次，考虑到豫西地区城镇化率在2010年处有一个拐点，2009年城镇化率明显高于2008年和2010年，这与城镇人口的统计口径变化有关，故而在此选择突变前的2008年作为本书的一个时间节点。由此，得出本书的四个时间节点依次为1975年、1995年、2008年和2015年，涉及1975~1995年、1996~2008年以及2009~2015年三个研究时段。

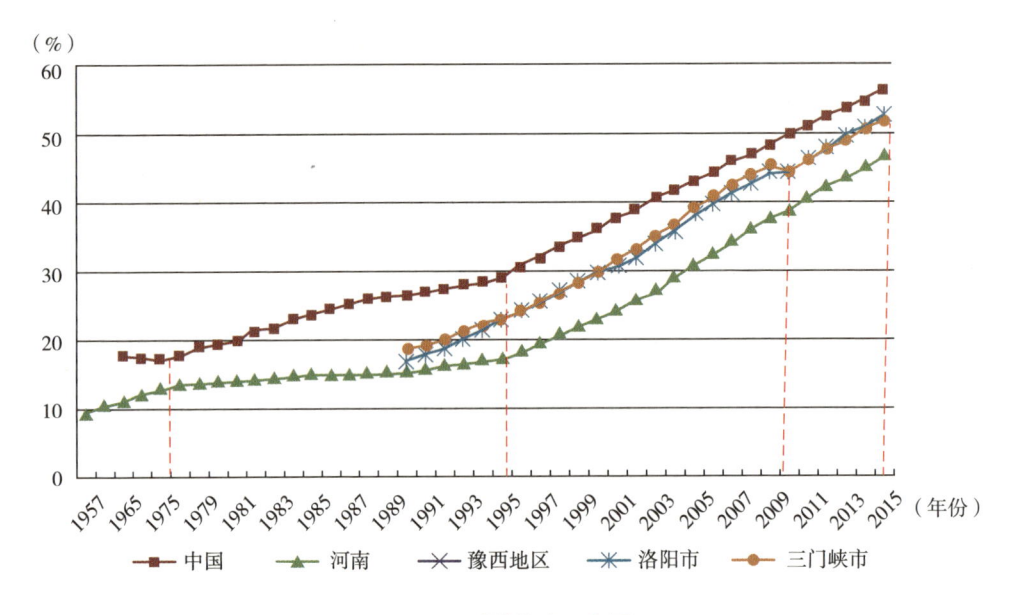

图4-9 城镇化率示意图

同时，查阅已有文献发现，古杰等（2015）将中华人民共和国城镇化发展划分为五个阶段，即1949~1957年的短暂发展阶段、1958~1963年的波动发展阶段、1964~1978年的停滞阶段、1979~1995年的快速发展阶段和1996年至今的极速发展阶段。与此同时，党的十六大报告和十七大报告中分别指出要"走中国特色的城镇化道路"和将"中国特色城镇化道路"作为"中国特色社会主义道路"的五个基本内容之一；2007年5月，温家宝总理进一步明确指出"要走新型城镇化道路"（魏后凯，2010；喻新安，2013）。基于此，将本书的三个时段分别对应快速城镇化阶段（1975~1995年）、极速城镇化阶段（1996~2008年）和极速城镇化阶段中的新型城镇化阶段（2009~2015年）。其中，在聚落斑块和人口关系的时空变化分析时涉及三个阶段，依次为1975~1995年的快速城镇化阶段、1996~2008年的极速城镇化阶段和2009~2015年的新型城镇化阶段；在聚落空间演变及其影响因素分析时涉及两个阶段，依次为1975~1995年的快速城镇化阶段和1996~2015年的极速城镇化阶段。

4.3 数据来源与处理

4.3.1 数据来源

（1）1975年前后嵩县聚落斑块、道路、河流数据，由嵩县1∶5万地形图扫描、矢量化而来，该地形图来自中国人民解放军总参谋部测绘局（1974年5月航摄，1975年5月调绘，1977年第一版）。

（2）1995年前后聚落斑块、河流和道路数据，从嵩县第一次土地调查数据提取而来，且嵩县第一次土地调查数据来自嵩县国土资源局。

（3）2008年嵩县聚落斑块、河流和道路数据，从嵩县第二次土地调查数据提取而来，且嵩县第二次土地调查数据来自嵩县国土资源局。

（4）2015年嵩县聚落斑块、道路和河流数据由GoogleEarth影像（0.99×0.99米）数据提取而来，DEM数据采用GoogleEarth高程（7.93×7.93米）数据。

（5）县、乡镇、行政村边界等矢量数据，来源于"国家科技基础条件平台——地球系统科学数据共享平台——黄河下游科学数据中心（http：//henu. geodata. cn）"。

4.3.2 空间数据预处理

由于本书的研究时间跨度较长（1975~2015年），用到的空间数据包括由地形图矢量化来、由第一次和第二次土地利用数据提出而来以及由遥感影像数据校正处理而来等多种类型的数据，因而需要对不同时段不同类型的空间数据进行预处理，以确保在后续分析中数据的一致性。其中，空间数据预处理工作，包括几何精校正和投影变换。

（1）几何精校正。

首先，对嵩县1∶5万地形图进行配准处理，在配准基础上开展矢量化工作；

其次，对1995年和2008年的矢量数据，也以嵩县1∶5万地形图为基准，采用仿射变换进行纠正，误差控制在1米以内；再次，以嵩县1∶5万地形图为基准，对2015年遥感影响数据（即栅格数据）进行几何精校正，采用控制点校正方式，选用二次多项式纠正模型，图像重采样方法为双线性内插法，控制误差在0.5个像元以内；最后，将校正好的空间数据，按照统一的行政区划边界进行裁剪。

（2）投影变换。

为了避免三个时期数据来源不一致引起结果的偏差，通过坐标投影转换将三个时期的数据统一到WGS84坐标系统下进行相关分析。

4.3.3 社会经济数据与空间数据匹配处理

社会经济数据和空间数据的匹配处理，主要是将聚落人文社会经济数据与全县的聚落斑块数据进行匹配。

（1）将1984年[①]、1995年和2015年全县行政村人口、耕地面积等人文社会经济数据和行政村矢量数据，通过唯一识别码（或者地理代码）进行空间匹配，即将不同时期各行政村的人文社会经济数据一一匹配到地图上，得到全县三个时期包含人口数据属性的空间数据。

（2）1975年各聚落斑块的人口数据，是根据1984年行政村人口数据并结合1975~1984年各乡镇人口净增长率，计算得出1975年对应各行政村的人口数据，然后以各聚落斑块面积占行政村聚落斑块总面积的比重为权重，乘以对应行政村人口计算得出。

（3）2015年各乡镇人文社会经济数据和各乡镇矢量数据，通过各乡镇的地理代码进行空间匹配。

4.4 乡村聚落空间格局、过程与影响因素分析方法

在本书中对乡村聚落空间格局和演变过程的表征及其影响因素分析时，主要用到了几种常用的景观格局指数、空间扩展指数、聚落形态测度方法、探索性空间分析方法、地形起伏度、地形位指数、主成分分析和因子分析以及多元回归分

---

① 由于1975年数据缺失，故选取1984年的相应数据进行替代。之所以选择1984年是因为从1984年开始嵩县的行政村单元个数开始稳定在315个，能够保证数据的一致性，同时1984年各行政村聚落规模和聚落数量相较于1975年变动不大。

析等方法，这里分别对它们进行简单介绍。

4.4.1 景观格局指数

景观格局指数是反映景观结构组成、空间配置特征的简单量化指标（Zhang et al.，2003），是现代景观生态学中应用最广泛的一种景观空间格局分析方法。一般来讲，景观指标可在斑块尺度、类型尺度、景观尺度三个空间层次上进行格局特征的测度。利用景观格局指数不仅可以对景观格局进行量化，还可以实现景观空间格局同地异时、同时异地及异地异时的比较研究（吕一河等，2007；陈利顶等，2008）。从众多的景观格局指标中，本书选取斑块个数（NP）、斑块总面积（TA）、平均斑块面积（MPS）、斑块密度（PD）等指标，定量测度不同时期不同空间尺度上，嵩县乡村聚落的数量、规模、平均规模等，进而反映乡村聚落斑块数量和规模演变等内容（见表4-3）。

表4-3 景观格局指数

指数名称	英文缩写	公式及说明
斑块面积	TA	$TA=\sum_{i=1}^{n}a_i$，n为全部斑块个数，a_i表示斑块面积，表示景观总面积
斑块个数	NP	NP=N，表示景观中斑块个数
斑块密度（破碎度指数）	PD	PD=NP/TA，表示单位面积内的斑块数量
平均斑块面积	MPS	$MPS=\dfrac{\sum_{i=1}^{n}a_i}{n}$，$a_i$为第i个斑块面积，n为斑块数量，表示斑块的平均规模

4.4.2 空间扩展指数

为进一步研究乡村聚落用地空间变化情况，我们使用乡村聚落扩展速度和扩展强度指数来反映乡村聚落用地面积变化速度和强度。乡村聚落用地变化属于单一土地利用变化的范畴，故这里借用其他学者在研究土地利用类型数量变化中使用到的单一土地利用动态度，来刻画乡村聚落用地变化速度；研究城镇用地变化和城乡用地变化等所使用的城镇扩展指数和城乡聚落扩展指数等，来刻画乡村聚落的扩展变化。其中，乡村聚落用地扩展速度的表达式与单一土地利用动态度指数的表达式一样，乡村聚落扩展强度指数与城镇用地扩展指数和城乡聚落扩展指数的表达式一样，只是代表含义不同，具体公式如下：

$$S=\frac{SA_{t+1}-SA_t}{SA_t}\times\frac{1}{T}\times100\% \qquad (4-1)$$

$$E = \frac{SA_{t+1} - SA_t}{TA} \times \frac{1}{T} \times 100\% \qquad (4-2)$$

式（4-1）和式（4-2）中，S 和 E 分别为乡村聚落用地的扩张速度和扩张强度，SA_{t+1} 为 t+1 时期乡村聚落面积，SA_t 为 t 时期乡村聚落面积，TA 为土地总面积，T 为研究时段长度，当 T 的单位为年，且假设乡村聚落用地为线性变化时，那么，S 和 E 表示建设用地的年均扩张速度与强度。乡村聚落扩展速度 S 和扩张强度 E 主要用于描述和分析乡村聚落用地的变化状态，比较不同时期内乡村聚落用地面积扩张的强弱、快慢与趋势（王秀兰和包玉海，1999；田光进和庄大方，2003；张新乐等，2007；李德一等，2008；海贝贝，2014）。

4.4.3 聚落形态测度方法

分形模型适合于城市空间形态与空间过程研究，也可以用于乡村聚落空间形态的研究，研究形态的分形方法主要有边界维数（周长—面积法）、半径维数、网格维数（盒维数）和信息维数等，这里使用边界维数（周长—面积法）来刻画乡村聚落的空间变化（匡文慧等，2005；王小军等，2012），根据已有面积—周长分形维数进行类推定义本书的分形维数，如下：

分形维数的值为 1 代表形状最简单的正方形斑块。其值越大表示形状越复杂。

$$FRAC = 2 \times \ln\left(\frac{P}{4}\right) / \ln(A) \qquad (4-3)$$

式（4-3）中：FRAC 表示斑块的分维数，P 表示斑块长度，A 表示斑块面积。

将其进行类推来测度不同时期不同地形条件下乡村聚落整体空间分形维数。

$$D = 2 \times \ln\left(\frac{P}{4}\right) / \ln(A) \qquad (4-4)$$

即

$$\ln\left(\frac{P_i}{4}\right) = \frac{D}{2}\ln(A_i) + c \qquad (4-5)$$

$$\ln(P_i) = \frac{D}{2}\ln(A_i) + c',\ 其中：c' = c + \ln 2 \qquad (4-6)$$

式（4-4）至式（4-6）中：P_i 为不同时期或不同地形条件下乡村聚落斑块 i 的周长，A_i 为不同时期或不同地形条件下乡村聚落斑块 i 的面积，D 为乡村聚落斑块的形状指数，即分维数。D 值在 1~2，D 值越大表示图形形状越复杂。当 D<1.5 时，说明图形趋向于简单；当 D=1.5 时，说明图形处于布朗随机运动状

态，越接近该值，稳定性越差；当 D>1.5 时，则图形更为复杂。因此，在乡村聚落面积随时间不断增加的前提下，如果聚落形态不规则的程度值增加，则说明在这一时期乡村地域以外部扩展为主；如果乡村形态的不规则程度值下降，则说明乡村地域面积的增加是以聚落边缘间的填充为主；如果不同时期或不同地形条件下 D 呈减少趋势，说明城乡聚落斑块的形态趋于规则，稳定性越来越高（匡文慧等，2005；李德一等，2008）。

4.4.4 探索性空间分析方法

探索性空间数据分析（Exploratory Spatial Data Analysis，ESDA）由探测空间数据的技术组成，包括探测聚合数据的空间特性，探测数据中的空间模式，拟定对应于数据地理方面的假设，识别在地图上不常见给定位置的事例或事例子集（Haining，1990；罗伯特·海宁，2009）。在空间分析中，地理学家将探索性数据分析推广到空间数据的研究中，提出了探索性空间数据分析技术（ESDA）（毕硕本，2015），它将地图、统计图表、表格数据等综合在一起使用，利用统计学原理和图形表达相结合对空间信息的性质进行分析、鉴别，用以引导确定性模型的结构和解法（Bao et al.，1999），其本质是用一系列空间数据分析方法和技术的集合，以空间关联测度为核心，通过对事物或现象空间分布格局的描述与可视化，发现空间集聚和空间异常，揭示研究对象之间的空间相互作用机制（靳诚和陆玉麒，2009）。越来越多的空间分析方法被应用到城乡发展的研究中，本书主要运用探索性空间数据分析（ESDA）中的平均最邻近距离（Average Nearest Neighbor，ANN）、泰森多边形（Thiessen Polygons，又称 Voronoi 图）、核密度估计（Kernel Density）、全局空间自相关分析（Global Morans'I）和局部空间自相关分析方法（Anselin Local Morans'I），全局性空间聚类校验（Getis-Ord General G）、空间"热点"探测（Getis-Ord Gi*）等方法来分析乡村聚落的空间格局及变化特征；运用地理探测器（GeoDetector）、空间滞后模型（SLM）、空间误差模型（SEM）和地理加权回归模型（GWR）等来探究影响乡村聚落空间格局演变的主要因素及驱动机制。

（1）平均最邻近指数。

平均最邻近指数（ANN）主要通过观测的平均距离除以期望的平均距离计算得出，如果指数（平均最近邻比率）小于 1，则表现的模式为集聚；如果指数等于 1，则表现的模式为随机；如果指数大于 1，则表现的模式为扩散。基于此原理，可通过比较乡村聚落的中心与其最邻近聚落点之间的平均距离与假设随机分布的期望平均距离，来判断乡村聚落点是随机分布还是集聚分布，其公式如下：

$$\text{ANN} = \frac{\overline{D_0}}{\overline{D_e}} = \frac{\sum_i \frac{d_i}{n}}{\sqrt{\frac{n}{A}}/2} = \frac{2\sqrt{\lambda}}{n}\sum_i d_i,\ \text{其中},\ \lambda = A/n \qquad (4-7)$$

式（4-7）中：$\overline{D_0}$是每个乡村聚落点与其最邻近的点观测平均值；$\overline{D_e}$是假设随机模式下乡村聚落点的期望平均距离；n 为聚落点总数；d 为距离；A 为研究区面积。如果 ANN<1，为集聚模式；如果 ANN>1，为分散模式；如果 ANN=1，为随机模式。

（2）Voronoi 图及其变异系数。

Voronoi 图分析及其变异系数值，可用来进一步探讨乡村聚落的空间分布情况。

Voronoi 图（又称泰森多边形），是由一组在平面上 n 个有区别的点，按照最邻近原则划分平面，每个点与它最近邻区域相关联，组成多边形集合，即 Voronoi 图是空间点集，对包含该点集的研究区域，按照最邻近原则进行的一种剖分，这种剖分结果能够较好地表达点的影响范围以及点与点之间邻近关系等重要空间关系信息。可以通过 ARCGIS10.1 邻域分析工具集中的创建泰森多边形工具生成（根据点输入要素创建泰森多边形，每个泰森多边形只包含一个点输入要素），创建得出的泰森多边形内的任何位置距其关联点的距离，都比到任何其他点输入要素的距离近。

变异系数是泰森多边形面积标准差与平均值的比值，可用来衡量要素在空间上的相对变化程度（肖黎姗等，2016）。其公式如下：

$$Cv = \frac{SD}{AVG} \times 100\% \qquad (4-8)$$

式（4-8）中：Cv 为泰森多边形变异系数，SD 为 Voronoi 多边形的面积标准差，AVG 为泰森多边形面积的平均值。当点集的空间分布均匀时，其 Voronoi 多边形面积的变化较小，Cv 相对较低；当点集以集群分布时，在集群内的 Voronoi 多边形面积较小，而在集群间的 Voronoi 多边形面积较大，Cv 则较高。因此，可通过 Cv 来分析聚落的聚散度。Duyekaerts 提出了利用 Cv 判断点集分布类型的三个建议（Duyckaerts & Godefroy，2000）：当 Cv>64%时，点集为集聚分布；当 Cv 值为 33%~64%时，点集为随机分布；当 Cv<33%时，点集为均匀分布。

（3）核密度估算。

核密度估算（KDE）属于非参数密度估计的一种统计方法，通过对区域中每个要素点建立一个平滑的圆形表面，然后基于数学函数计算要素点到参考位置的

第4章 研究区、数据与分析方法

距离，对参考位置的所有表面求和，建立这些点的峰值和核来创建平滑的连续表面（马晓冬等，2012）。核密度估算可用于测度农村居民点或人口空间分布密度，核密度值越高，居民点或者人口分布密度越大。其模型如下：

$$f(x, y) = \frac{1}{nh^2} \sum_{i=1}^{n} k\left(\frac{d_i}{n}\right) \quad (4-9)$$

式（4-9）中：$f(x, y)$ 为位于 (x, y) 位置的密度估计；n 为观测数值；h 为带宽或平滑参数；k 为核函数，d_i 为 (x, y) 位置距第 i 个观测位置的距离。

（4）全局和局部空间自相关分析。

首先，主要通过对全局空间自相关分析中 Global Moran's I 统计量的估计，从整体刻画乡村聚落规模在空间上的集聚状态（邬建国，2000），其计算公式如下：

$$I = \frac{n \times \sum_{i=1}^{n}\sum_{j=1}^{n} w_{ij}(x_i - \bar{x})(x_j - \bar{x})}{\sum_{i=1}^{n}\sum_{j=1}^{n} w_{ij} \sum_{i=1}^{n}(x_i - \bar{x})^2} \quad (4-10)$$

式（4-10）中：I 代表全局 Moran's I 指数，x_i、x_j 表示在 i、j 处的观测值，n 是研究单元个数，w_{ij} 是空间权重矩阵，本书基于邻接关系建立空间权重矩阵。对 Moran's I 结果进行统计检验时，这里采用 Z 检验：

$$Z = \frac{I - E(I)}{\sqrt{Var(I)}} \quad (4-11)$$

Global Moran's I 统计量是一种总体统计指标，说明所有区域与周边地区之间空间差异的平均程度。它的取值范围在-1~1，当 I<0 时代表空间负相关，I>0 时为空间正相关，I=0 时表示空间不相关。在给定显著性水平时，若 Moran's I 显著为正，则表示乡村聚落或者居民点规模水平较高（或较低）的区域在空间上显著集聚。值越趋近于 1，总体空间差异越小。反之，若 Moran's I 显著为负，则表明区域与其周边地区的乡村聚落规模水平具有显著的空间差异。值越趋近于-1，总体空间差异越大（Anselin，1996；马荣华等，2007）。

其次，主要通过利用局部空间自相关分析中 Local Moran's I 来进一步度量区域 i 与其周边地区之间的空间差异程度及其显著性。对第 i 个区域而言，该统计量的数学形式为（Anselin，1995）：

$$I_i = Z_i \sum_j W_{ij} Z_j \quad (4-12)$$

式（4-12）中：Z_i 和 Z_j 是区域 i 和 j 上观测值的标准化，W_{ij} 是空间权重，其中，$\sum_j W_{ij} = 1$。若 I_i 显著大于 0，说明区域 i 与周边地区之间的空间差异显著小；若 I_i 显著小于 0，说明区域 i 与周边地区之间的空间差异显著大。

(5) 全局空间聚类检验和空间热点探测分析。

全局性聚类校验（Getis-Ord General G）可用来检测乡村聚落全局性的空间格局分布模式，即高值集聚或低值集聚，要求空间单元的变量为正值（海贝贝等，2013），其公式如下：

$$G(d) = \sum_{i=1}^{n}\sum_{j=1}^{n}w_{ij}(d)x_ix_j \Big/ \sum_{i=1}^{n}\sum_{j=1}^{n}x_ix_j \tag{4-13}$$

式（4-13）中：d 为距离；$w_{ij}(d)$ 为以距离规则定义的空间权重；x_i 和 x_j 分别是 i 和 j 区域的观测值；可对 G（d）进行标准化 Z（G）=（G-E（G））/ $\sqrt{var(G)}$，其中，E（G）和 var（G）分别为 G（d）的期望和方差，根据 Z（G）值可判断 G（d）是否满足某一指定的显著性水平以及是否存在正的或负的空间相关性。当 G（d）为正，且 Z（G）统计显著时，表示存在空间集聚，检测区域出现高值区，当 G（d）为负，且 Z（G）统计显著时，表示存在低值区。

空间"热点"探测（Hotspot Analysis，Getis-OrdGi^*）是用来检验局部地区是否存在统计显著的高值和低值，可以用地区可视化的方法揭示"热点区"和"冷点区"（马晓冬等，2012）。其计算式为：

$$G^*(d) = \sum_{j=1}^{n}w_{ij}(d)x_j \Big/ \sum_{j=1}^{n}x_j \tag{4-14}$$

式（4-14）中：参数 d、$w_{ij}(d)$、x_i 和 x_j 与上式同。为便于解释和比较，对 $G_i^*(d)$ 进行标准化处理得 $Z(G_i^*) = (G_i^* - E(G_i^*))/\sqrt{var(G_i^*)}$，其中，$E(G_i^*)$ 和 $var(G_i^*)$ 分别对 $G_i^*(d)$ 的数学期望和方差，若 $Z(G_i^*)$ 为正，且统计显著，表明位置 i 周围的值相对较高（高于均值），属于高值集聚的热点区，若 $Z(G_i^*)$ 为负，且统计显著，表明位置 i 周围的值相对较低（低于均值），属于低值集聚的冷点区。

(6) 地理探测器。

地理探测器是探测空间分异性以及揭示其背后驱动因子的一种新的统计学方法，该方法没有线性假设，具有明确的物理含义；地理探测器 q 统计量，可用以探测解释因子、度量空间分异性、分析变量之间交互关系，已经在自然、社会科学等多领域应用（Wang et al.，2010；王劲峰和徐成东，2017）。地理探测器包括分异及因子探测、交互作用探测、风险区探测和生态探测 4 个探测器，其中，分异及因子探测可用于探测某属性（Y）的空间分异性，以及探测某因子（X）多大程度上解释了属性（Y）的空间分异（Wang et al.，2010），已有学者将其应用于乡村聚落空间格局及农村居民点用地变化动态度影响因子的"决定力"强度分析（王曼曼等，2016；杨忍等，2015）。本书中主要用到分异及因子探测，其表达式为：

$$q = 1 - \frac{\sum_{h=1}^{L} N_h \sigma_h^2}{N\sigma^2} = 1 - \frac{SSW}{SST} \qquad (4-15)$$

$$SSW = \sum_{h=1}^{L} N_h \sigma_h^2, \quad SST = N\sigma^2 \qquad (4-16)$$

式（4-15）和式（4-16）中：h=1，…，L 为属性 Y 或者影响因子 X 的分层，也称分类或者分区；N_h 为层 h 的单元数，N 为全区的单元数；σ_h^2 是层 h 的方差，σ^2 是全区 Y 值的方差。SSW 为层内方差之和（即 Within Sum of Squares 的缩写），SST 为全区总方差（即 Total Sum of Squares 的缩写）。q 的值域为 [0，1]，如果是属性 Y 生成的分层，则 q 值越大，说明属性 Y 的空间分异性越明显；如果是自变量 X 生成的分层，则 q 值越大，表示自变量 X 对 Y 的解释力越强，反之，则越弱。q 值表示因子 X 解释了 100×q% 的属性 Y。如果 q 值为 1，则表明因子 X 完全控制了 Y 的空间分布；如果 q 值为 0，则表明因子 X 与属性 Y 没有任何关系。

（7）空间计量模型。

空间计量模型目前已经发展成一个复杂多样的模型体系。根据截面数据是否存在异质性，可以把空间计量模型分为两大类：空间常系数回归模型和空间变系数回归模型。空间常系数回归模型（空间滞后模型，SLM 和空间误差模型，SEM）和空间变系数回归模型（地理加权回归模型，GWR）。在一般回归模型基础上，引入地理权重矩阵的形式有两种：一是空间滞后模型（Spatial Lag Model，SLM），二是空间误差模型（Spatial Error Model，SEM）。自 20 世纪 90 年代开始，地理加权回归便迅速应用到了经济地理学的研究当中（王劲峰等，2000；杨振山和蔡建明，2010），它们可以用来探讨乡村聚落演变的影响因素。下面主要介绍 SLM、SEM 和 GWR。

1）空间滞后模型（SLM），是探讨各变量在区域中是否有扩散现象（即是否有溢出效应）（Brunsdon et al.，1996）。

其模型表达式为：

$$y = \rho W y + X\beta + \varepsilon \qquad (4-17)$$

式（4-17）中：y 为因变量；X 为 n×k 的自变量矩阵（n 为研究单元的个数，k 为自变量的个数）；W 为空间权重矩阵；ρ 为空间滞后系数；β 为自变量回归系数；ε 为随机误差项。

2) 空间误差模型（SEM），是探讨误差项之间是否存在序列相关。其模型表达式为：

$$y = \beta X + \varepsilon \quad (4-18)$$

$$\varepsilon = \lambda W \varepsilon + \mu \quad (4-19)$$

式（4-18）和式（4-19）中：λ 为空间误差系数；μ 为服从正态分布的随机误差项；其他参数与 SLM 中的含义相同。

3) 地理加权回归模型（GWR）。地理加权回归模型是空间计量经济学的主要内容之一（Anselin, 1999）。经典的全局线性回归模型（OLS）对在研究区域中是一致的空间关系能够进行很好的建模。然而，如果这些关系在研究区域的不同位置具有不同的表现形式，OLS 就不适用了。地理加权回归是针对空间异质性提出的一种方法，是对经典线性回归的一种补充。GWR 是全局模型在空间上的分解，构造局部的空间相关关系，即 GWR 回归方程中各因子的回归系数是变化的，而不是全局一致的，这种变化的回归系数反映的是"相同因素在不同空间位置上产生影响的差异"（Brunsdon et al., 1996; Fotheringham et al., 1998）。具体公式如下：

$$y_i = \beta_0(\mu_i, v_i) + \beta_1(\mu_i, v_i) \times x_{1,i} + \beta_2(\mu_i, v_i) \times x_{2,i} + \cdots + \beta_n(\mu_i, v_i) \times x_{n,i} + \varepsilon_i$$
$$i = 1, 2, \cdots, n \quad (4-20)$$

式（4-20）中，y_i 是变化着的被解释变量，(μ_i, v_i) 是第 i 个样本点空间坐标，回归系数 $\beta_0, \beta_1, \beta_2, \cdots, \beta_n$ 是空间位置 (u_i, v_i) 的函数；ε_i 是第 i 个区域的随机误差。

4.4.5 地形起伏度和地形位指数

地形地貌作为最基本的自然地理要素，是传统村落选址与布局的立地基础（佟玉权和龙花楼，2015），地形因子是对地形及其某一方面特征的具体数字描述，制约着地表物质与能量的再分配（朱红春等，2005），是影响居民点空间分布、建设投资和开发强度的重要控制性因素，尤其在山区，其影响作用更为突出（李骞国等，2015；秦天天等，2012）。地形因子主要有高程、坡度、坡向、地形起伏度、地表粗糙度、坡度变率、坡向变率等（焦贝贝等，2013）。通常在山区，由于单一的坡度和高程分析很难反映出真实的地形空间分异，需要对坡度和高程两项指标进行综合考虑（焦鹏飞等，2014），地形位指数能够将高程与坡度进行合成，可以综合反映地形条件（秦天天等，2012），因此研究中选用地形位指数作为评价地形的一个指标。同时地形起伏度是区域内最高点和最低点之差，能够反映宏观区域内地形的起伏特征，是定量描述地形形态、划分地貌类型的重要指标（涂汉明和刘振东，1991），在 ArcGIS 中，衡量一个地区地形起伏状况的重要指标是地形起伏度。这里根据研究需要，对刻画地形地貌的地形起伏度和地形位指数进行介绍。

（1）地形起伏度。

地形起伏度是区域内最高高程值和最低高程值之差。地形起伏度提取的关键在于确定分析区域内的最高高程值和最低高程值，但是，由于最高高程值和最低高程值会随着分析区域范围的变化而发生变化，进而导致地形起伏度值也随之发生变化。因此，确定最佳分析区域，是地形起伏度提取算法的核心步骤，并且也是决定区域地形起伏度提取效果和有效性的关键（朱红春等，2005；涂汉明和刘振东，1991；王志恒等，2014）。本书采用基于 CUSUM 算法的突变点分析法，根据平均地形起伏度与分析窗口之间的关系，确定适合研究区的最佳分析窗口尺度（封志明等，2007；涂汉明和刘振东，1991），最终，经过反复尝试，确定比较合适的尺度为 44 米×44 米，即窗口大小为 5056 平方米。地形起伏度计算公式如下：

$$DXQFD = H_{max} - H_{min} \tag{4-21}$$

式（4-21）中：DXQFD 为分析区域内的地形起伏度值，H_{max}、H_{min} 为分析区域内的最高高程值和最低高程值。

（2）地形位指数与分布指数。

地形位指数是由高程和坡度组合而成，能够综合反映地形条件空间分异的指数。这里借鉴喻红等（2001）构建的地形位指数，来刻画本书研究区不同地形位条件下乡村聚落的空间分布特征及其演化情况，其公式如下：

$$T = \log\left[\left(\frac{E}{\bar{E}} + 1\right) \times \left(\frac{S}{\bar{S}} + 1\right)\right] \tag{4-22}$$

式（4-22）中：T 为地形位，E 及 $\bar{E}$ 分别代表研究区内任一栅格的高程值和该栅格所在区域的平均高程值，S 与 $\bar{S}$ 分别代表研究区内任一栅格的坡度值和该栅格所在区域内的平均坡度值。利用上式计算后，空间上每一栅格都有一个地形位，原来的地形地貌属性（包括高程与坡度）可由计算得出的地形位来综合描述。显然，高程低、坡度小的地方地形位小，而高程高、坡度大的地方地形位大，其他组合情况（如高程低、坡度大地区，高程高、坡度小地区以及高程和坡度均属于中等水平地区）的地形位则居于中间值区间（喻红等，2001）。

4.4.6 主成分分析法和因子分析法

主成分分析方法和因子分析方法都是通过寻求少数几个变量（或者称因子）来综合反映全部变量（或因子）的大部分信息的统计方法。其中，主成分分析是通过对给定的一组变量进行线性变换转换为一组不相关变量（即两两相关系数为0，或样本向量彼此相互垂直的随机变量）的过程来实现将原始变量综合成若干个主成分变量；而因子分析是根据各因子之间相关性大小把变量分组，使得同组内的变量间相关性较高，而不同组变量间相关性较低，每组变量代表一个基本结构，又称为公共因子，即因子分析是将原始变量用若干个公共的因子变量来表示（孙德山，2008；熊婷燕，2006）。

两者在应用时各有其优缺点。主成分分析法的优点是：①它利用降维技术实现用较少的几个综合指标代替原始多个变量，并且这些综合变量能够集中反映原始变量的大部分信息，同时也能够保证提取的综合变量之间是彼此相互独立的（徐建华，2006）；②它通过计算综合主成分得分，对经济现象进行客观科学评价；③在应用上，主成分侧重于信息贡献影响力综合评价。主成分分析法缺点是：①当某主成分的变量负荷符号有正有负时，综合评价函数意义将不明确；②命名清晰性低。因子分析法的优点是：①它是将原始变量进行分解，分解为公共因子和特殊因子，化简数据；②它通过旋转使得因子变量更具有可解释性，命名清晰性高。因子分析法的缺点是：在计算因子得分过程中采用的是最小二乘法进行回归，此法有时可能会失效。

两者均可以在SPSS软件中通过Analyze（分析）→Data Reduction（降维）→Factor（因子分析）实现，只是在具体操作分析过程中两者有所不同，具体表现在：①在进行主成分分析时不需要进行KMO和Bartlett的检验，不进行旋转处理，提取的各主成分得分值需要自己手动在SPSS的Transform（转换）菜单下的Compute（计算）里进行计算得出；②因子分析需要进行KMO和Bartlett检验，只有当KMO检验系数大于0.5，Bartlett检验的统计值的显著性概率p值小于0.05时，才能够进行因子分析（一般来说，KMO在0.9以上表示非常适合，在0.8~0.9很适合，在0.7~0.8适合，在0.6~0.7比较适合，在0.5~0.6比较差，0.5以下不适合），并且在进行因子分析过程中需要做旋转处理（一般在旋转Rotation按钮对话框下选择最大方差法）。此外，因子分析的因子得分值可以通过软件自动计算得出（在得分Scores按钮对话框下，选中另存为变量Save as Variables，Method选回归Regression）。主成分分析和因子分析在软件中的实现步骤如下：

第一，主成分分析方法的步骤为：①对数据进行标准化处理，消除量纲和数量级。②计算相关系数矩阵。③确定主成分个数k，如果前k个主成分的特征值大于1或者贡献率达到85%，表明前k个主成分基本包含了全部测量指标所具有的信息，提取这k个成分为主成分。④确定主成分F_i表达式并且命名。⑤计算提取的主成分得分及综合得分，首先，用主成分法提取的因子载荷矩阵K列初始解分别除以各主成分特征值的平方根$\sqrt{\lambda_j}$（j=1，2，…，k），从而得到每个特征根对应的单位特征向量；其次，由单位特征向量与标准化之后的变量值可以写出前 k 个主成分的表达式，并求出各主成分的得分值（F1，F2，F3，…，Fk）；最后，分别以前 k 个主成分的方差贡献率作为各主成分权重计算得出最终的综合得分（F）。

第二，因子分析方法的步骤为：①对数据进行标准化处理，消除量纲和数量级（非必需）；②计算相关系数矩阵，进行 KMO 和 Bartlett 检验看是否适合做因子分析，如果适合进行下一步；③因子的提取和因子载荷矩阵的求解，即确定因子的个数 P，选取特征值大于 1 或者特征值方差累计贡献率大于或等于 85%的前 P 个因子；④因子 Z_i 命名在命名之前将因子矩阵进行旋转处理以使命名更为清晰；⑤求因子得分函数表达式，即 $Z_i = b'_i X$（b'_i 是因子得分矩阵中第 i 列向量）；⑥计算因子得分和综合得分，因子得分可在软件中自动计算得出，综合因子得分是以前 P 个因子各自的方差贡献率占其总贡献率的比重作为各因子得分值的权重并求和得出。

4.4.7 多元回归分析方法

在多要素地理系统中，多要素之间存在着相互影响、相互关联的情况，因而多元地理回归带有普遍性的意义（徐建华，2006），多元线性回归模型是用来解释土地利用变化的常用经验模型（谭雪兰等，2014）。多元线性回归的数学模型如下：

$$y = c_0 + c_1 x_1 + c_2 x_2 + \cdots + c_n x_n \tag{4-23}$$

式（4-23）中：y 是因变量，x_i 是自变量，n 为自变量个数，c_0，c_1，…，c_n 为常数项系数。

第5章　聚落演化的时空特征

不同地理条件下城镇化水平与模式都存在极大差异。我国山区面积约占陆地国土面积的70%，山区县级行政单位占全国一半，但城镇化水平仅为21%，远低于2013年全国城镇化率53.7%的水平。尽管如此，全国有超过一半的人口生活在山区，且农村聚落依然是中国人口的主要聚居形式（Zhou et al.，2013）。然而，随着城镇化进程的推进，农村人口逐渐转变为城镇人口或者迁移至区位良好地区居住，很多村子逐渐消失，这种现象在山区尤为显著，以豫西山地山区县嵩县为例，其聚落数量从1975年的4249个减少到1995年的3439个，进而又减少至2015年的3219个，40年减少了1030个；而与此同时，聚落规模则在持续增大，聚落斑块面积从1975年的72.89平方千米增加到1995年的114.60平方千米，进而又增加至2015年的166.19平方千米，40年间增加了一倍多（93.3平方千米）。那么这些变化在空间上呈现怎样的演变趋势？不同城镇化阶段下山区聚落区位与规模有着怎样的空间分布及演化特征？同时在山区地形差异明显，那么不同地形条件下的聚落区位与规模空间分布又有怎样的演变特征？河流、道路、乡镇中心和县城中心等对聚落区位与规模空间分布及演化的影响也很大，在山区这种影响更为明显，那么各城镇化阶段下，山区聚落区位与规模在河流、道路、乡镇中心以及县城中心影响下呈现怎样的空间演化特征？分析这些问题可以探究山区聚落空间演变的一般过程和规律，能够为未来山区聚落的优化布局及重构提供依据，也为推动山区农村转型、城乡协调发展以及山区新型城镇化建设提供决策支撑。

此外，聚落依据其规模大小和功能差异可以分为特大城市、大城市、中等城市、小城市、县城、建制镇、中心集镇、一般集镇、中心村、基层村等若干等级（王雨村等，2002），依据城镇化的一般概念（即城镇化是指人口由农村向城或镇转移的过程）可将诸多等级差别的聚落概括为城镇与乡村两类（李小建等，2014），县域层面聚落体系包含县城、建制镇、中心集镇、一般集镇等小城镇聚落和中心村、基层村等乡村聚落。改革开放以来，随着经济的快速发展、城镇化进程的不断加快以及新农村建设的实施，我国城乡聚落体系发生着剧烈的变化，城镇化过程中对城镇建设用地的需求不断增加，使得周边城乡村聚落景观发生巨大变化，城镇的等级结构不断增强，规模结构逐渐变大，空间结构不断外扩，而与此同时乡村聚落的发展定位和功能日益多元化，空间结构差异化日趋明显（李平星等，2014；朱纪广，2015）。从本质上讲，新型城镇化并不单是农村人口向城镇的转移，而且还应该是全面整合城乡聚落体系，使大小不同、功能差、环境各异的各类聚落，形成统一和谐的整体。政府主导推进城镇化快速发展的过程中，尊重自然、延续历史，充分考虑对几千年来形成的人居环境和农村聚落格局的承继非常重要（李小建等，2015）。同时，我国两院院士吴良镛先生提出将县域农村基层治理作为统筹城乡发展的重要战略，即以"县域"为基元，有序推进农村地区的城镇化进程，依据各地各具特色的自然资源、经济基础、文化特色等现实情况，积极进行以县为单元的城镇化、新农村和制度创新试点意义重大（吴良镛，2013）。

基于此，本章基于嵩县 1975 年、1995 年和 2015 年三个时期全县聚落斑块数据，运用 GIS 空间分析结合地形指数等分析方法对 1975~2015 年嵩县聚落区位与规模的空间分布特征及其演化、聚落空间结构及其变化进行分析，以期发现一些规律，为后续山区聚落影响因素及驱动机制的分析奠定基础，并为山区乡村聚落未来的发展提供一定的决策依据。

5.1 聚落区位演化的时空特征

5.1.1 总体特征

（1）聚落在空间分布上多数沿道路和河流呈线条状分布，且随时间变化沿主要道路周边布局更为明显（见图 5-1（a）、（b）、（c））。研究时段内，聚落在空间上变得越来越稀疏，斑块密度从 1975 年的 0.97 个/平方千米降低至 2015 年的 0.73 个/平方千米。深山区聚落减少最为明显，且以 1975~1995 年减少更为显著，其中深山、浅山、丘陵区在 1975~1995 年和 1995~2015 年分别减少 40.18%、18.77%、13.44%和 9.95%、6.34%、5.69%。

（2）聚落在空间分布上存在明显的高密度核集聚区且三个时期的分布格局较为相似，但随时间变化高密度核集聚区有所减少。1975 年，"嵩北"[①] 呈现围

---

① "嵩北"指嵩县北部地区，其范围包括城关镇、田湖镇、闫庄镇、大坪乡、九店乡、库区乡、饭坡镇、德亭镇、何村乡、纸房镇、黄庄乡、大章镇、旧县镇。

绕陆浑水库的多核团状分布且在纸房和黄庄乡内有一明显的带状高密度核集聚区，"嵩南"① 车村镇和木植街乡内呈现以多个高密度核为节点的条带状分布，白河镇内也出现团状核密度集聚区；之后两个时期聚落空间分布密度在原有基础上多处高密度核集聚区呈减弱变化（见图5-1（d）、（e）、（f））。

5.1.2 不同地形条件分区

依据传统地貌划分方法，将嵩县划分为丘陵（200~500米）、低山（500~1000米）、中山（1000~3500米）；根据地形起伏度计算结果，结合前人研究将本书研究的地形起伏度划分为四个等级，依次为平坦起伏（0~20米）、微起伏（20~75米）、小起伏（75~200米）、中起伏（200~600米）（涂汉明等，1991）；根据第二次土地调查坡度分级标准与研究需要，将嵩县坡度划分为0°~6°、6°~15°、15°~25°、25°~35°、35°~62°；借鉴已有研究并结合本书研究需要将地形位指数划分为六个等级，分别为0~0.2、0.2~0.4、0.4~0.6、0.6~0.8、0.8~1.0、1.0~1.5；在ArcGIS10.1中基于DEM得出坡向分类，依次为平地（-1~0）、北（0~22.5和337.5~360）、东北（22.5~67.5）、东（67.5~112.5）、东南（112.5~157.5）、南（157.5~202.5）、西南（202.5~247.5）、西（247.5~292.5）、西北（292.5~337.5）。

（1）低地指向性明显并趋于加强。

三个时期下聚落数量及其相对比重均呈现"低山>丘陵>中山"，且聚落密度均呈现"丘陵>低山>中山"，随着时间变化，虽然丘陵、低山和中山地区聚落数量和密度分别不断减少和降低，但仅有丘陵、低山地区聚落数量相对比重逐渐升高（见表5-1和图5-2）。

（2）微小起伏指向性显著且趋于向微起伏地形集中。

随着地形起伏度逐渐增加聚落数量和密度均呈现先增加后减少变化但二者分别在小起伏和微起伏处达到最大，各时期下均有超过95%的聚落分布在微小起伏地区，但随时间推移仅在微起伏地区聚落数量相对比重逐渐增加（见表5-1和图5-3）。

（3）小坡度指向性明显且趋于向坡度小于6°地区集中。

随着坡度增加聚落密度逐渐减小而聚落数量先增加后减少，三个时期均有超过84%的聚落分布在坡度≤15°地区，但随时间变化仅在坡度<6°地区聚落数量相对比重逐渐增加（见表5-1和图5-4）。

---

① "嵩南"指嵩县南部地区，包括车村镇、白河镇和木植街乡。

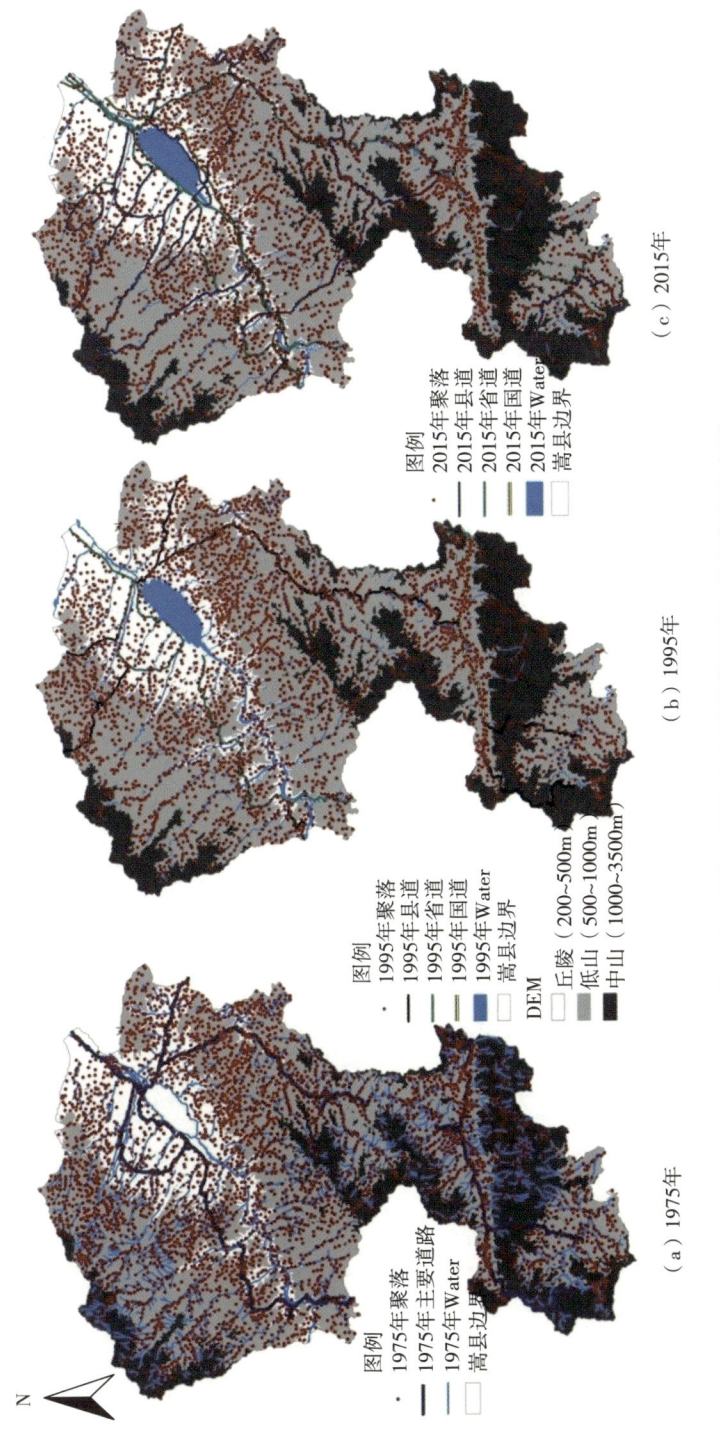

图 5-1 1975～2015 年嵩县聚落区位和密度空间分布图

图 5-1 1975~2015 年嵩县聚落区位和密度空间分布图（续）

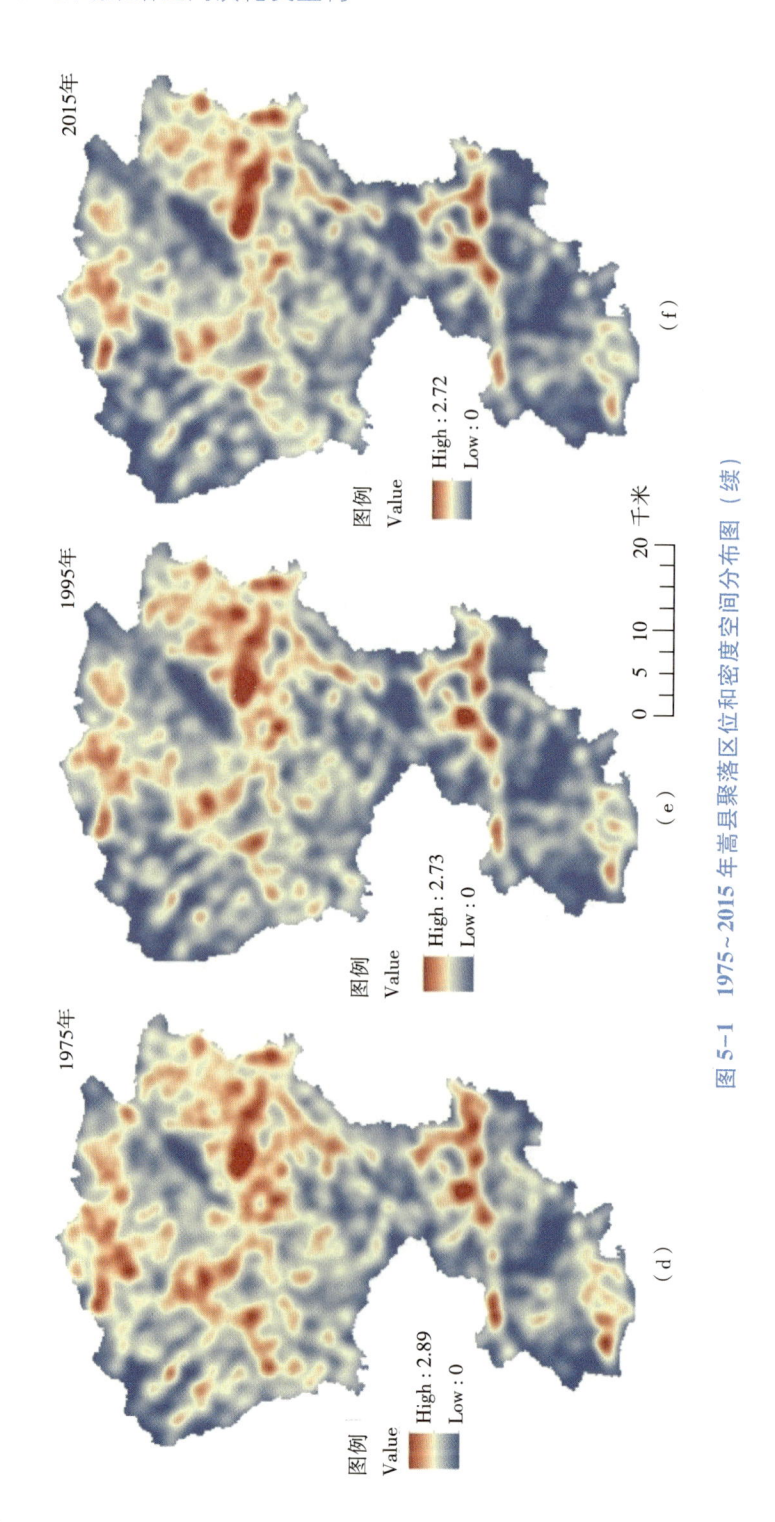

表 5-1　1975 年、1995 年和 2015 年不同地形条件下嵩县聚落斑块个数比重变化

单位:%

地形类型	分级	1975 年	1995 年	2015 年
高程	丘陵	26.27	28.09	28.29
	低山	65.83	66.07	66.09
	中山	7.91	5.84	5.62
地形起伏度	平坦起伏	2.45	2.21	2.17
	微起伏	40.81	43.59	45.09
	小起伏	54.70	52.75	51.55
	中起伏	2.05	1.45	1.18
坡度	0°~6°	35.07	36.29	37.73
	6°~15°	49.45	50.63	49.72
	15°~25°	15.04	12.79	12.42
	25°~35°	0.45	0.29	0.12
	35°~62°	0	0	0
地形位指数	0~0.2	1.41	0.70	0.87
	0.2~0.4	34.88	36.52	38.54
	0.4~0.6	45.73	48.59	47.20
	0.6~0.8	17.53	13.87	13.17
	0.8~1.0	0.45	0.32	0.22
	1.0~1.2	0	0	0

（4）小地形位指向性明显且趋于向地形位指数<0.4 地区集中。

小地形位指数指向性明显且趋于向地形位指数<0.4 地区布局。随着地形位指数增大聚落数量和密度均呈现先增加后减少变化但二者分别在 0.4~0.6 和 0.2~0.4 处达到最大，三个时期均有超过 80%的聚落分布在地形位指数小于 0.6 地区，但随时间变化仅在地形位指数<0.4 地区聚落数量相对比重逐渐增加（见表 5-1 和图 5-5）。

（5）坡向指向性明显且趋于向南坡布局。

坡向是影响丘陵山地农业生产及居民生活的重要因素，会对农村居民点分布产生重要影响（樊天相等，2015）。根据研究发现，1975 年、1995 年和 2015 年分别有 78.49%、79.35%和 80.68%的聚落分布在东坡、东南坡、东北

◆ 山区县域聚落空间演化及重构

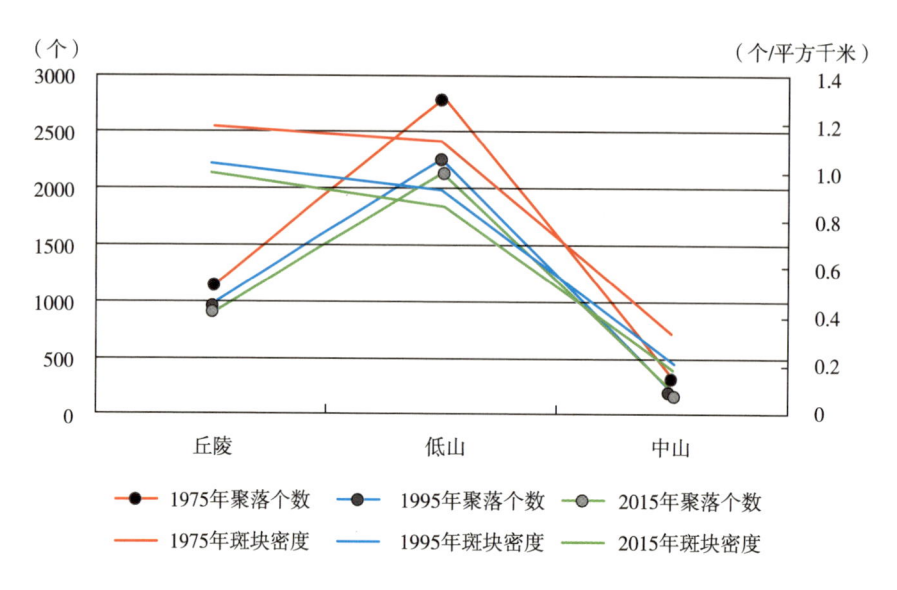

图 5-2 1975~2015 年不同高程下聚落数量和聚落斑块密度的变化情况

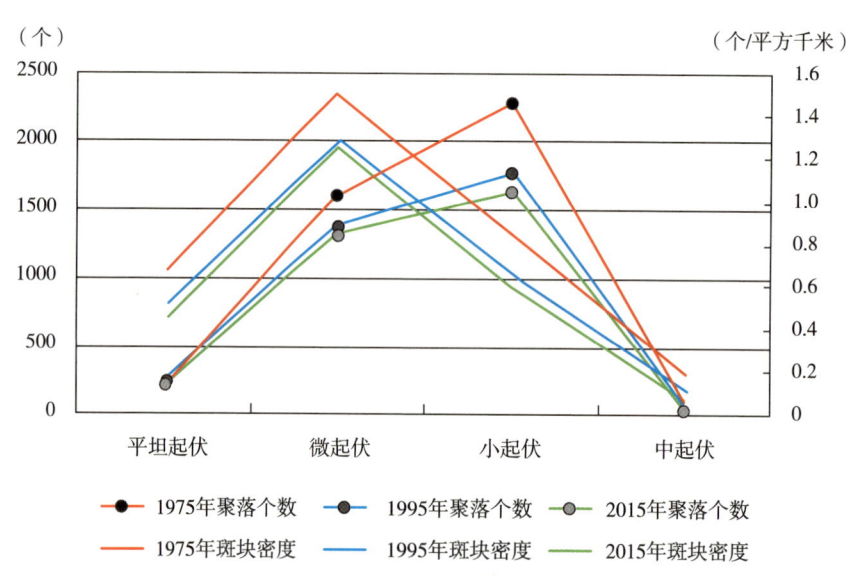

图 5-3 1975~2015 年不同地形起伏度下聚落数量和聚落斑块密度变化

坡、南坡和西南坡，其中以东坡分布最多，接着依次为东南坡、东北坡、南坡和西南坡；随时间变化不同坡向地区分布的聚落数量均有所减少，但均以这几个坡向地区分布的聚落数量居多，且其中仅有南坡聚落数量相对比重逐渐增加（见图 5-6）。

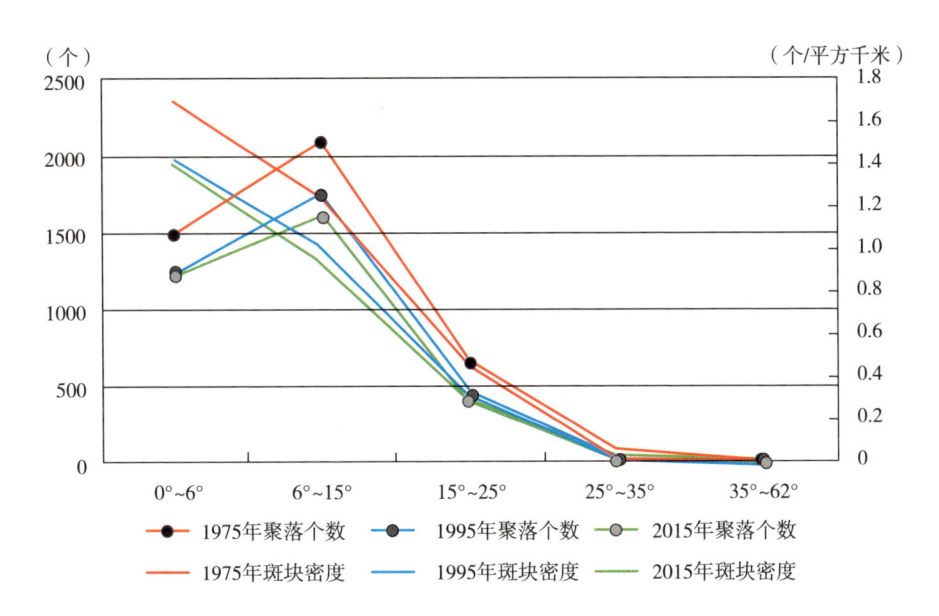

图 5-4　1975~2015 年不同坡度下聚落数量和聚落斑块密度变化

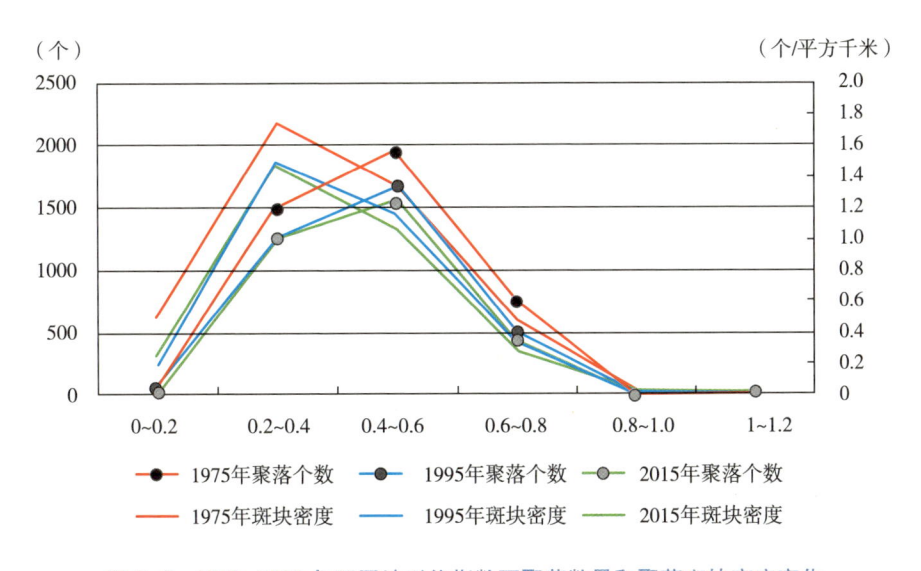

图 5-5　1975~2015 年不同地形位指数下聚落数量和聚落斑块密度变化

5.1.3　道路不同影响区

在 ArcGIS10.1 里面通过缓冲区分析功能，对主要道路图层（包括国道、省道、县道和乡级道路，其中 1975 年时统称为公路）以 200 米为间隔创建缓冲区，

◆ 山区县域聚落空间演化及重构

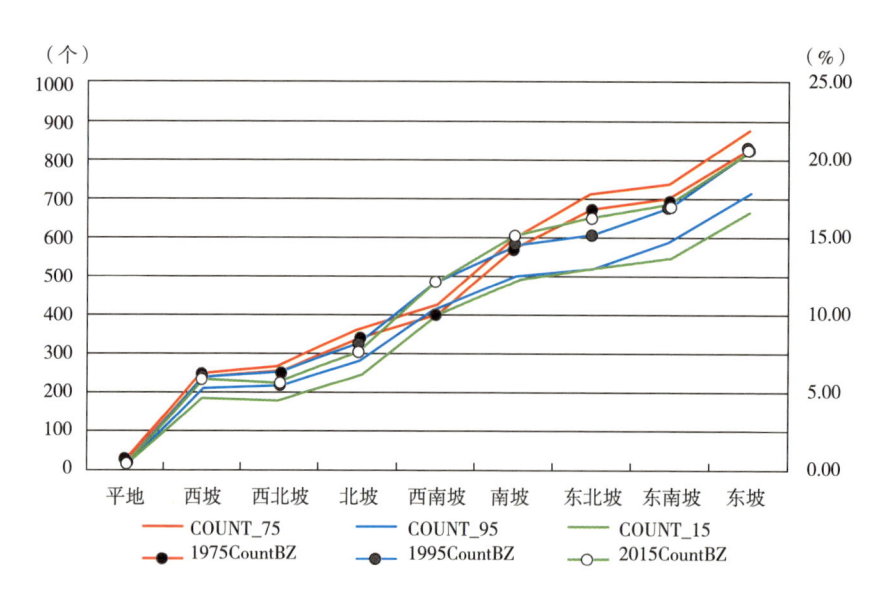

图 5-6　1975~2015 年不同坡向下聚落数量和聚落斑块密度变化

范围 0~8000 米，并将其分别与 1975 年、1995 年和 2015 年的聚落图层进行叠加，经过计算并在 Excel 里面制图得出各缓冲区下聚落数量及其相对比重以及累计比重变化图（见图 5-7）。

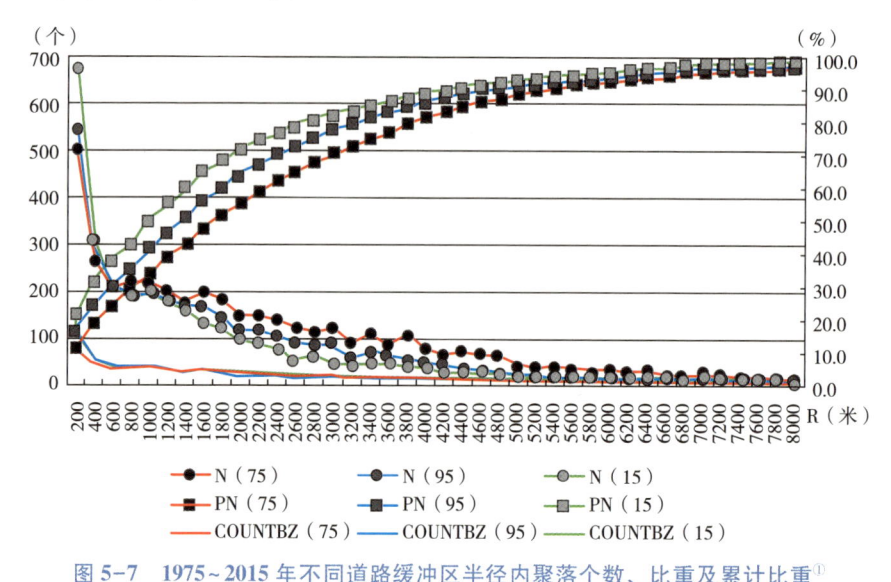

图 5-7　1975~2015 年不同道路缓冲区半径内聚落个数、比重及累计比重[①]

---

① 图 5-7 至图 5-10 中 N 为各缓冲内的聚落个数，R 为缓冲半径，PN 为聚落个数累计叠加比例，COUNTBZ 为各缓冲区下聚落数量相对比重。

84

越来越多的聚落向道路靠拢。表现在：①空间上，聚落数量呈现距离道路越远聚落数量和比重越小的变化特点。②时间上，从 1975 年→1995 年→2015 年里，离道路近的地区聚落数量和相对比重均呈增加趋势，如在距道路 200 米内，三个时期聚落数量分别有 503 个、545 个和 678 个，依次增多；距离道路 1400 米距离内，三个时期聚落相对比重分别为 43.9%、51.29% 和 60.43%，依次增多，且在此范围内各道路缓冲区下的聚落数量相对比重均逐渐上升，而超过在道路距离范围的聚落数量相对比重在逐渐降低。③从 1975 年→1995 年→2015 年三个时期内各缓冲区下聚落数量累计比重依次增加，即均呈现出"1975 年<1995 年<2015 年"，1975 年、1995 年和 2015 年三个时期，聚落数量累计比重初次达到 90% 以上所对应的道路缓冲区半径分别为 5400 米、4800 米和 4400 米。

5.1.4 水源不同影响区

对水源图层以 200 米为间隔创建缓冲区，范围 0~3600 米，并将其与聚落图层进行叠加。结果表明：①空间上，1975 年、1995 年和 2015 年三个时期的聚落均呈现沿水源布局指向性显著且距离水源越远聚落分布越少的特点；②时间上，自 1975 年→1995 年→2015 年以来，距离水源≤600 米的距离内聚落个数在逐渐减少，三个时期聚落数量依次为 3426 个、1935 个和 1588 个，对应相对比重依次为 80.63%、56.27% 和 49.32%，而≥800 米的距离内聚落数量逐渐增加，三个时期聚落数量依次为 823 个、1384 个和 1500 个，对应相对比重依次为 19.37%、40.24% 和 46.58%；③各缓冲区下三个时期聚落个数累计比重不断降低，即均呈现出"1975 年>1995 年>2015 年"，1975 年、1995 年和 2015 年三个时期，聚落数量累计比重初次达到 90% 以上所对应的缓冲区半径分别为 1000 米、1800 米和 2200 米时，对应聚落数量分别有 3959 个、3137 个和 2929 个，聚落区位选择的水源指向性趋于减弱（见图 5-8）。

5.1.5 县城乡镇中心不同影响区

对县城和乡镇中心图层分别以 2.5 千米和 1 千米为间隔创建缓冲区，范围分别为 0~62.5 千米和 0~27 千米，并将其与聚落图层进行叠加。

结果表明：①空间上，随着离县城中心距离的增加，在三个时期聚落数量均呈现出波动变化且数量变化的最大峰值均在 17.5 千米处；随着离乡镇中心距离的增加，这三个时期，聚落数量及其比重均呈现出偏正态分布且峰值在 5 千米处。②时间上，距离县城中心 32.5 千米以内的各缓冲区距离内聚落数量均呈现出"1975 年>1995 年>2015 年"；距离乡镇中心多数缓冲区距离内聚落数量均呈现出"1975 年>1995 年>2015 年"（见图 5-9 和图 5-10）。

◆ 山区县域聚落空间演化及重构

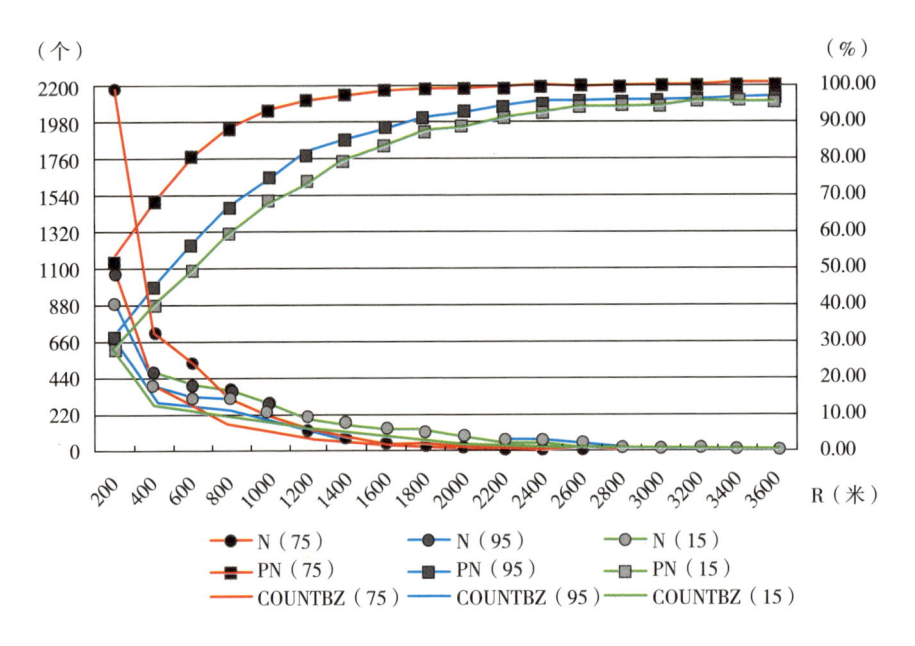

图 5-8 1975~2015 年不同水源缓冲区半径内聚落个数、比重及累计比重

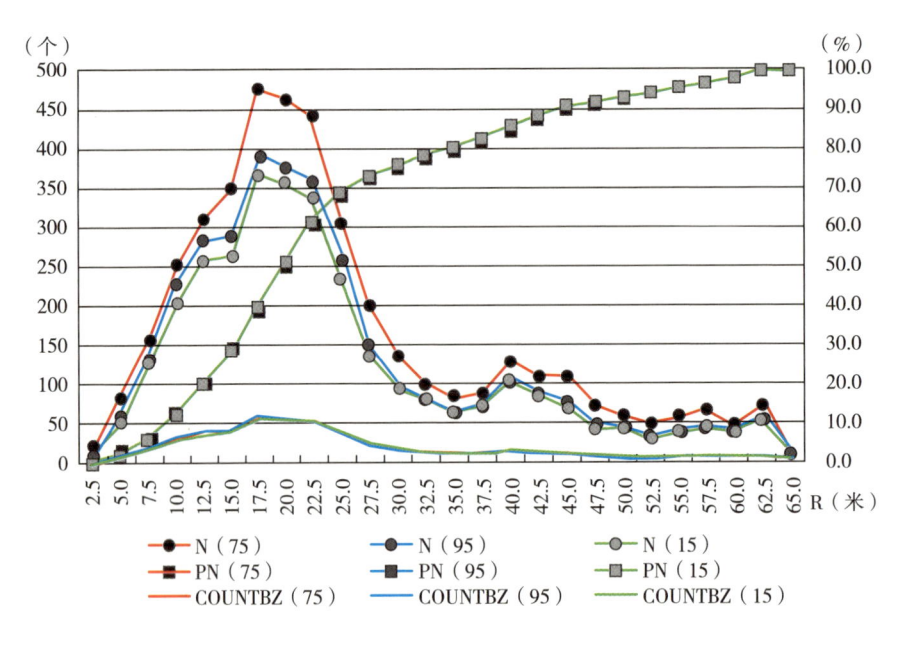

图 5-9 1975~2015 年距离县城不同距离内聚落个数、比重及累计比重

86

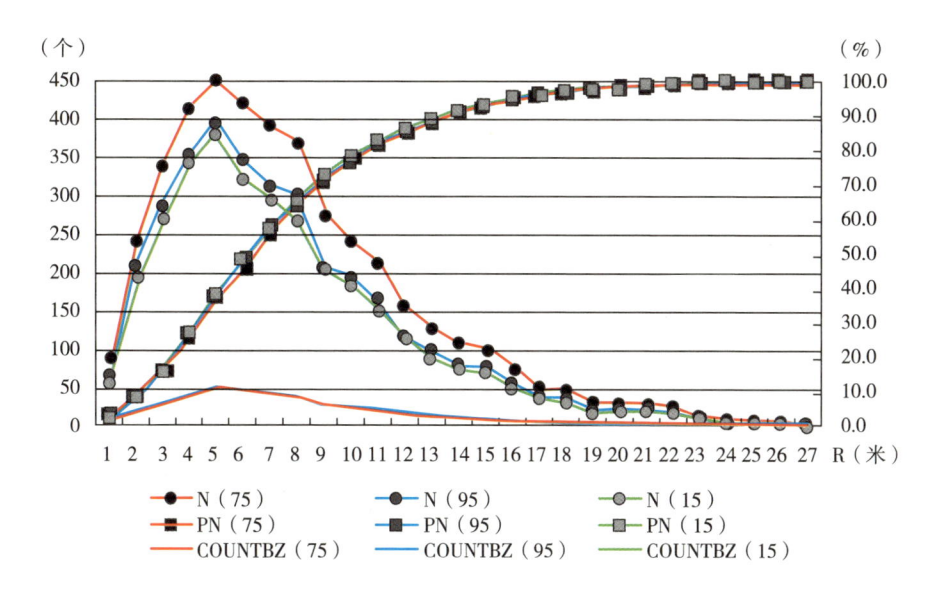

图 5-10 1975~2015 年距离乡镇中心不同距离内聚落个数、比重及累计比重

5.2 聚落规模演化的时空特征

5.2.1 总体特征

（1）规模大的聚落多布局在丘陵和主要道路两边，且随时间变化，丘陵低山、道路沿线以及乡镇中心附近聚落斑块面积增加明显；两阶段相比，1995~2015 年聚落整体规模扩张更为显著，且扩张区主要集中在县城、车村镇、饭坡镇、黄水庵村以及库区田湖段洛栾快速周边（见图 5-11）。

（2）空间上三个时期均存在高密度核集聚区，时间上核密度最高值显著增加且高密度核集聚区向县城附近集中。1975 年时期嵩北县城附近呈现平行的带状分布，旧县镇呈现点状分布，嵩南车村镇呈现带状分布；1995 年呈现多处点状分布；2015 年围绕以县城为中心呈现出单核高密度核集聚区（见图 5-12（a）、(b)、(c)）。

（3）全局存在空间集聚并趋于加强，局部存在冷热点区。三个时期的全局性聚类检验结果均在 5% 水平下显著集聚，其 Zscore 得分值依次为 28.19、16.3 和 2.48。局部热点结果得出：1975 年热点区主要集中在丘陵以及旧县和车村镇

◆ 山区县域聚落空间演化及重构

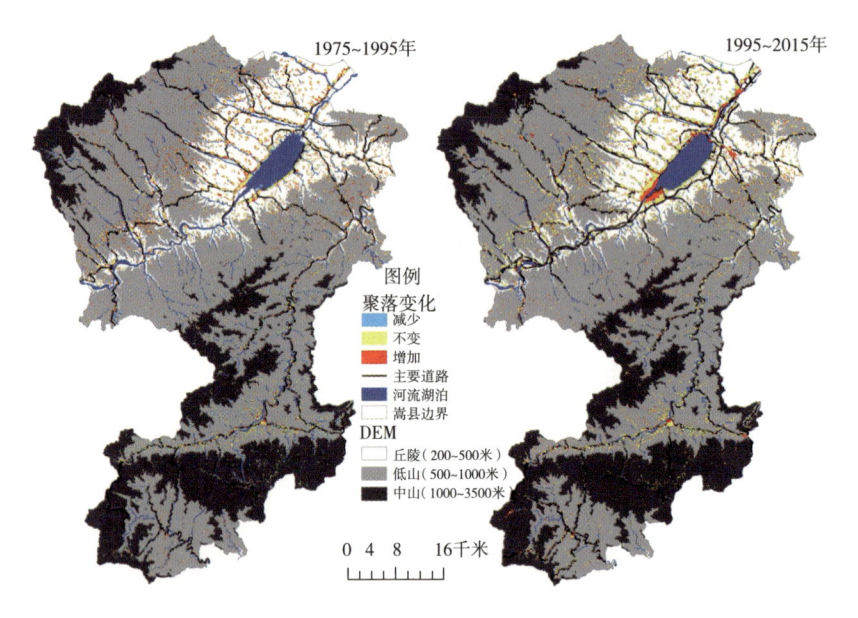

图 5-11 1975~1995 年和 1995~2015 年嵩县聚落斑块空间变化

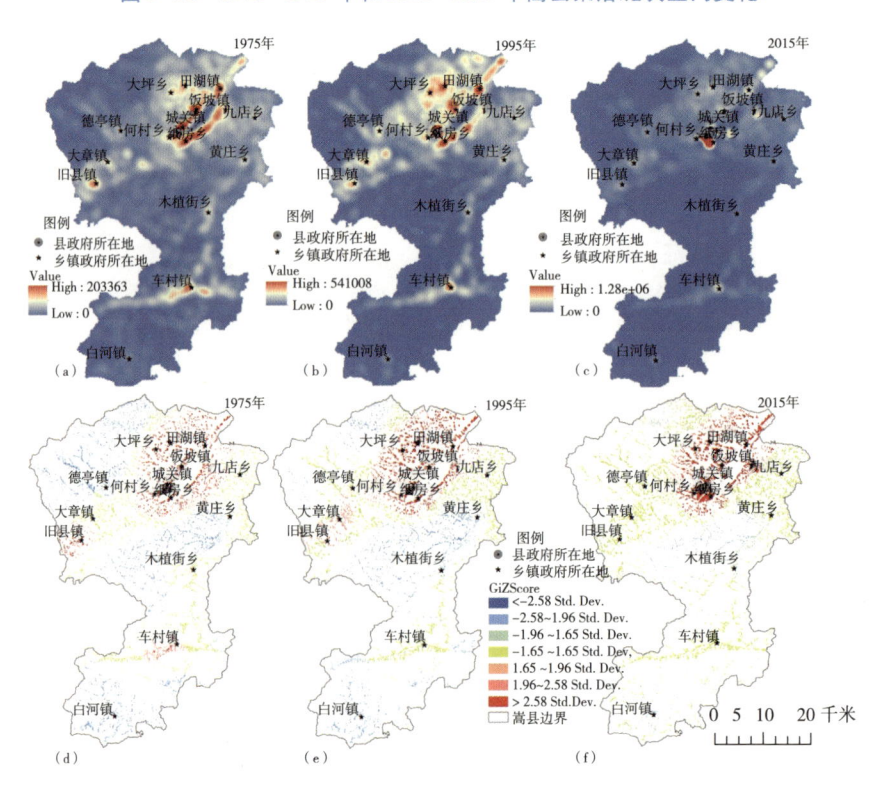

图 5-12 1975~2015 年嵩县聚落规模密度和冷热点分布

88

镇区附近，冷点区主要在德亭、大章和大坪靠近嵩县西北边界以及白河、黄庄和木植街的部分地区；随时间变化，县城附近热点区显著变大，而原车村和旧县镇热点区在减少，原冷点区也在逐渐缩减（见图 5-12（d）、（e）、（f））。

5.2.2 不同地形条件分区

（1）低地指向性明显且随着时间变化趋于加强。

由图 5-13 和表 5-2 可知，不同高程下聚落规模空间分布及其演化特征如下：①1975 年、1995 年和 2015 年三个时期丘陵、低山和中山地区聚落斑块总规模及其相对比重和聚落斑块平均规模均呈现出"丘陵>低山>中山"，随着时间变化，丘陵、低山和中山地区的聚落总规模和平均规模均逐渐增大，但仅有丘陵地区聚落规模相对比重趋于逐渐增加；②1975~1995 年和 1995~2015 年丘陵、低山地区聚落斑块扩张趋势明显，且均呈现出以 1995~2015 年和丘陵区扩张更为显著；③三个时期聚落斑块规则程度均呈现出"丘陵>低山>中山"，但随时间变化低山、中山地区聚落斑块越来越规则，而丘陵区聚落斑块规则程度却在逐渐降低。

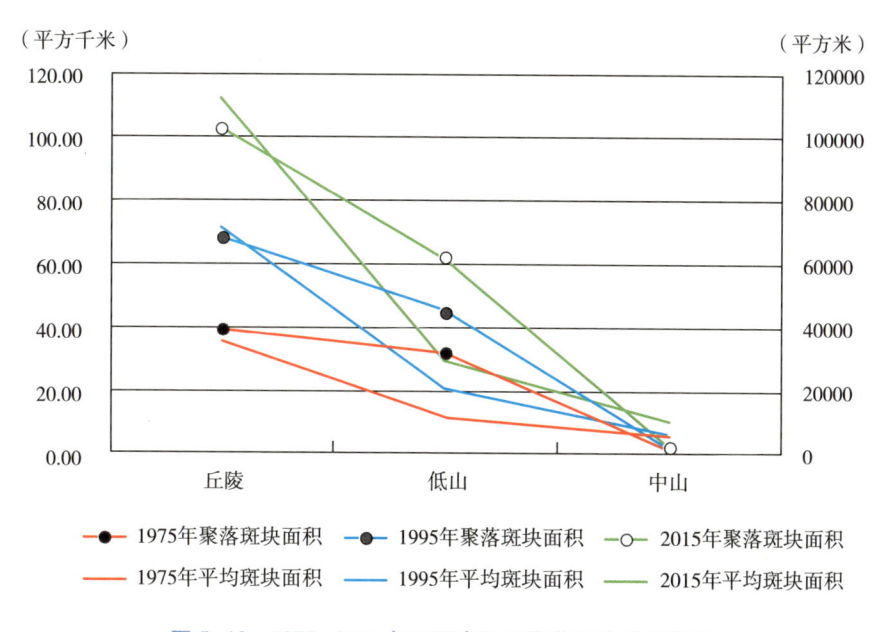

图 5-13 1975~2015 年不同高程下聚落斑块规模变化

（2）微起伏指向性明显且趋于向平起伏和微起伏地区集中。

不同地形起伏分区下聚落斑块规模空间分布及演化特征如下：①从"平坦起伏→微起伏→小起伏→中起伏"渐进变化过程中，聚落斑块总规模及其相对比重

表 5-2 1975 年、1995 年和 2015 年各地形下不同分区内嵩县聚落斑块的
面积比重及空间形态变化

地形因素	分级	聚落面积比重（%）			聚落扩展指数（%）		分形维数 D		
		1975年	1995年	2015年	1995~1975年	2015~1995年	1975年	1995年	2015年
高程	丘陵	53.87	59.50	61.52	3.098	3.647	1.238	1.260	1.270
	低山	43.38	39.49	37.35	0.551	0.680	1.434	1.350	1.318
	中山	**2.75**	**1.01**	**1.13**	**−0.087**	**0.074**	1.648	1.510	1.476
地形起伏度	平坦起伏	9.68	10.96	11.54	5.270	2.632	*1.224*	*1.270*	*1.296*
	微起伏	61.65	66.39	67.83	2.466	3.386	1.284	1.258	1.248
	小起伏	28.00	22.29	20.35	0.186	0.300	1.428	1.364	1.340
	中起伏	0.68	0.36	0.28	*−0.018*	*0.011*	1.434	1.402	1.422
坡度	0°~6°	61.14	65.66	68.13	3.502	4.337	1.262	1.240	1.242
	6°~15°	33.46	31.22	28.94	0.660	0.713	1.378	1.320	1.296
	15°~25°	5.28	3.07	2.90	**−0.023**	**0.091**	1.446	1.360	1.384
	25°~35°	0.13	0.05	0.02	*−0.012*	*−0.006*	1.570	1.656	1.260
	35°~62°	0	0	0	0	0	0	0	0
地形位指数	0~0.2	7.83	12.32	13.59	1.019	12.664	1.19	1.240	1.346
	0.2~0.4	58.83	59.76	60.76	3.878	3.000	1.252	1.266	1.264
	0.4~0.6	27.72	25.08	23.21	0.593	0.683	1.436	1.370	1.330
	0.6~0.8	5.52	2.81	2.41	**−0.053**	**0.051**	1.514	1.414	1.430
	0.8~1.0	**0.10**	**0.025**	**0.035**	**−0.008**	**0.005**	1.578	1.264	1.346
	1.0~1.2	—	—	—	0	0	—	—	—

呈现出先增大后减小且均在微起伏处达到最大，而平均规模呈现出依次减小；随时间变化各地形起伏地区聚落斑块总规模和平均规模均呈现出逐渐变大，但聚落斑块总规模相对比重仅在平坦起伏和微起伏地区趋于逐渐增加。②1975~1995 年和 1995~2015 年平坦起伏、微起伏、小起伏地区聚落斑块扩张趋势明显，且微起伏和小起伏地区均以 1995~2015 年扩张更为显著，而平坦起伏地区则以 1975~1995 年扩张更为显著。③三个时期聚落斑块的规则程度在多数情况下均表现出随着地形起伏的增加而降低，即均呈现出"平坦起伏地区>微起伏地区>小起伏地区>中起伏地区"（1995 年和 2015 年平坦起伏地区除外），但随着时间变化仅

有微起伏和小起伏地区聚落斑块越来越规则，平坦起伏地区聚落斑块的规则程度在降低，中起伏地区不规则程度先降低后增加（见表5-2和图5-14）。

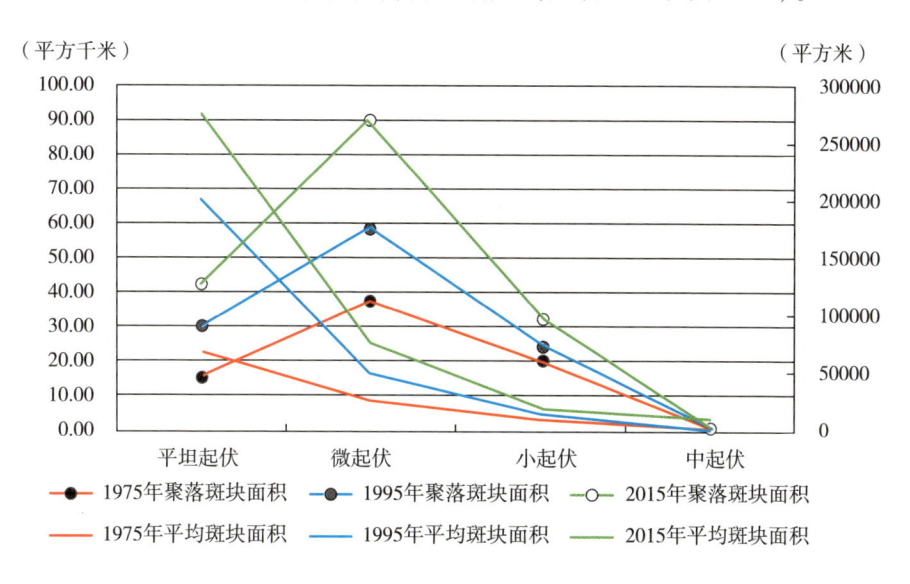

图 5-14　1975~2015 年不同地形起伏度下聚落斑块规模变化

（3）平缓坡度指向性明显且随着时间变化趋于加强。

不同坡度下聚落规模空间分布及其演变呈现如下特征：①1975年、1995年和2015年三个时期内随坡度增加聚落斑块总规模及其相对比重和平均规模均呈现出逐渐减小变化，随着时间变化各坡度分区下聚落斑块总规模和平均规模均逐渐增大，但聚落斑块总规模相对比重仅在坡度<6°地区呈现出逐渐增加；②1975~1995年和1995~2015年坡度分别为0°~6°和6°~15°地区聚落斑块扩张趋势明显，且均呈现出以1995~2015年扩张更为显著，其中又以坡度<6°地区尤为明显；③三个时期聚落斑块的规则程度均随坡度增加而降低，但随时间变化仅有坡度为6°~15°地区聚落斑块越来越规则，坡度<6°地区聚落斑块规则程度呈现出先增加后降低，坡度为25°~35°地区却呈现出规则程度先减小后增加（见图5-15和表5-2）。

（4）小地形位指向性明显且趋于加强。

不同地形位下聚落规模空间分布及其演化特征如下：①随地形位指数的增加聚落斑块规模及其相对比重均依次呈现先增加后减少且二者均在0.2~0.4处达到最大，而聚落斑块平均规模则呈现依次减小，随着时间变化各地形位分区下聚落斑块总规模和平均规模均趋于增大，而聚落规模相对比重却仅在地形位指数<0.4地区呈增加变化（见图5-16）；②1975~1995年和1995~2015年地形位指

91

◆ 山区县域聚落空间演化及重构

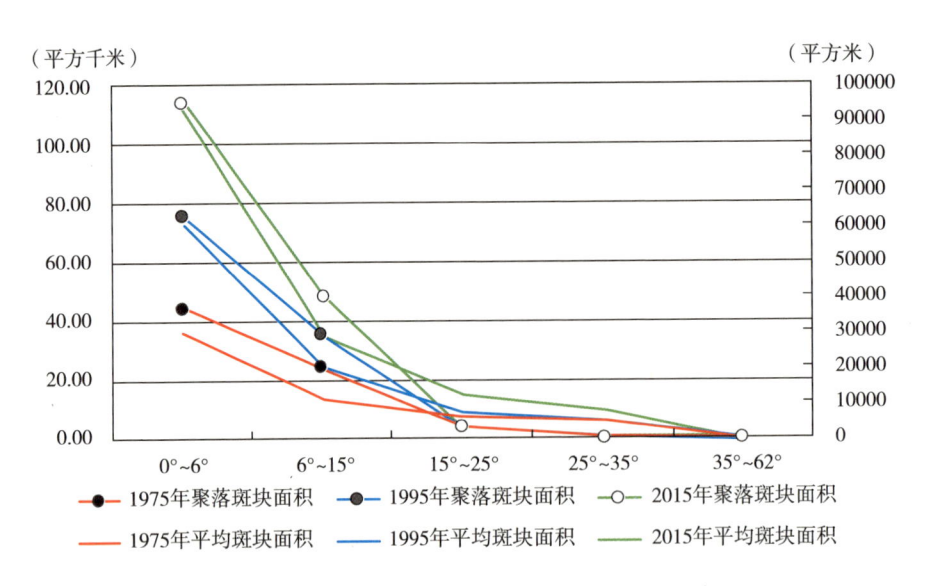

图 5-15 1975~2015 年不同坡度下聚落斑块规模变化

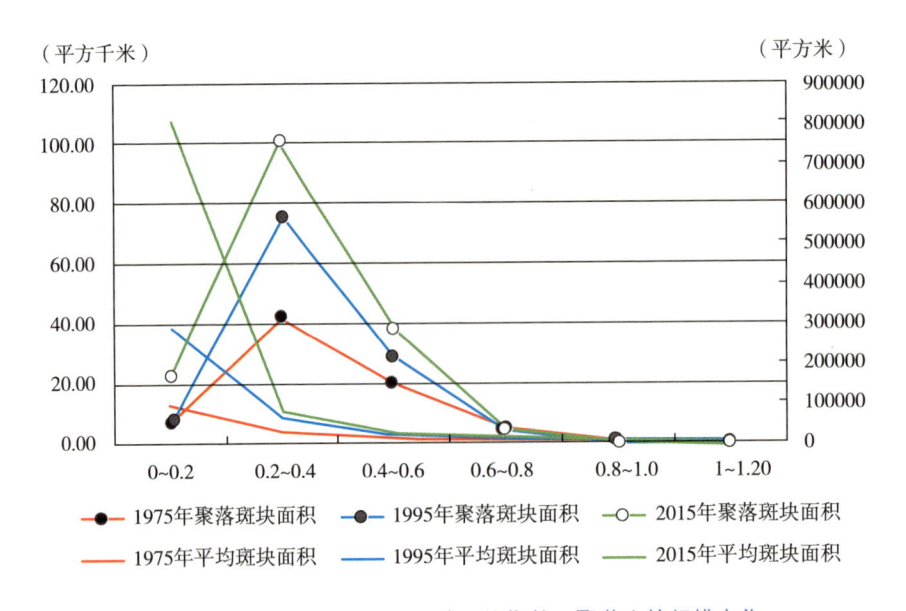

图 5-16 1975~2015 年不同地形位指数下聚落斑块规模变化

数<0.6 地区聚落斑块扩张程度均比较明显，且两个阶段相比地形位指数为 0~0.2 和 0.4~0.6 地区均呈现后一阶段扩张更为显著，而地形位指数为 0.2~0.4 地区聚落斑块扩张程度呈相反变化，即前一阶段扩张更为显著；③三个时期聚落斑块的规则程度呈现出随地形位指数的增加而逐渐降低（1995 年地形位指数为

92

0.8~1.0 和 2015 年地形位指数为 0~0.2 地区除外），但随着时间变化仅在地形位指数为 0.4~0.6 地区聚落斑块越来越规则，而其他地形位分区内聚落斑块规则程度呈波动变化（见表 5-2）。

（5）坡向指向性明显且大规模聚落趋于向南坡、东南坡地区集中。

三个时期均有超过一半的聚落规模分布在东南坡、南坡、西南坡以及东坡，各时期下均以东南坡和南坡分布居多；且随时间变化，不同坡向下聚落斑块面积均逐渐增加，但其相对比重仅在东南坡、南坡、西南坡地区逐渐升高（见图 5-17）。

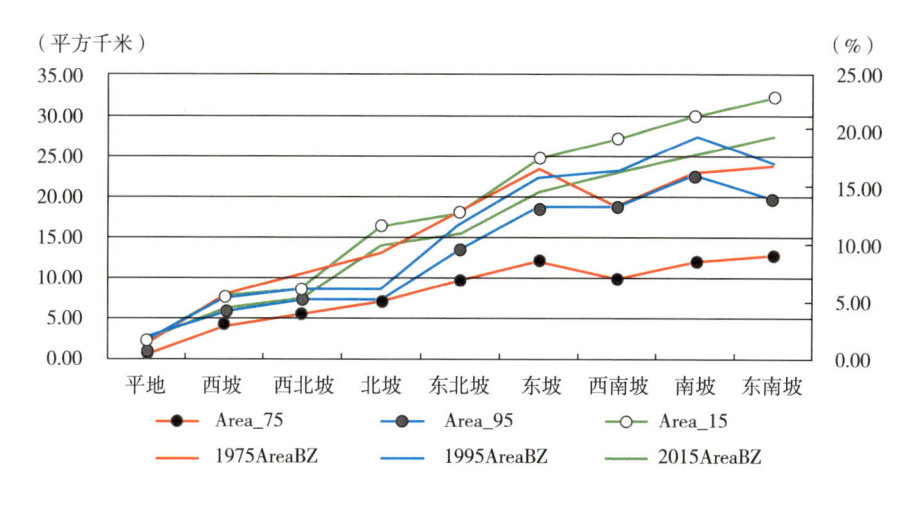

图 5-17 1975~2015 年不同坡向下聚落斑块规模变化

5.2.3 道路不同影响区

离道路越近聚落斑块规模越大。表现在：①空间上，呈现距离道路越远聚落斑块规模及其相对比重越小的分布特点；②时间上，呈现从 1975 年→1995 年→2015 年，离道路越近聚落规模越大的特点，其中距离道路 1800 米内各缓冲区半径下聚落斑块面积均呈逐渐增加，特别地，在距离道路 200 米内三个时期聚落面积相对比重依次为 20.74%、23.04% 和 42.08%，显著升高；③三个时期各道路缓冲区下聚落斑块面积累计比重趋于增加，但累计比重达到 90% 以上所对应的缓冲区半径不同，三个时期依次为 3800 米、3000 米和 2400 米（见图 5-18）。

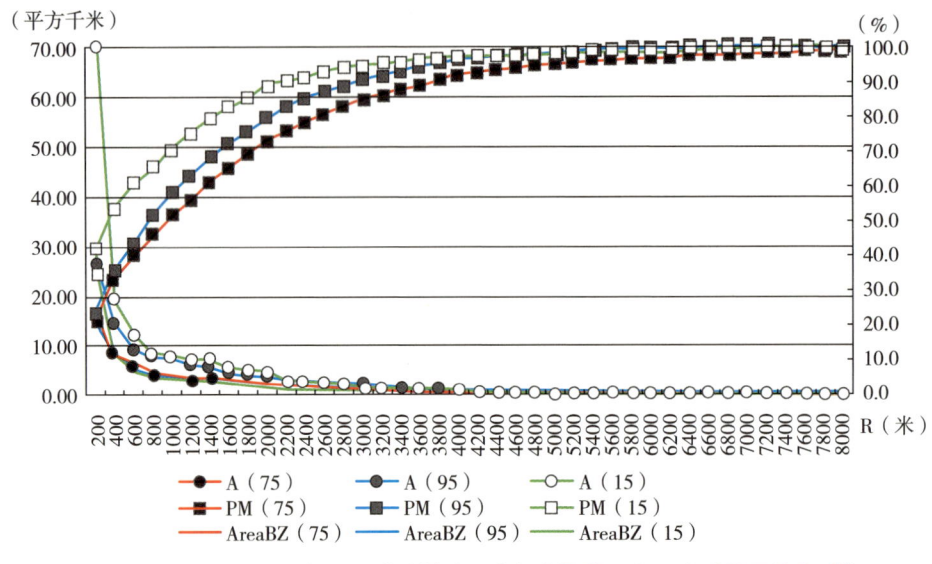

图 5-18　1975~2015 年不同道路缓冲区半径内聚落面积、比重及累计比重①

5.2.4　水源不同影响区

总的来看：①空间上，离水源越近聚落规模越大、相对比重越高，随着离水源距离的增加聚落规模和聚落相对比重均趋于降低；②时间上，呈现从 1975 年→1995 年→2015 年里，各缓冲区下聚落斑块面积趋于增加，以 600 米缓冲区半径为转折点，在此之前的 200 米和 400 米水源缓冲区内聚落面积相对比重逐渐降低而≥600 米的各水源缓冲区内聚落斑块面积相对比重趋于增加；③三个时期各水源缓冲区下聚落斑块面积累计比重均呈现"1975 年>1995 年>2015 年"，且累计比重达到 90% 以上所对应的缓冲区半径不同，三个时期依次为 1000 米、1200 米和 1400 米（见图 5-19）。

5.2.5　县城乡镇中心不同影响区

总的来看：①空间上，随着离县城中心距离的增加，在三个时期聚落规模均呈现出波动变化，且聚落规模变化的最大峰值在 12.5~15.0 千米处；随着离乡镇中心距离的增加，在三个时期，聚落规模及其相对比重整体均呈现出偏正态分布且峰值 3~4 千米处（2015 年的 2 千米缓冲区除外）。②时间上，距离县城中心 40.00 平方千米以内的各缓冲区距离内聚落总规模均呈现出"1975 年<1995 年<2015

---

① 图 5-18 至图 5-21 中 A 为各缓冲内的聚落斑块面积，R 为缓冲半径，PM 为聚落面积累计叠加比例，AReaBZ 为各缓冲区下聚落面积相对比重。

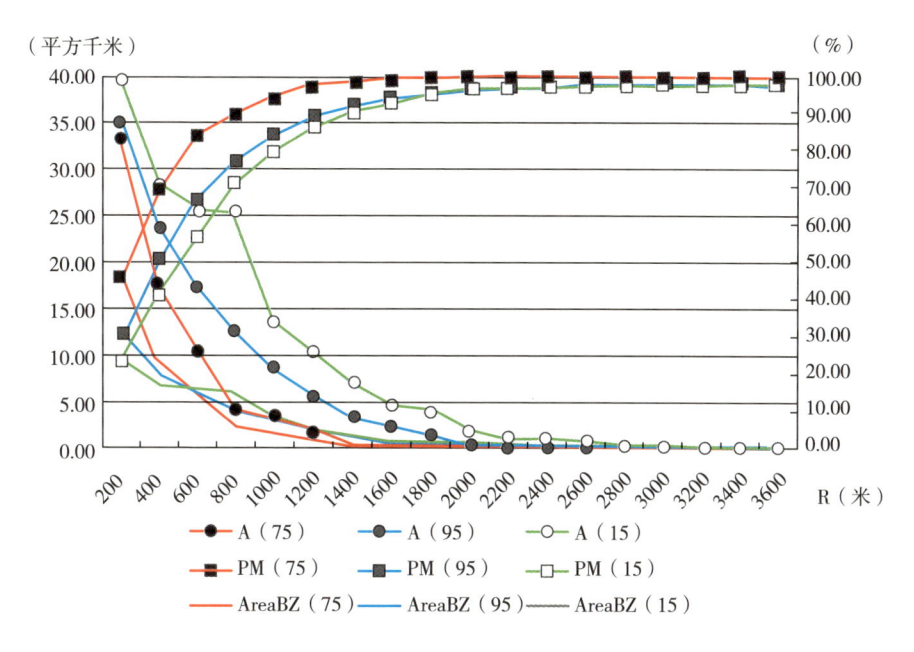

图 5-19　1975~2015 年不同水源缓冲区半径内聚落面积、比重及累计比重

年"（5.00 平方千米缓冲区除外）；距离乡镇中心 15 平方千米以内的各缓冲区距离内聚落总规模呈现出"1975 年<1995 年<2015 年"（2.00 千米缓冲区除外）（见图 5-20 和图 5-21）。

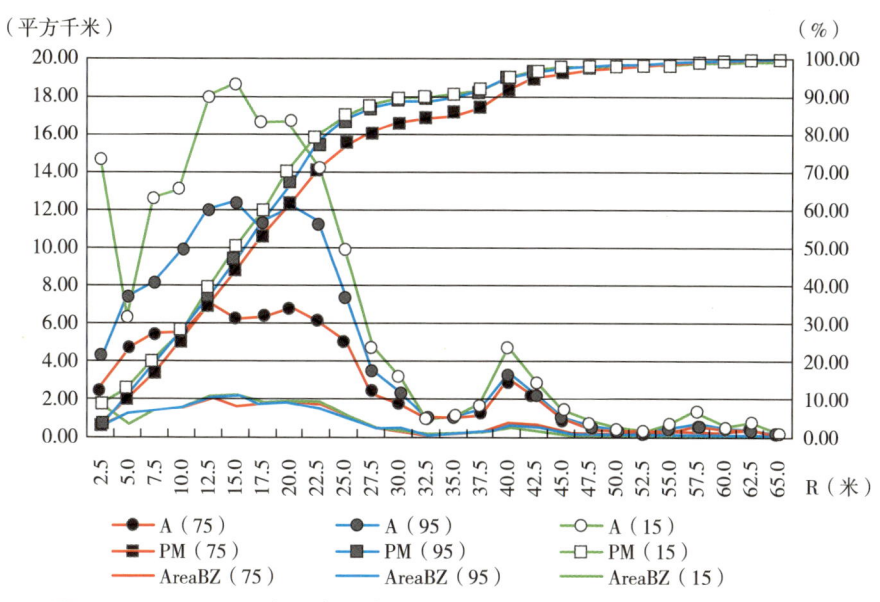

图 5-20　1975~2015 年距离县城中心不同距离内聚落面积、比重及累计比重

◆ 山区县域聚落空间演化及重构

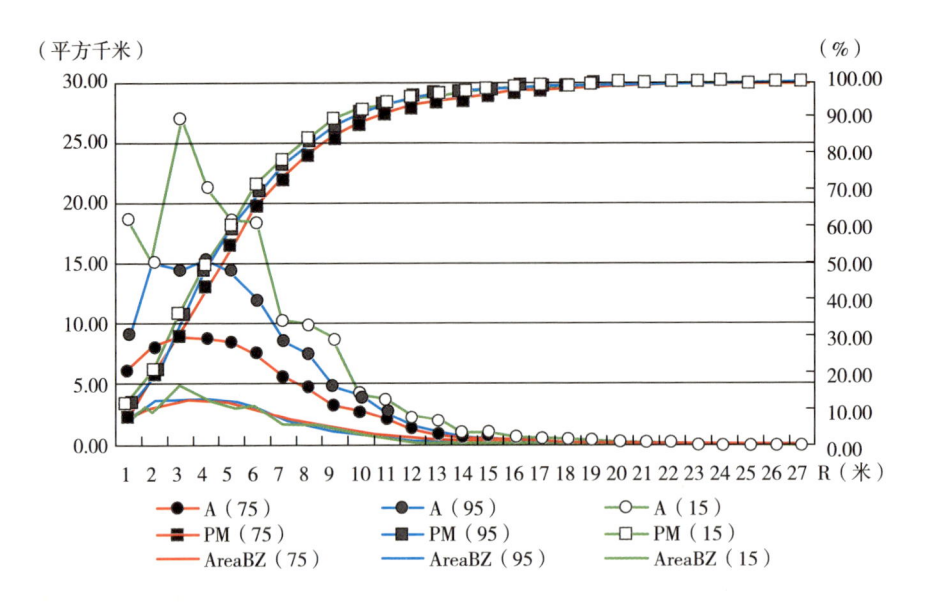

图 5-21 1975~2015年距离乡镇中心不同距离内聚落面积、比重及累计比重

5.3 聚落空间结构变化

第5.1节和第5.2节分别就聚落区位和规模的空间分布特征及其演化进行了分析，而现实中，聚落区位与聚落规模是相伴相生的，即两者一起构成某一空间上的聚落。因此，在本部分分析聚落空间结构时，将两者合二为一（见图5-22）。同时，依据县域范围内包含的行政区及村子级别数，即县城、镇镇区或乡政府所在地、其他中心村、基层村四个，依次将1975年、1995年和2015年全县聚落运用自然断裂法根据聚落规模大小划分为Ⅰ级、Ⅱ级、Ⅲ级和Ⅳ级聚落，分别对应高、较高、一般、低四个等级（见图5-23）。鉴于基层聚落较多，为了更好地分析较高规模等级聚落的空间结构特征，仅保留Ⅰ级、Ⅱ级、Ⅲ级聚落，同时将高程和水域图层移去，并添加"嵩北"和"嵩南"分界线（见图5-24）。结果发现：

在改革开放前的1975年时期，嵩县乡村聚落分布特点主要是沿河、坑塘、水库等水域布局，其次是沿公路、乡道分布，此外也分散布局在山脊、山顶、山谷等地区。由于是在山区，主要受限于地形，且河流、道路也多沿山谷或者山腰等地势低洼处分布，引起全县聚落在空间上呈树枝状或者线—网状结构分布，局

96

部呈现出线—网状、块状、带状、树枝状或者散点状分布。但因受到经济水平的制约、农民思想意识偏差、村干部或者生产队队长认识偏差以及缺乏具体的理论指导等主客观因素影响，这一时期的聚落布局特征为分布散乱、随意性大以及规模小（见图5-22）。在这一时期，高规模等级聚落（指Ⅰ级和Ⅱ级聚落）主要布局于地势相对较为平坦的丘陵区，且主要沿伊河两岸布局，呈点—轴结构分布；此外，在车村镇内G311沿线也布局有一定数量的高规模等级聚落，也呈现出点—轴结构分布（见图5-23至图5-24）。

随着城镇化和社会经济的快速发展以及科学技术的进步，人们的生活水平也在逐步提高，越来越多的聚落趋于向交通沿线地区布局，如到1995年，主要交通线周边的聚落数量明显增多、规模明显增大，以县城规模增长尤为显著，在这一时期，全县聚落在空间上仍然呈树枝状或者线—网状结构分布，局部有所变化，其中，在1975年时期，局部呈现出的线—网状结构发展为带状—网状结构，块状发展为带状或者面状结构，带状结构有所扩展，散点状结构有所减少或者发展为块状结构；且全县形成了以嵩县县城（位于"嵩北"）为主中心和车村镇镇区（位于"嵩南"）为副中心的双核结构，其中，县城是全县的政治、经济、文化中心，车村镇是全县的旅游门户中心。到2015年，这一趋势显著增强，其中，虽然在县城附近有两个Ⅰ级高规模等级，但是两者之间仅隔着伊河，随着县城城区的发展，伊河东南岸属于县城发展的新城区（见图5-22至图5-24）。

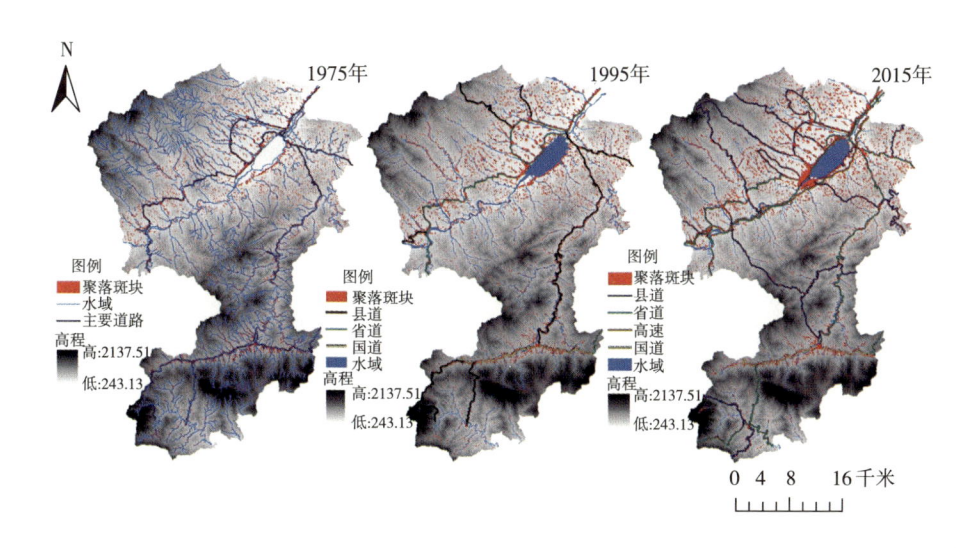

图 5-22 1975年、1995年和2015年嵩县聚落空间分布格局

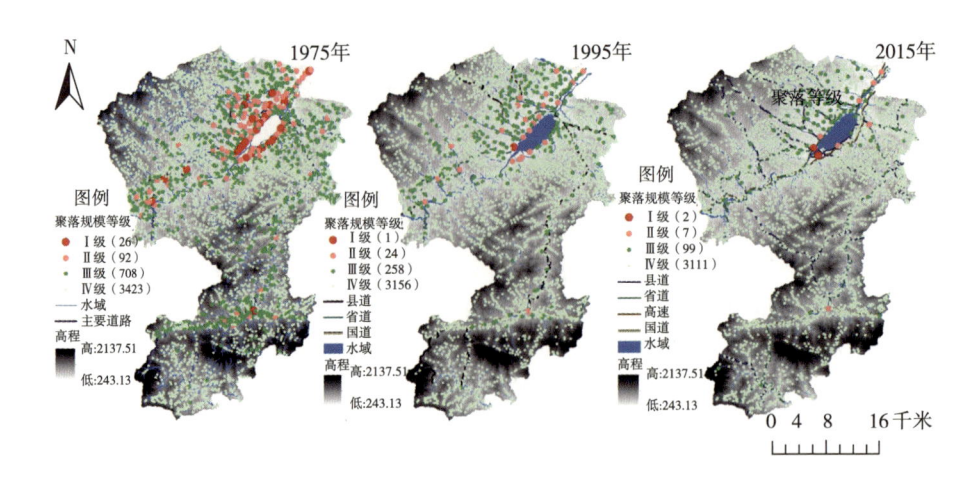

图 5-23　1975 年、1995 年和 2015 年嵩县聚落规模等级体系空间分布

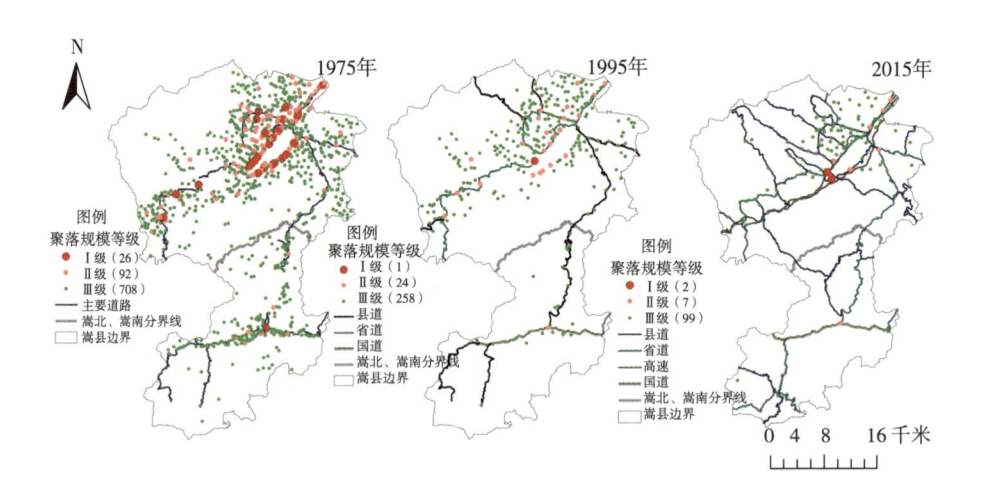

图 5-24　1975 年、1995 年和 2015 年嵩县一定规模聚落空间分布

5.4　本章小结

本章综合运用平均最邻近指数、Voronoi 图变异系数、核密度估算、全局空间聚类检验和空间热点分析等 GIS 空间分析方法结合地形起伏度、地形位指数和分维数等指数计算方法对嵩县聚落区位和规模空间分布及其演变特征、聚落空间结构及其变化进行分析，得出如下结论：

第5章 聚落演化的时空特征

（1）改革开放以来伴随城镇化进程中，聚落数量显著减少而聚落规模却明显增加，1975~2015年聚落数量减少了将近1/4，而聚落斑块面积增加了1.2倍多。聚落在空间上多沿道路和河流呈条带状分布，沿县城和乡镇中心呈团状分布，且随着时间变化具有很强的路径依赖性，即随着时间变化，多数河流道路沿线聚落仍在原位置发展，聚落规模逐渐增大，同时也向县城以及各镇区附近集聚，县城及车村、大章、旧县以及德亭镇镇区规模越来越大，不过县城规模的扩张远远超过其他乡镇。

（2）各地形条件下聚落空间分布及演化特征呈现出：①低地指向性明显并趋于加强，但聚落数量及其相对比重最大值在低山区，而聚落规模及其比重最大值则在丘陵区，但随时间变化，丘陵、低山地区聚落数量相对比重不断增高而中山区则趋于降低，且仅有丘陵地区聚落规模相对比重趋于增大。②聚落区位空间分布上微小起伏指向性显著并趋于向微起伏地形布局，而聚落规模空间分布上则呈现微起伏指向性明显并趋于向平微起伏地区布局。具体表现在各时期下均有超过95%的聚落分布在微小起伏地区，且三个时期聚落总规模及其相对比重最大值均在微起伏地区，同时随着时间变化，仅有微起伏地形下聚落数量相对比重在逐渐增加其他地区均在逐渐降低，而聚落规模相对比重也仅在平坦起伏和微起伏地区趋于提高其他地区均在逐渐降低。③平缓坡度指向性明显且趋于向坡度<6°地区布局，三个时期均有超过84%的聚落分布在坡度≤15°地区，随坡度扩大聚落规模及其相对比重均呈减小趋势，但随时间变化，仅有坡度<6°地区聚落数量和聚落规模相对比重在逐渐提高其他坡度地区均在逐渐降低。④小地形位指数指向性明显且趋于向地形位指数<0.4的地区布局，三个时期均有超过80%的聚落分布在地形位指数小于0.6地区内，聚落斑块规模及其相对比重最大值也均在地形位指数为0.2~0.4地区，随着时间变化仅有地形位指数<0.4地区聚落数量和聚落规模相对比重趋于增加。⑤坡向指向性明显且聚落数量趋于向南坡布局而聚落规模趋于向南坡、东南坡布局，三个时期均有东坡、东南坡、东北坡和南坡聚落分布数量较其他坡向地区多，均有超过一半的聚落规模分布在东南坡、南坡、西南坡以及东坡，并且随着时间变化，仅有南坡聚落数量和东南坡、南坡西南坡聚落规模相对比重逐渐提升。

（3）全县聚落在空间上呈树枝状或者线—网状结构分布且随时间变化不明显，但局部有所变化，其中，在1975年时期局部呈现出的线—网状结构发展为带状—网状结构，块状发展为带状或者面状结构，带状结构有所扩展，散点状结构有所减少或者发展为块状结构；且全县形成了以嵩县县城（位于"嵩北"）为主中心和车村镇镇区（位于"嵩南"）为副中心的双核结构，其中，县城是全县的政治、经济、文化中心，车村镇是全县的旅游门户中心。

第6章　聚落空间演变影响因素分析

改革开放促进我国由计划经济向市场经济转轨，同时也开启了我国快速城市化进程，在此过程中乡村聚落空间演变影响因素呈现多元化趋势（马亚利等，2014）。当前学者对乡村聚落空间演变的影响因素及驱动机制进行诸多研究，研究得出：乡村聚落空间演变的影响因素十分复杂，在不同区域或同一区域不同发展阶段，各类因素间的耦合关系与主导因素不尽相同，乡村聚落空间演变的驱动机制也呈现出不同的特征；具体而言，乡村聚落演变过程中不仅受到自然因素影响，同时也受到人文、经济、社会以及政策制度等因素的影响，其中自然因素是乡村聚落空间演变发展的基础，它限制了聚落的基本格局与演变方向，人文社会因素则对空间演变产生重要影响；最初的聚落往往与优越的地理位置、农业自然条件、军事历史条件和开发历史有密切的关系，随着经济发展、国家政策、人类活动、城市发展、生产技术、农民经济收入以及自然环境的改变，聚落也不断兴衰消长，但环境的作用不容忽视，乡村聚落的区位分布遵循"传统经济时期应有利于农耕—非农时期应促使村庄多元经济的发展—高消费和享受阶段则要求良好的生活居住环境"的规律（郭晓东，2012；李小建等，2015；尹怀庭和陈宗兴，1995；金其铭，1982；李旭旦和金其铭，1983；蔡为民等，2004；范少言，1994；范少言和陈宗兴，1995）。相关学者在进行乡村聚落空间演变的影响因素研究时，运用到了描述性的定性分析、主成分分析、多元回归分析（包括Logistic回归）、地理探测器模型、地理加权回归（GWR）、结构方程模型等多种分析方法（海贝贝等，2013；郭晓东等，2012；陈永林和谢炳庚，2016；李骞国等，2015；谭雪兰等，2014；任国平等，2016；王曼曼等，2016；毕硕本等，2015；闵婕等，2016；史焱文，2016），不同方法的应用各有其优缺点。

在快速城镇化背景下，随着经济发展，人们生活水平逐渐提高，山区县聚落空间演变的影响因素发生着巨大变化。早期聚落选址时主要考虑周边的资源禀赋，如地形地貌以及有没有水源供给等区位因素影响，主要满足自给自足的生存需要，随着人们生活水平的提高，尤其是改革开放以来，已有计划经济向市场经济转轨，随着经济的快速发展和科学技术进步，外部环境发生一些变化，交通条件和生产条件逐渐改善，自然因素虽然还起着决定性作用，但是其作用程度在下降，社会经济因素的影响作用越来越重要；人们已不仅满足于基本的生产生活需求，而趋向于追求更适居的环境和更好的生活质量，聚落空间分布正是在这样外部因素和内部因素共同作用下发生演变的。1975~1995年和1996~2015年两个阶段由于所处外部环境不同，聚落空间演变的影响因素有所变化，山区相对平原来说，在乡村聚落演变过程中，地形地貌等自然因素的影响作用最大，社会经济因素位居第二位，但随着社会经济发展、科学技术进步以及制度变迁，非自然因素的影响作用越来越突出，其中，政府和市场的作用越来越显著。那么这些变化有什么样的特点？由前一章的分析可知，嵩县聚落区位和规模呈现不同的空间分布及演变特征，那么两者空间分布的影响因素也是否有所不同，如果有，不同在哪里？随着时间变化发生着怎样的变化？这些问题的分析对探究山区聚落空间演变规律，促进并引导聚落向着良好的方向发展具有重要意义。同时，为了克服较小尺度数据缺失的障碍，本章基于1975年、1995年、2015年嵩县自然村、行政村和乡镇尺度能够获取到的自然人文社会经济数据，运用地理探测器（GeoDetector）、空间滞后模型（SLM）、空间误差模型（SEM）、地理加权回归模型（GWR）、主成分分析和多元回归分析等方法从自然村、行政村和乡镇三个尺度对1975~2015年嵩县聚落空间演变的影响因素及其变化进行分析。

  本章的研究思路为：首先，在自然村尺度上，运用因子分析、地理探测器模型和多元回归分析方法对聚落区位与规模空间分布的影响因素及其随时间变化进行分析；其次，鉴于自然尺度的定量分析不能判断影响因子的系数值和影响作用的方向性，在行政村尺度上，采用空间计量模型（包括空间滞后模型SLM、空间误差模型SEM和地理加权回归模型GWR）对聚落区位与规模空间分布的影响因素及其时空变化进行分析；最后，考虑到在自然村和行政村尺度上受限于某些社会经济指标变量数据缺失，在乡镇尺度上运用主成分分析和多元回归分析方法对聚落区位和规模空间分布的影响因素进行分析。

6.1 基于自然村尺度嵩县聚落空间演变的影响因素分析

  因直接获取自然村尺度聚落演变的因变量和自变量指标比较困难，分析不同时期聚落空间分布的影响因素可以直观地反映出聚落空间演变的驱动因素，因此，这里选取1975年、1995年和2015年三期数据来分析嵩县聚落区位与规模空间分布的影响因素及变化。聚落区位和规模空间分布均受到多方面影响，借鉴以往学者的研究成果，针对区域的特性，并根据研究需要以及数据的可获得性选取海拔（X1）、地形起伏（X2）、坡度（X3）、地形位（X4）、坡向（X5）、道路可达性（X6）、河流可达性（X7）、县城中心可达性（X8）、乡镇中心可达性（X9）、工矿企业可达性（X10）、户数（X11）、人数（X12）、劳动力人数（X13）、耕地面积（X14）、大家畜数量（X15）、猪数量（X16）、山绵羊数量（X17）、全年粮食总播种面积（X18）、全年粮食总产（X19）、夏粮面积（X20）、夏粮总产（X21）等自然、人文社会经济方面21项指标因子来分析两者的主要影响因素及其变化。其中，在分析聚落区位主要影响因子时将与聚落规模密切相关的人口指标剔除，仅保留X1~X10、X13~X14这12个指标，且指标X1~X10采用的实测数据；而分析聚落规模主要影响因子作用力强弱时将21个指标全部纳入自变量，但指标X1~X10采用的是等间距缓冲区半径值。

6.1.1 聚落区位空间分布的影响因素及变化

由于自然村是聚落分析的最小单元，每个自然村可以抽象为点，每个聚落点分布会受到多个变量的影响。因子分析方法能够实现将原始多个变量综合为若干个公共因子变量（孙德山，2008；熊婷燕，2006），已有学者将其用于聚落景观空间格局和聚落用地的影响因素分析（任国平等，2016；胡贤辉等，2007），在此用以分析聚落区位的主要影响因子并探究其变化。借助SPSS19.0实现因子分析，首先进行KMO和Bartlett检验，得出三个年份的KMO值分别为0.725、0.828、0.839，均大于0.7，且Bartlett的球形检验均在1%水平下显著（见表6-1），表示变量适合进行因子分析，为了更好地突出各个因子的典型代表变量，在因子分析时选择最大方差方法将因子载荷进行旋转处理。最终，三个时期均分别提取了4个因子，分别代表不同时期聚落区位的主要驱动因子（见表6-2），其中第1、第2、第3、第4因子的重要程度依次减弱。

表6-1 三个时期嵩县聚落区位相关因子的KMO和Bartlett检验结果

检验类型		1975年	1995年	2015年
KMO		0.725	0.828	0.839
Bartlett球形检验	近似卡方	41368.199	66843.743	66034.468
	Sig.	0.000	0.000	0.000

表 6-2　1975 年、1995 年和 2015 年三个时期聚落区位主要影响因子

年份	因子	相关性较高的变量	表征
1975	1	地形起伏（X2）、坡度（X3）和地形位（X4）	地形的影响作用
	2	道路可达性（X6）和乡镇中心可达性（X9）	道路和乡镇中心的辐射作用
	3	劳动力（X13）和耕地面积（X14）	生产条件
	4	县城中心可达性（X8）	县城的辐射作用
1995	1	县城可达性（X8）、工矿企业可达性（X10）	县城中心和工矿企业的辐射作用
	2	坡度（X3）和地形位（X4）	地形的影响作用
	3	道路可达性（X6）和乡镇中心可达性（X9）	道路和乡镇中心的辐射作用
	4	劳动力（X13）和耕地面积（X14）	生产条件
2015	1	道路可达性（X6）、乡镇中心可达性（X9）和工矿企业可达性（X10）	道路、乡镇中心和工矿企业的辐射作用
	2	地形起伏（X2）、坡度（X3）和地形位（X4）	地形的影响作用
	3	劳动力（X13）和耕地面积（X14）	生产条件
	4	县城中心可达性（X8）	县城的辐射作用

结果表明，聚落区位主要受到地形、生产条件以及道路、乡镇中心、县城中心和工矿企业的辐射影响。其中，地形的影响作用先减弱后变动不大，道路和乡镇中的辐射影响作用先有所减弱后显著增强，生产条件的影响作用变动不大，县城中心的辐射影响作用先显著增强后又明显减弱，此外，1995 年和 2015 年时期均受到工矿企业的显著影响，但变动不大。

6.1.2　聚落规模空间分布的影响因素及其变化

（1）主要影响因子作用力强弱及变化。

1）模型选择与指标构建。地理探测器是探测地理现象空间分异性以及揭示其背后驱动力的一组统计学方法，能够用来分析各种现象的驱动力和影响因子以及多因子交互作用，已被运用于从自然到社会等十分广泛的领域（王劲峰等，2017），已有学者将其应用于乡村聚落空间格局及农村居民点用地变化动态度影响因子的"决定力"强度分析（王曼曼等，2016；杨忍等，2015）。在进行多变量分析时地理探测器原理保证了其对多自变量共线性的免疫。聚落空间演变的影响因素较多，并且各因素之间不可避免地存在共线性问题，同时聚落规模空间分布具有明显的空间分异性，基于此可以借用地理探测器模型来分析嵩县聚落规模空间分布的影响因素及其变化。

在进行地理探测器分析前，需要将数值类型自变量进行离散化处理，即类型化（或称空间分区）（王劲峰等，2017）。在类型化时可选用等间距法、分位数法、K-means、自然断裂点法等方法，具体分类效果可以通过地理探测器的 q 统计量来评价，q 值越大分区效果越好。其中，高程、地形起伏度、坡度、地形位指数、坡向五个影响因子分类是直接根据前面研究得出的类型量；道路缓冲区半径、河流缓冲区半径、距离乡镇中心距离、距离县城中心距离以及距离企业工矿点的距离五个影响因子也是基于前面的划分并且经过验证发现原分类得出 q 值最大，故仍使用原分类方法。其他指标变量如户数、人口、耕地面积、劳动力、大家畜、猪、山绵羊、全年粮食总产量面积、全年粮食总产、夏粮面积、夏粮总产 11 个指标值需要进行类型化处理。这里尝试使用自然断裂点分类方法（Natural Breaks Jenks）、等间距方法（Equal Interval）、分位数分类方法（Quantile）以各行政村的户数指标为例，判断较为适合的分类方法和分类数，结果见表 6-3。从中可以发现同样分类个数下，5 类和 10 类时 Equal Interval 分类法的 q 值最大，而在 20 类时 Natural Breaks 分类法的 q 值最大，并且经过多次尝试发现同一种分类方法分类数越多 q 值越大（见表 6-3），然而虽然 q 值越大分区效果越好，但在研究中更应该结合实际情况进行分类选择，这里在前人研究基础上，结合本书需要采用自然断裂分类方法（Natural Breaks）分别将 1975 年、1995 年和 2015 年的户数、人口耕地面积等指标依次分为 20 类，具体选取的指标及各指标变量的分级见表 6-4。

表 6-3　不同分类方法和分类数得出的 q 值结果[①]

分类方法	分类数	q statistic	p value
等间距分类法（Equal Interval）	HuShuT5_1	0.189	0.000
	HuShuT10_1	0.204	0.000
	HuShuT20_1	0.232	0.000
分位数分类法（Quantile）	HuShuT5_2	0.070	0.000
	HuShuT10_2	0.099	0.000
	HuShuT20_2	0.104	0.000

---

① Hushu5、Hushu10 和 Hushu20 对应 Natural Breaks 分类法的 5 类、10 类和 20 类，Hushu5_1、Hushu10_1 和 Hushu20_1 分别对应于 Equal Interval 分类法的 5 类、10 类和 20 类，Hushu5_2、Hushu 10_2 和 Hushu20_2 分别对应分位数 Quantile 分类法的 5 类、10 类和 20 类。

续表

分类方法	分类数	q statistic	p value
自然断裂点分类法 [Natural Breaks（Jenks）]	HuShuTy5	0.188	0.000
	HuShuTy10	0.190	0.000
	HuShuTy20	0.242	0.000
	HuShuTy30	0.255	0.000
	HuShuTy40	0.299	0.000

表 6-4　1975 年、1995 年和 2015 年选取的指标及其分级

指标	指标含义	分级	年份
DEM	高程	1 丘陵（200~500 米）、2 低山（500~1000 米）、3 中山（1000~3500 米）	1975、1995、2015
DXQFD	地形起伏度	1 平坦起伏（0~30 米）、2 微起伏（30~75 米）、3 小起伏（75~200 米）、4 中起伏（200~600 米）	1975、1995、2015
Slope	坡度	1（0°~6°）、2（6°~15°）、3（15°~25°）、4（25°~35°）、5（35°~62°）	1975、1995、2015
DXWeiIndex	地形位指数	1（0~0.2）、2（0.2~0.4）、3（0.4~0.6）、4（0.6~0.8）、5（0.8~1.0）、6（1.0~1.20）	1975、1995、2015
Aspect	坡向	1 平地（-1~0）、2 北（0~22.5，337.5~360）、3 东北（22.5~67.5）、4 东（67.5~112.5）、5 东南（112.5~157.5）、6 南（157.5~202.5）、7 西南（202.5~247.5）、8 西（247.5~292.5）、9 西北（292.5~337.5）	1975、1995、2015
RoadDistance	道路缓冲区半径	1（0~200 米）、2（200~400 米）、3（400~600 米）、4（600~800 米）、5（800~1000 米）、6（1000~1200 米）、7（1200~1400 米）、8（1400~1600 米）、9（1600~1800 米）、10（1800~2000 米）、11（2000~2200 米）、12（2200~2400 米）、13（2400~2600 米）、14（2600~2800 米）、15（2800~3000 米）、16（3000~3200 米）、17（3200~3400 米）、18（3400~3600 米）、19（3600~3800 米）、20（3800~4000 米）、21（4000~4200 米）、22（4200~4400 米）、23（4400~4600 米）、24（4600~4800 米）、25（4800~5000 米）、26（5000~5200 米）、27（5200~5400 米）、28（5400~5600 米）、29（5600~5800 米）、30（5800~6000 米）、31（6000~6200 米）、32（6200~6400 米）、33（6400~6600 米）、34（6600~6800 米）、35（6800~7000 米）、36（7000~7200 米）、37（7200~7400 米）、38（7400~7600 米）、39（7600~7800 米）、40（7800~8000 米）	1975、1995、2015

续表

指标	指标含义	分级	年份
WaterDistance	河流缓冲区半径	1（0~200米）、2（200~400米）、3（400~600米）、4（600~800米）、5（800~1000米）、6（1000~1200米）、7（1200~1400米）、8（1400~1600米）、9（1600~1800米）、10（1800~2000米）、11（2000~2200米）、12（2200~2400米）、13（2400~2600米）、14（2600~2800米）、15（2800~3000米）、16（3000~3200米）、17（3200~3400米）、18（3400~3600米）	1975、1995、2015
XCZXDistance	距离县城中心距离	1（0~2.5千米）、2（2.5~5千米）、3（5~7.5千米）、4（7.5~10千米）、5（10~12.5千米）、6（12.5~15千米）、7（15~17.5千米）、8（17.5~20千米）、9（20~22.5千米）、10（22.5~25.0千米）、11（25~27.5千米）、12（27.5~30千米）、13（30~32.5千米）、14（32.5~35千米）、15（35~37.5千米）、16（37.5~40千米）、17（40~42.5千米）、18（42.5~45千米）、19（45~47.5千米）、20（47.5~50千米）、21（50~52.5千米）、22（52.5~55千米）、23（55~57.5千米）、24（57.5~60千米）、25（60~62.5千米）、26（62.5~65千米）	1975、1995、2015
XZZXDistance	距离乡镇中心距离	1（0~1千米）、2（1~2千米）、3（2~3千米）、4（3~4千米）、5（4~5千米）、6（5~6千米）、7（6~7千米）、8（7~8千米）、9（8~9千米）、10（9~10千米）、11（10~11千米）、12（11~12千米）、13（12~13千米）、14（13~14千米）、15（14~15千米）、16（15~16千米）、17（16~17千米）、18（17~18千米）、19（18~19千米）、20（19~20千米）、21（20~21千米）、22（21~22千米）、23（22~23千米）、24（23~24千米）、25（24~25千米）、26（25~26千米）、27（26~27千米）	1975、1995、2015
Compony	距离工矿企业点距离	1（0~1千米）、2（1~2千米）、3（2~3千米）、4（3~4千米）、5（4~5千米）、6（5~6千米）、7（6~7千米）、8（7~8千米）、9（8~9千米）、10（9~10千米）、11（10~11千米）、12（11~12千米）、13（12~13千米）、14（13~14千米）、15（14~15千米）、16（>15千米）	1975、1995、2015
Hushu	户数	在ARCGIS10.1中利用Natural Breaks（Jenks）将各年份户数值进行分类，分为20类（1、2、3、4、5、6、7、8、9、10、11、12、13、14、15、16、17、18、19、20）	1984、1995、2015
POP	人口	在ARCGISt中利用Natural Breaks（Jenks）进行分类，分为20类（1、2、3、4、5、6、7、8、9、10、11、12、13、14、15、16、17、18、19、20）	1984、1995、2015

第6章 聚落空间演变影响因素分析

续表

指标	指标含义	分级	年份
Plant	耕地面积	在ARCGISt中利用Natural Breaks（Jenks）进行分类，分为20类（1、2、3、4、5、6、7、8、9、10、11、12、13、14、15、16、17、18、19、20）	1984、1995、2015
Labor	劳动力	在ARCGISt中利用Natural Breaks（Jenks）进行分类，分为20类（1、2、3、4、5、6、7、8、9、10、11、12、13、14、15、16、17、18、19、20）	1984、1995、2015
BigJC	大家畜	在ARCGISt中利用Natural Breaks（Jenks）进行分类，分为20类（1、2、3、4、5、6、7、8、9、10、11、12、13、14、15、16、17、18、19、20）	1984、1995
Pig	猪	在ARCGISt中利用Natural Breaks（Jenks）进行分类，分为20类（1、2、3、4、5、6、7、8、9、10、11、12、13、14、15、16、17、18、19、20）	1975、1995
ShanY	山绵羊	在ARCGISt中利用Natural Breaks（Jenks）进行分类，分为20类（1、2、3、4、5、6、7、8、9、10、11、12、13、14、15、16、17、18、19、20）	1975、1995
WYGA	全年粮食总产量面积（公顷）	在ARCGISt中利用Natural Breaks（Jenks）进行分类，分为20类（1、2、3、4、5、6、7、8、9、10、11、12、13、14、15、16、17、18、19、20）	1995、2015
WYGOP	全年粮食总产（吨）	在ARCGISt中利用Natural Breaks（Jenks）进行分类，分为20类（1、2、3、4、5、6、7、8、9、10、11、12、13、14、15、16、17、18、19、20）	1995、2015
SGA	夏粮面积（公顷）	在ARCGISt中利用Natural Breaks（Jenks）进行分类，分为20类（1、2、3、4、5、6、7、8、9、10、11、12、13、14、15、16、17、18、19、20）	1995、2015
SGOP	夏粮总产（吨）	在ARCGISt中利用Natural Breaks（Jenks）进行分类，分为20类（1、2、3、4、5、6、7、8、9、10、11、12、13、14、15、16、17、18、19、20）	1995、2015

2）结果分析。通过梳理文献发现，已有学者采用格网法提取出地理探测器分析所需的数据（王曼曼等，2016；毕硕本等，2015），而本书选取的是自然村尺度数据，研究时可以将其抽象为点，不需要再进行格网化处理。在前面模型选择和指标选取的基础上运用ArcGIS10.1中ArcToolbox里面的Analysis Tools→

Overlay→Identity 和 Spatial Analyst Tools→Zonal→Zonal Statistics/Zonal Statistics as Table 工具提取所需的高程、坡度、地形位指数、坡度和坡向等变量数据，并在 ArcGIS10.1 里面通过自然断裂法将连续性变量进行类型化处理，结果见表 6-4，然后基于地理探测器模型分别计算出 1975 年、1995 年和 2015 年三个时期各影响因子对聚落规模空间分布的决定力大小，即 p 值，结果见表 6-5。

表 6-5　1975 年、1995 年和 2015 年嵩县聚落规模空间分布的影响因子作用力大小

指标	1975 年		1995 年		2015 年	
	q statistic	p value	q statistic	p value	q statistic	p value
DEM	0.1071	0.000	0.0761	0.000	0.0349	0.000
DXQFD	0.1357	0.000	0.1272	0.000	0.0460	0.000
Slope	0.0833	0.000	0.0592	0.000	0.0257	0.000
DXWeiIndex	0.1637	0.000	0.1308	0.000	0.1393	0.000
Aspect	0.0101	0.000	0.0190	0.000	0.0066	0.0196
RoadDistance	0.0531	0.000	0.0263	0.000	0.0212	0.0034
WaterDistance	0.0137	0.000	0.0144	0.000	0.0103	0.0173
XCZXDistance	0.1126	0.000	0.1012	0.000	0.1433	0.000
XZZXDistance	0.0980	0.000	0.0637	0.000	0.0469	0.000
Compony	0.0355	0.000	0.0446	0.000	0.0329	0.000
Hushu	0.8106	0.000	0.9519	0.000	0.7284	0.000
POP	0.8002	0.000	0.9395	0.000	0.7244	0.000
Plant	0.4855	0.000	0.3936	0.000	0.2573	0.000
Labor	0.7307	0.000	0.9282	0.000	0.2954	0.000
BigJC	0.3463	0.000	0.2537	0.000	—	—
Pig	0.6967	0.000	0.6395	0.000	—	—
ShanY	0.1080	0.000	0.1781	0.000	—	—
WYGA	—	—	0.4416	0.000	0.2429	0.000
WYGOP	—	—	0.4833	0.000	0.2722	0.000
SGA	—	—	0.4532	0.000	0.2398	0.000
SGOP	—	—	0.5273	0.000	0.2692	0.000

结果表明，各因子对聚落规模空间分布的决定作用均较为显著，但解释作用存在差异且随时间有所变化。具体而言：①自然因素：地形位的解释作用最强，其次是地形起伏和高程。随时间变化，高程、坡度和地形起伏的解释作用逐渐减弱，地形位先减弱而后有轻微增强，坡向和河流的解释作用均呈先增强后减弱变化但二者的显著性水平均有所降低。②社会因素：人口规模的解释力度呈先增强

后减弱变化，三个时期户数和人口的解释程度依次超过80%、90%和70%；道路和乡镇中心辐射作用的解释力度逐渐减弱，且道路解释作用的显著性水平也有所降低；县城中心辐射作用的解释程度呈先减弱后增强变化。③经济因素：土地生产力的解释程度逐渐减弱，两个阶段相比耕地因子的作用强度分别减少了9.19%和13.63%，2015年和1995年相比全年粮食总产和夏产作用程度也有不同程度降低；工矿企业的解释力度呈先增强后减弱变化；畜牧养殖的解释力度存在分异，大家畜和猪的解释作用逐渐减弱，而山羊的作用在增强，分别减弱和增强9.26%、5.72%和0.07%（见表6-5）。

(2) 主要影响因子方向性及其变化。

地理探测器分析可以探测出某一因子在多大程度上可以解释聚落规模的空间分异，而这种作用力是正向还是负向仍需进一步进行分析。基于此，在前面分析的基础上，借助SPSS19.0进行多元回归分析以探讨主要因子的正负向影响作用及其变化情况。在多元回归分析时，首先要对变量做共线性检验，经多次尝试将存在共线性的指标舍去，最终仅保留道路、河流、县城、乡镇、工矿企业、地形、地形起伏和坡向八个影响因子，具体指标及含义见表6-6。在SPSS19.0里对上述三个年份的三组变量进行多元回归分析，同时对变量的共线性进行检验，得出VIF均小于5，表明不存在共线性；最终得到三个模型的拟合优度R分别为0.40、0.35和0.24，R^2分别为0.16、0.12和0.06，虽然比较低但模型均非常显著，对判断指标对因变量的影响没有影响，可以用于分析各因子对聚落规模的影响及其变化，结果见表6-7。

表6-6　1975~2015年不同时期聚落规模空间分布的驱动因素指标体系构建

因变量及其含义		自变量及其含义		表征
因变量	含义	自变量	含义	
JuluoArea	聚落规模	Road_Dis	离道路的远近距离	道路的影响作用
		Water_Dis	离河流的远近距离	河流的影响作用
		XianCZX_Dis	离县城中心距离	县城中心的辐射作用
		XiangZZX_Dis	离乡镇中心距离	乡镇中心的辐射作用
		Compony_Dis	离工矿企业点距离	工矿企业的辐射作用
		DxwValue	地形位指数	地形位的影响
		DXQFDValue	地形起伏度	地形起伏状况的影响
		Aspect	坡向	坡向的影响

表 6-7 三个时期聚落规模影响因素多元回归分析结果

年份	变量	系数（Coefficient） 非标准化系数	标准化系数	t	Sig.	VIF
1975	常量	59830.720	—	28.903	0.000***	—
	XiangZZX_Dis	-477.239	-0.067	-3.744	0.000***	1.620
	XianCZX_Dis	-90.582	-0.038	-2.304	0.021**	1.378
	Road_Dis	-0.002	0.000	-0.008	0.993	1.526
	Water_Dis	-0.313	-0.004	-0.243	0.808	1.049
	GKQY_Dis	-0.005	-0.001	-0.081	0.935	1.315
	DxwValue	-62745.609	-0.261	-11.896	0.000***	2.422
	DXQFDValue	-77.602	-0.110	-5.454	0.000***	2.032
	AspectValue	-2.550	-0.007	-0.465	0.642	1.032
1995	常量	133356.809	—	22.096	0.000***	—
	XiangZZX_Dis	-1088.241	-0.058	-2.832	0.005***	1.653
	XianCZX_Dis	-389.179	-0.063	-3.036	0.002***	1.663
	Road_Dis	0.310	0.008	0.420	0.674	1.477
	Water_Dis	1.319	0.023	1.363	0.173	1.073
	GKQY_Dis	0.037	0.003	0.138	0.890	1.816
	DxwValue	-140045.388	-0.209	-8.766	0.000***	2.221
	DXQFDValue	-227.895	-0.120	-5.469	0.000***	1.871
	AspectValue	-10.483	-0.011	-0.646	0.519	1.040
2015	常量	221556.591	—	14.302	0.000***	—
	XiangZZX_Dis	-1060.192	-0.023	-1.045	0.296	1.699
	XianCZX_Dis	-691.442	-0.046	-2.434	0.015**	1.233
	Road_Dis	0.279	0.003	0.129	0.897	1.518
	Water_Dis	2.170	0.017	0.912	0.362	1.129
	GKQY_Dis	-1.756	-0.027	-1.222	0.222	1.635
	DxwValue	-243319.580	-0.151	-5.903	0.000***	2.228
	DXQFDValue	-303.476	-0.064	-2.771	0.006***	1.825
	AspectValue	-29.317	-0.012	-0.695	0.487	1.035

注：*、**、***分别表示在10%、5%、1%水平下显著。

结果表明，首先聚落规模主要受到地形、乡镇和县城中心的负向影响，其中地形的负向影响相对较大且地形位的负向影响大于地形起伏。其次是乡镇和县城中心的负向影响，但前者负向影响作用逐渐减弱并在 2015 年不再显著而后者的负向影响逐渐增强；表现在，地形位指数、地形起伏度和离县城乡镇中心的距离每增加 1 个单位，聚落斑块面积减少的绝对量均有不同程度的增加；但受道路、河流、工矿企业以及坡向的影响作用均不显著（见表6-7）。具体到三个时期：①1975 年时期主要受到乡镇和县城中心、地形位和地形起伏状况的负向影响，即离乡镇和县城中心的距离越远聚落规模越小，地形位指数和地形起伏度越大聚落规模越小，这四个变量的系数均为负值，其系数值（标准化系数值）分别为 −477.239（−0.067）、−90.582（−0.038）、−62745.609（−0.261）和 −77.602（−0.110），除了县城中心的辐射影响作用在 5% 水平下显著之外，其他均在 1% 水平下显著。②1995 年时期也主要受到乡镇和县城中心、地形位和地形起伏状况的负向影响，其系数（标准化系数值）均为负值，分别为 −1088.241（−0.058）、−389.179（−0.063）、−140045.388（−0.209）和 −227.895（−0.120），均在 1% 水平下显著。③2015 年时期主要受到县城中心、地形位和地形起伏状况的负向影响，其系数值（标准化系数值）均为负值，分别为 −691.442（−0.046）、−243319.580（−0.151）和 −303.476（−0.064），其中地形位和地形起伏状况的辐射影响在 1% 水平下显著，而县城中心的辐射影响仅在 5% 水平下显著。

6.2 基于行政村尺度的嵩县聚落空间演变的影响因素

前面基于自然村尺度对嵩县聚落区位与规模空间分布的影响因素及变化进行了分析并得出了一些结论，但是微观分析较难发现一些规律性问题，并且自然村尺度的人文社会经济数据是基于行政村尺度结合聚落斑块面积数据计算得出的，在分析时一定程度上也会受到数据本身相关性的干扰，因此基于更高一级的行政村尺度单元进行研究显得较为必要。同时基于行政村尺度，在研究单元的数量和尺度上可以满足空间计量回归分析的要求，以便将空间因素考虑在内，考察影响因素的空间差异。基于此，本节采用空间计量方法中的空间常系数回归模型（空间滞后模型 SLM 和空间误差模型 SEM）以及空间变系数回归模型（地理加权回归模型 GWR）对嵩县 1975 年、1995 年和 2015 年三个时期聚落区位和规模空间分布的影响因素的时空变化进行分析。

6.2.1 指标体系的构建

本小节分析时选取的初始指标，是在前面自然村尺度分析部分选用的指标变量基础上，将不显著或者显著性水平低、影响小以及不适合在行政村尺度分析的指标舍去，最终确定了斑块面积、高程、坡度、地形位、地形起伏度、县城中心缓冲区半径、乡镇中心缓冲区半径、河流、道路、工矿企业、户数、人口、耕地面积、劳动力、大家畜、猪、山绵羊、全年粮食总播种面积、全年粮食总产、夏粮面积、夏粮总产数据21个原始指标。在ArcGIS10.1中将1975年、1995年和2015年的自然村点数据按照行政村地理编码和行政村名字进行融合处理，分别提取出各行政村聚落斑块总面积、平均面积和斑块数量，以及各行政村所包含的聚落斑块所处位置的高程、坡度、地形位、地形起伏度的加和值，和聚落斑块所处的县城中心、乡镇中心、河流、道路、工矿企业点缓冲区距离值的加和值；其他数据来自嵩县统计年鉴，如1975年、1995年和2015年三个时期各行政村的户数、人口、耕地面积、劳动力、大家畜、猪、山绵羊、全年粮食总播种面积、全年粮食总产、夏粮面积、夏粮总产数据分别来自1984年[①]、1995年和2015年嵩县统计年鉴。同时在获取数据时将空值记录删除，最终分别得到1975年、1995年和2015年的308条、302条和301条记录，也即进入模型的行政村单元数。

由于初始指标数据间可能存在共线性问题，为了解决这一问题，在进行空间计量模型分析之前，先将数据在SPSS19.0里进行降维处理以减少变量间的共线性问题，在对变量进行降维之前，先对数据进行标准化处理以消除量纲影响，然后根据数据之间的相关系数矩阵判断其相关性，再结合各变量所能够表征的意义，将相关性高且能够表征同一方面含义的指标通过主成分分析法做降维处理，然后在SPSS19.0里面将因变量和自变量纳入回归方程进行多元回归分析看模型的拟合优度以及变量是否还存在共线性问题，如此经过多次反复尝试，最终确定了三个时期基于行政村尺度的聚落区位和规模空间分布的影响因素指标体系（见表6-8和表6-9）。其中：①聚落区位用各行政村的聚落数量来表征；②聚落规模用各行政的聚落平均规模来表征，聚落平均规模是基于聚落平均斑块面积和平均人口降维处理得出；③地形因素用坡度和地形起伏度来表征（结合前面分析时可知，高程对聚落数量和规模分布的影响主要表现在地形起伏度高低上，又因高程和地形位与县城中心和乡镇中心的辐射影响作用有较高的相关性，因此，把高程和地形位两个指标剔除）；④土地生产条件因素的表征方面，由于1975年仅有耕地面积，所以用耕地面积表征，1995年和2015年时期用耕地面积、粮食播

---

① 由于1975年数据缺失，选取1984年的相应数据进行替代，之所以选择1984年是因为从1984年开始嵩县的行政村单元个数开始稳定在315个，能够保证数据的一致性，同时1984年各行政村聚落规模和聚落数量相较于1975年变动不大。

种面积和粮食产量的综合值来表征；⑤劳动力因素的表征方面，1975年和1995年时期均直接用劳动力人数表征，而2015年用乡村就业人数表征。此外，存在多重共线性并且表征同一含义的变量降维过程见附表1至附表7，经过降维处理之后，纳入回归的变量的方差膨胀因子VIF均小于10，不存在共线性问题。

表6-8 三个时期聚落区位空间分布的影响因素指标体系构建

年份 变量类型	1975 纳入回归的变量	原始变量	1995 纳入回归的变量	原始变量	2015 纳入回归的变量	原始变量	变量代码
因变量	聚落数量（Y1）	Count	聚落数量（Y1）	Count	聚落数量（Y1）	Count	Zcount
自变量	地形（X1）	Slope、DXQFD	地形（X1）	Slope、DXQFD	地形（X1）	Slope、DXQFD	ZLANDFORM
	河流（X2）	WaterDis	河流（X2）	WaterDis	河流（X2）	WaterDis	ZWATERDIS
	道路（X3）	RoadDis	道路（X3）	RoadDis	道路（X3）	RoadDis	ZROADDIS
	乡镇中心（X4）	XZZXDis	乡镇中心（X4）	XZZXDis	乡镇中心（X4）	XZZXDis	ZXZZXDIS
	县城中心（X5）	XCZXDis	县城中心（X5）	XCZXDis	县城中心（X5）	XCZXDis	ZXCZXDIS
	劳动力（X6）	Labor	劳动力（X6）	Labor	劳动力（X6）	RualJob	ZLABOR
	土地生产力（X7）	Plant	土地生产力（X7）	Plant、WYGA、WYGOP、SGA、SGOP	土地生产力（X7）	Plant、WYGA、WYGOP、SGA、SGOP	ZLANDPRODU
	工矿企业（X8）	Company	工矿企业（X8）	Company	工矿企业（X8）	Company	ZGKQYDIS
	大家畜（X9）	BigJC	大家畜（X9）	BigJC	无		ZBIGJC
	养猪（X10）	Pig	养猪（X10）	Pig			ZPIG
	山羊（X11）	ShanY	山羊（X11）	ShanY			ZSHANY

表 6-9　三个时期聚落规模空间分布的影响因素指标体系构建

年份 变量类型	1975 纳入回归的变量	原始变量	1995 纳入回归的变量	原始变量	2015 纳入回归的变量	原始变量	变量代码
因变量	聚落规模（Y2）	MJuluoArea、Mhushu、Mpop	聚落数量（Y2）	MJuluoArea、Mhushu、Mpop	聚落数量（Y2）	MJuluoArea、Mhushu、Mpop	ZMJuLuoScale
自变量	地形（X1）	Slope、DXQFD	地形（X1）	Slope、DXQFD	地形（X1）	Slope、DXQFD	ZLANDFORM
	河流（X2）	WaterDis	河流（X2）	WaterDis	河流（X2）	WaterDis	ZWATERDIS
	道路（X3）	RoadDis	道路（X3）	RoadDis	道路（X3）	RoadDis	ZROADDIS
	乡镇中心（X4）	XZZXDis	乡镇中心（X4）	XZZXDis	乡镇中心（X4）	XZZXDis	ZXZZXDIS
	县城中心（X5）	XCZXDis	县城中心（X5）	XCZXDis	县城中心（X5）	XCZXDis	ZXCZXDIS
	劳动力（X6）	Labor	劳动力（X6）	Labor	劳动力（X6）	RualJob	ZLABOR
	土地生产力（X7）	Plant	土地生产力（X7）	Plant、WYGA、WYGOP、SGA、SGOP	土地生产力（X7）	Plant、WYGA、WYGOP、SGA、SGOP	ZLANDPRODU
	工矿企业（X8）	Company	工矿企业（X8）	Company	工矿企业（X8）	Company	ZGKQYDIS
	大家畜（X9）	BigJC	大家畜（X9）	BigJC	无		ZBIGJC
	养猪（X10）	Pig	养猪（X10）	Pig			ZPIG
	山羊（X11）	ShanY	山羊（X11）	ShanY			ZSHANY

6.2.2　聚落区位和规模空间分布的影响因素及变化

（1）模型的选择。

经典线性回归模型的基本假定包括干扰项之间不存在自相关，然而根据地理学第一定律地理事物或属性在空间上互为相关，若回归模型残差存在空间自相关，则需要采用空间回归模型（钟奕纯和冯健，2017）。因此，本小节在分析时采用空间滞后模型 SLM（引入因变量的空间滞后）和空间误差模型 SEM（引入残差的空间滞后）。为了判断哪一种模型较为适合，借助 OpenGeoDa 软件，先对

1975年、1995年和2015年的矢量图层数据按照属性唯一值采用Queen Contiguity 1阶邻接关系创建空间权重矩阵，接着对三个时期聚落区位和规模影响因素进行传统的最小二乘法估计（Classic Least Squares Estimation），得出Classic回归模型拟合优度、F统计量显著性（P-Value）、AIC值、空间自相关性以及Lagrange Multiplier和Robust LM统计量及其显著性（见表6-10和表6-11）。

表6-10　1975年、1995年和2015年Classic回归模型结果及误差空间自相关值

类型		聚落区位			聚落规模		
时期		1975	1995	2015	1975	1995	2015
拟合优度	R^2	0.958	0.947	0.928	0.380	0.782	0.178
	Adjusted R^2	0.956	0.945	0.926	0.357	0.774	0.155
	P-Value	0.000	0.000	0.000	0.000	0.000	0.000
Moran's I（error）	Moran'I Index	0.330	0.410	0.450	0.260	0.144	0.125
	PROB	0.000	0.000	0.000	0.000	0.000	0.000
AIC		-77.03	-77.030	-7.380	80.890	1071.000	746.290

表6-11　1975年、1995年和2015年Lagrange Multiplier和Robust LM检测结果

类型	年份 TEST	1975年 VALUE	PROB	1995年 VALUE	PROB	2015年 VALUE	PROB
聚落区位	Lagrange Multiplier（lag）	16.118	0.000	9.438	0.002	20.035	0.000
	Robust LM（lag）	2.312	0.128	0.157	0.692	0.002	0.963
	Lagrange Multiplier（error）	81.107	0.000	124.826	0.000	148.815	0.000
	Robust LM（error）	67.301	0.000	115.545	0.000	128.782	0.000
聚落规模	Lagrange Multiplier（lag）	73.915	0.000	1.293	0.255	9.234	0.002
	Robust LM（lag）	23.671	0.000	1.268	0.260	0.238	0.625
	Lagrange Multiplier（error）	50.354	0.000	15.457	0.000	11.508	0.001
	Robust LM（error）	0.109	0.741	15.432	0.000	2.512	0.113

由表6-10可知三个时期的Moran's I（error）值均大于0.1，最高者达到0.450，且在1%水平下显著，说明存在空间相关性，更适合用空间计量模型来进行分析。同时在分析选择空间计量模型时，根据Lagrange Multiplier（lag）、Robust LM（lag）、Lagrange Multiplier（error）和Robust LM（error）四个统计量的显著性水平来进行判断，即如果Lagrange Multiplier（lag）和Lagrange Multiplier（error）统计量均不显著，则采用普通OLS回归；如果LM lag（或者LM error）

显著而 LM error（或者 LM lag）不显著，则使用 SLM（或者 SEM）；如果 LM lag 和 LM error 两个统计量均显著，则比较 Robust LM lag 和 Robust LM error 统计量；如果 Robust LM lag（或者 Robust LM error）统计量更显著，则 SLM（或者 SEM）更为恰当。

从表 6-11 可以发现，除 1995 年聚落规模空间分布影响因素回归模型中 LM lag 不显著外，其他时期聚落区位和规模回归模型的 LM lag 和 LM error 均非常显著，显著性水平均在 1% 水平内，由此可以判定出 1995 年时期的聚落规模空间分布影响因素分析选择 SEM 回归模型更为恰当；而其他时期除了 1975 年聚落规模回归模型的 Robust LM lag 统计量显著而 Robust LM error 不显著之外，剩余的均有 Robust LM error 统计量较 Robust LM lag 统计量显著，并且 1975 年、1995 年和 2015 年聚落区位空间分布影响因素分析回归模型的 Robust LM error 统计量显著而 Robust LM lag 统计量不显著，由此判断 1975 年聚落规模空间分布影响因素分析选择 SLM 更为恰当，而 1975 年、1995 年和 2015 年的聚落区位空间分布影响因素分析和 2015 年时期的聚落规模空间分布影响因素分析均选择 SEM 更为恰当。同时，将 OLS 模型和 SEM（或者 SLM）模型进行对比，可以发现：同时期同一聚落区位或规模空间分布影响因素分析下，SEM（或者 SLM）比 OLS 的 R^2 高，表明空间误差模型（或者空间滞后模型）解释了更多聚落区位和聚落规模的空间分布与影响因素之间的关系；而且在最为重要的指标 AICc 上，SEM（或者 SLM）相对于 OLS 回归 AIC 值均有不同程度的收敛，说明 SEM（或者 SLM）拟合性能显著改进（见表 6-10 和表 6-12）。总的来说，SEM（或者 SLM）模型较 OLS 模型有较大程度的改进。

表 6-12 三个时期 SLM（或 SEM）空间回归系数、AIC 及拟合优度值

类型	聚落区位			聚落规模		
年份	1975	1995	2015	1975	1995	2015
选用模型	SEM	SEM	SEM	SLM	SEM	SEM
R^2	0.973	0.971	0.959	0.497	0.803	0.208
AIC	−170.972	−142.723	−47.724	1020.14	726.828	1118.47
Lag coeff.	0.696	0.772	0.735	0.417	0.402	0.22

（2）影响因素及变化分析。

由表 6-13 可知，不同时期聚落区位空间分布的主要影响因素不同，并且同一主要影响因素在不同时期也会有所不同，主要呈现的特点为：①1975 年聚落区位空间分布主要受地形（ZLANDFORM）、河流（ZWATERDIS）、道路

(ZROADDIS)、乡镇中心（ZXZZXDIS）、县城中心（ZXCZXDIS）、大家畜（ZBIGJC）、养猪（ZBIGJC）、山羊养殖（ZSHANY）、误差项（LAMBDA）影响显著，且除山羊养殖在5%水平下显著外，其他均在1%的水平下显著，其中受地形、河流、乡镇中心、县城中心、大家畜、养猪、山羊养殖和误差项的影响为正向影响，表明随着坡度和地形起伏度的增加聚落数量分布增多、离河流越远聚落数量分布越多、离乡镇和县城中心越远聚落数量分布越多、养殖数量越多的地区聚落数量分布越多；受道路的影响为负向影响，表明距离道路越近聚落数量越多，反之则越少。②1995年聚落区位空间分布主要受地形（ZLANDFORM）、道路（ZROADDIS）、乡镇中心（ZXZZXDIS）、县城中心（ZXCZXDIS）、土地生产力（ZLANDPRODU）、工矿企业（ZGKQYDIS）、大家畜（ZBIGJC）、山羊养殖（ZSHANY）、误差项（LAMBDA）影响显著，且除工矿企业在10%水平下显著外，其他均在1%的水平下显著，其中受地形、乡镇中心、县城中心、土地生产力、大家畜、山羊养殖和误差项的影响为正向影响，表明随着坡度和地形起伏度的增加聚落数量分布增多、离乡镇和县城中心越远聚落数量分布越多、土地生产力越好聚落数量分布越多、养殖数量多的地区聚落数量分布越多；受道路和工矿企业的影响为负向影响，表明距离道路和工矿企业越近聚落数量越多，反之则越少。③2015年聚落区位空间分布主要受地形（ZLANDFORM）、道路（ZROAD-DIS）、乡镇中心（ZXZZXDIS）、县城中心（ZXCZXDIS）、土地生产力（ZLAND-PRODU）、工矿企业（ZGKQYDIS）和误差项（LAMBDA）影响显著，且除乡镇中心在5%水平下显著外，其他均在1%的水平下显著，其中受地形、乡镇中心、县城中心、土地生产力、工矿企业和误差项的影响为正向影响，表明随着坡度和地形起伏度的增加聚落数量分布增多、离乡镇和县城中心越远聚落数量分布越多、土地生产力越好聚落数量分布越多、距离工矿企业越远的地区聚落数量分布越多；受道路为负向影响，表明距离道路越近聚落数量越多，反之则越少。④三个时期相比，聚落区位空间分布受坡度和地形起伏状况的影响作用在持续增强，其回归系数依次为0.339→0.401→0.448；受河流的影响仅在1975年为正向影响，其他1995年和2015年时期均不显著；受距离道路远近的负向影响先减弱后增强，其回归系数依次为-0.097→-0.075→-0.111；受乡镇中心距离远近的正向影响逐渐减弱，其回归系数依次为0.211→0.156→0.087；受县城中心距离远近的正向影响先增强后减弱，其回归系数依次为0.284→0.441→0.387；受土地生产力好坏的影响在1975年不显著，在1995年和2015年时期正向影响程度逐渐减弱；受工矿企业距离远近的影响在1975年不显著，在1995年时期为负向影响，而到2015年时期为正向影响；1975年和1995年受养殖情况的影响，受养猪的影响在1975年显著而在1995年不显著，受大家畜的正向影响作用逐渐减弱而受山羊养殖的正向影响逐渐加大，其回归系数依次分别为 0.14→0.124 和 0.023→0.034。

表6-13 三个时期嵩县聚落区位空间分布影响因素分析结果

Variable	1975年 Coeff.	1975年 Prob.	1995年 Coeff.	1995年 Prob.	2015年 Coeff.	2015年 Prob.
CONSTANT	-0.016	0.605	-0.015	0.735	-0.027	0.545
ZLANDFORM	0.339	0.000***	0.401	0.000***	0.448	0.000***
ZWATERDIS	0.066	0.000***	-0.001	0.976	-0.029	0.128
ZROADDIS	-0.097	0.000***	-0.075	0.000***	-0.111	0.000***
ZXZZXDIS	0.211	0.000***	0.156	0.000***	0.087	0.015**
ZXCZXDIS	0.284	0.000***	0.441	0.000***	0.387	0.000***
ZLABOR	0.002	0.872	-0.023	0.11	0	0.991
ZLANDPRODU	0.001	0.909	0.072	0.000***	0.066	0.000***
ZGKQYDIS	0.019	0.601	-0.062	0.093*	0.096	0.002***
ZBIGJC	0.14	0.000***	0.124	0.000***	—	—
ZPIG	0.047	0.000***	0.007	0.637	—	—
ZSHANY	0.023	0.057*	0.034	0.004***	—	—
LAMBDA	0.696	0.000***	0.772	0.000***	0.735	0.000***

注：*代表在10%的水平下显著；**代表在5%的水平下显著；***代表在1%的水平下显著。

由表6-14可知，不同时期聚落规模空间分布的主要影响因素不同，并且同一主要影响因素在不同时期也会有所不同，主要呈现的特点为：①1975年聚落规模主要受河流（ZWATERDIS）、劳动力（ZLABOR）、大家畜（ZBIGJC）、养猪（ZBIGJC）、山羊养殖（ZSHANY）和滞后性（W_ZMJLSCALE）影响显著，且山羊养殖在10%水平下显著，河流在5%水平下显著，劳动力、大家畜和养猪在1%水平下显著；其中，河流、大家畜和山羊养殖为负向影响，即距离河流近、大家畜和山羊养殖少的地区聚落平均规模大；劳动力为正向影响，即劳动力多的地区聚落平均规模大。②1995年聚落规模主要受地形（ZLANDFORM）、县城中心（ZXCZXDIS）、劳动力（ZLABOR）、土地生产力（ZLANDPRODU）、大家畜（ZBIGJC）、养猪（ZBIGJC）和误差项（LAMBDA）影响显著，且除县城中心在10%水平下显著、养猪在5%水平下显著外，其他均在1%水平下显著。其中，地形、县城中心、土地生产力和大家畜为负向影响，即坡度和地形起伏越大、距离县城越远、土地生产力越好、大家畜养殖越多的地区聚落平均规模越小，反之则聚落平均规模越大；劳动力和养猪为正向影响，即劳动力和养猪越多的地区聚落平均规模越大。③2015年聚落规模主要受地形（ZLANDFORM）、劳动力（ZLABOR）、土地生产力（ZLANDPRODU）和误差项（LAMBDA）影响显著，且地形因素在10%水平下显著，劳动力、土地生产力和误差项均在1%水平下显著；其中，地形和土地生产力为负向影响，即坡度和地形起伏越大、土地生产力越好的地区聚落平均规模越小，反之则聚落平均规模越大；劳动力为正向影响，即劳动力越多的地区聚落平均规模越大。④三个时期相比，聚落规模受地形因素的影响在1975年时期不显著，而在1995年和2015年时期为负向影响且影响程度逐渐增强，其回归系数值依次为-0.272→-0.305；聚落规模受河流的影响仅在1975年时期显著，且为负向影响；三个时期受道路和乡镇中心的影响均不显著；受县城中心的影响仅在1995年时期显著且为负向影响；受劳动力的正向影响作用先增强后减弱，其回归系数依次为0.249→1.691→0.836；受土地生产力的影响仅在1995年和2015年时期显著，且均为负向影响但影响程度逐渐减弱，其回归系数依次为-0.477→-0.263；1975年和1995年时期受大家畜为负向影响且负向影响程度逐渐降低，受养猪为正向影响但影响程度逐渐减弱，二者回归系数依次分别为-0.385→-0.260和0.431→0.153。

表6-14 三个时期嵩县聚落规模空间分布影响因素分析结果

Variable	1975年 Coeff.	1975年 Prob.	1995年 Coeff.	1995年 Prob.	2015年 Coeff.	2015年 Prob.
W_ZMJLSCALE	0.417	0.000***				
CONSTANT	-0.008	0.902	-0.007	0.927	-0.020	0.860
ZLANDFORM	-0.153	0.281	-0.272	0.005***	-0.305	0.076*
ZWATERDIS	-0.222	0.037**	0.118	0.190	0.109	0.410
ZROADDIS	0.072	0.587	0.054	0.542	0.067	0.691
ZXZZXDIS	0.133	0.359	-0.006	0.958	0.208	0.330
ZXCZXDIS	-0.115	0.370	-0.219	0.085*	-0.235	0.191
ZLABOR	0.249	0.002***	1.691	0.000***	0.836	0.000***
ZLANDPRODU	-0.112	0.132	-0.477	0.000***	-0.263	0.000***
ZGKQYDIS	0.078	0.600	0.037	0.775	-0.094	0.636
ZBIGJC	-0.385	0.000***	-0.260	0.000***		
ZPIG	0.431	0.000***	0.153	0.016**		
ZSHANY	-0.128	0.094*	-0.014	0.794		
LAMBDA			0.402	0.000***	0.22	0.007***

注：*代表在10%的水平下显著；**代表在5%的水平下显著；***代表在1%的水平下显著。

6.2.3 聚落区位和规模空间分布影响因素的时空变化

（1）模型的选择。

通过前面的分析发现空间计量模型比一般模型得出的结果好。同时利用OpenGeoDa软件分别对1975年、1995年和2015年三个时期嵩县行政村尺度的聚落数量和平均规模进行全局和局部空间自相关分析，发现三个时期嵩县聚落区位和规模空间分布均存在明显的集聚性（见表6-15和图6-1），其中聚落区位的空间集聚性更为显著，三个年份聚落区位的Moran's I值分别为0.632、0.557和0.564，而聚落规模的Moran's I值分别为0.491、0.173和0.155。通过局部自相关分析可知，聚落区位空间分布的高高自相关者数量居多，而聚落平均规模低低自相关者居多，且聚落区位空间分布的高高自相关区域正好对应聚落规模空间分布的低低自相关区域，而聚落区位空间分布的低低自相关区域是聚落规模空间分布的高高自相关区域。显然，聚落区位和规模空间分布存在明显的差异。那么前面纳入回归分析的关系在研究区域的不同位置会具有不同的表现形式，即所得的回归方程为现有关系混合的平均值，将不能为任何一个极值构建出很好的模型。地理加权回归（GWR）可以解决这一问题，其回归方程中各因子的回归系数是变化的，而不是全局一致，即回归系数反映的是"相同因素在不同空间位置上产生的影响存在差异"。

表6-15 三个时期聚落区位和规模空间分布 Moran's I 值

类型	聚落区位			聚落规模		
年份	1975	1995	2015	1975	1995	2015
Moran's I	0.632	0.557	0.564	0.491	0.173	0.155
p-value	0.001	0.001	0.001	0.001	0.002	0.001
Random Permutations	999	999	999	999	999	999

将聚落区位和聚落规模空间分布影响因素分析的OLS模型与GWR模型进行对比，发现：就聚落区位空间分布的影响因素分析而言，不同年份GWR的R^2及调整R^2均高于同时期OLS的R^2，表明GWR模型解释了更多的聚落空间分布与影响因素之间的关系；并且在最为重要的指标AICc上，不同时期GWR模型相对OLS模型的AIC值均有不同程度的收敛，说明GWR模型拟合性能显著改进。聚落规模空间分布的影响因素分析方面，虽然GWR模型的调整R^2和AICc并不是一直高于OLS模型，三个年份GWR模型的R^2均较OLS模型偏高。总的来说，GWR模型较OLS模型有较大程度的改进（见表6-16）。因此，选择GWR模型

分析 1975~1995 年嵩县聚落区位和规模空间分布影响因素的时空差异。

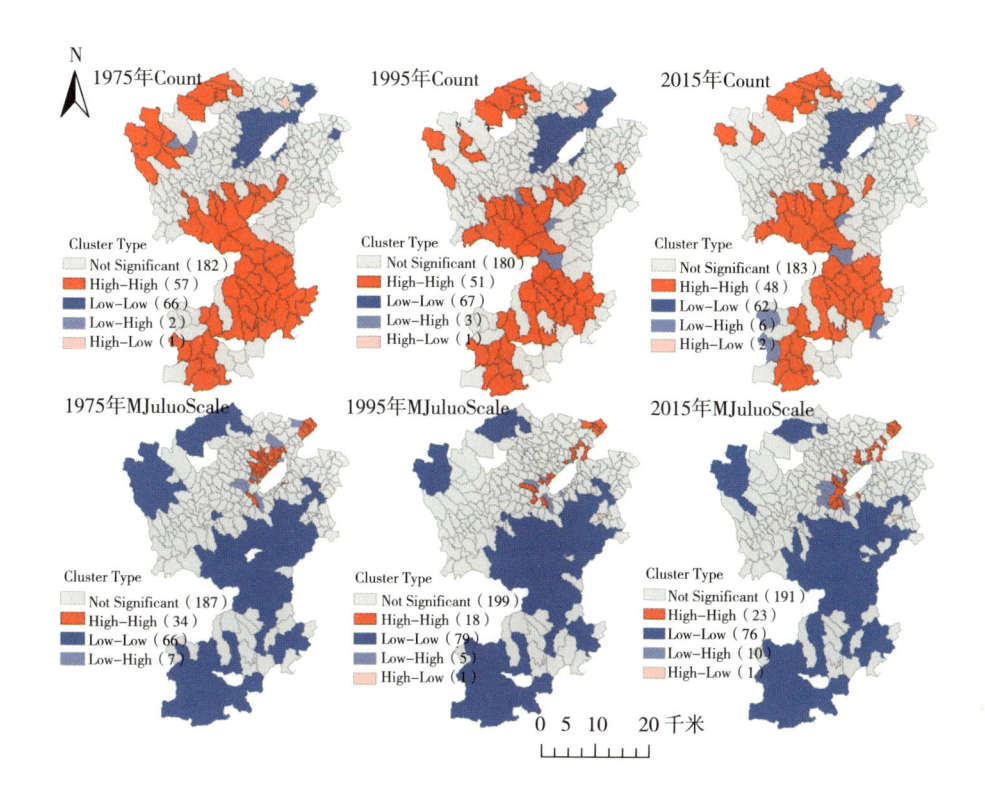

图 6-1　三个时期嵩县行政村聚落区位和规模空间分布 LISA 集聚图

表 6-16　三个时期聚落区位和规模空间分布 OLS 模型与 GWR 模型的对比分析

类型	年份	1975		1995		2015	
	模型	OLS	GWR	OLS	GWR	OLS	GWR
聚落区位	R^2	0.979	0.990	0.970	0.987	0.963	0.987
	Adj R^2	0.978	0.987	0.969	0.983	0.962	0.984
	AICc	-290.484	-413.287	-176.183	-315.293	-119.616	-337.681
聚落规模	R^2	0.380	0.419	0.782	0.836	0.177599	0.177656
	Adj R^2	0.357	0.341	0.774	0.803	0.155068	0.155066
	AICc	1074.264	772.259	749.555	403.677	1129.728	1129.729

（2）影响因素的时空变化分析。

GWR 模型较一般模型最突出的特点是可体现出不同因素对聚落区位和规模

121

空间分布影响程度的空间差异，并能通过图形直观展示出来。根据前面确定的关键变量最终确定三个时期聚落区位和规模空间分布影响因素的 GWR 回归模型。同时考虑到聚落区位和规模在空间上局部自相关的差异性，在分析两者空间分布的影响因素时空变化之前，先对它们之间的相关关系进行地理加权回归分析。借助 ArcGIS10.1 软件进行地理加权回归模型分析，并利用 GIS 制图分析功能分别制作出三个时期聚落区位与聚落规模的空间关系变化图，以及聚落区位和聚落规模空间分布受影响因子影响程度的空间变化图，结果见图 6-2 至图 6-13。其中，GWR 回归系数有矢量和栅格两种数据格式，可以以不同的形式展现出影响因素的空间差异，这里以聚落区位和聚落平均规模之间关系（以各行政村包括的聚落数量作为因变量，以各行政村内聚落的平均规模作为自变量）的 GWR 回归模型结果为例，将两种格式的回归系数结果均予以展示（见图 6-2），从中选择一种

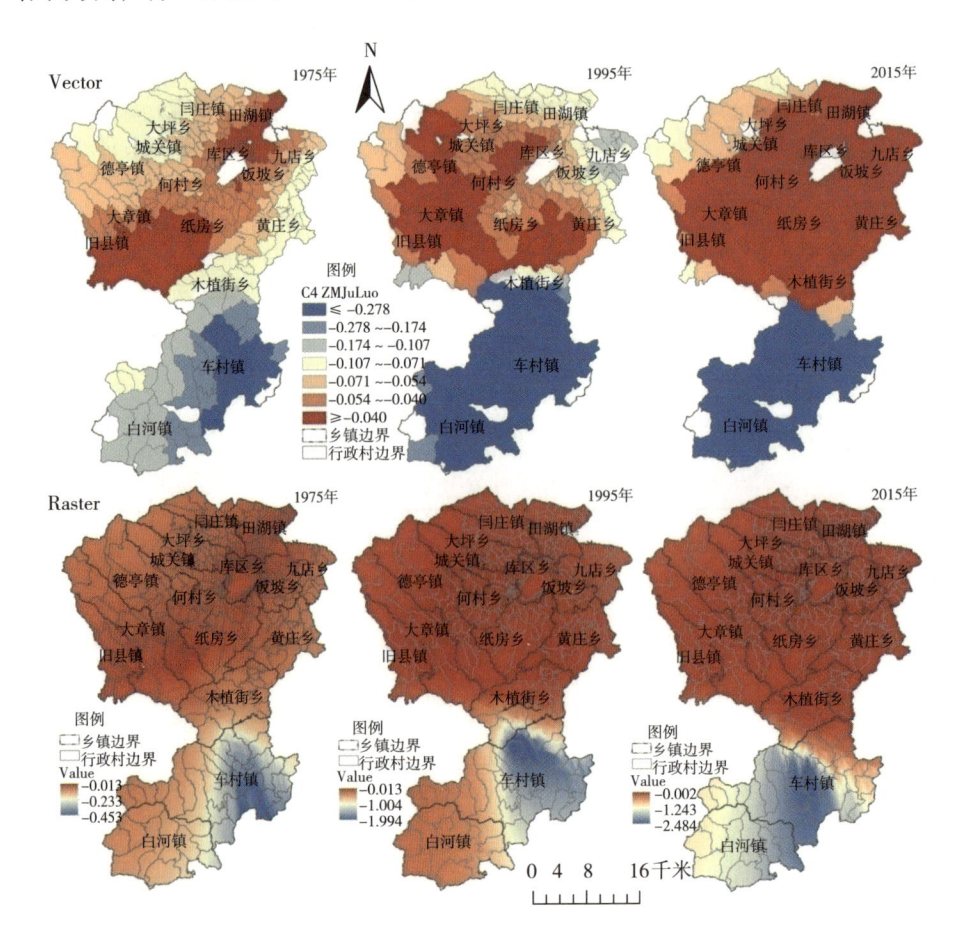

图 6-2 1975 年、1995 年和 2015 年聚落区位与聚落规模关系的空间差异

相对较好的数据类型作为模型回归结果的展现形式，以便更好地进行后续分析。在利用矢量数据类型的回归系数进行结果展示时，需要对回归系数进行分类，在ARCGIS10.1中利用自然断裂分类法予以实现：首先，将三个时期不同影响因素的回归系数均在ArcGIS中利用自然断裂点分类划分为7类；其次，对比同一影响因子下不同时期分类的区间值，以回归系数值区间最低值所在时期的分类作为其他时期类型划分的依据，再结合各时期原有划分的类型确定出最终的分类区间和分类数。对于栅格类型回归系数的展示，需要先将GWR模型得出的Raster Coefficient，在ArcGIS10.1中以嵩县边界为掩膜数据要素，利用栅格掩膜处理工具对回归系数进行掩膜处理，然后进行制图分析，结果见图6-2中1975年、1995年和2015年的Raster图。结果表明，矢量数据类型在展现不同位置影响因素的差异更有优势，且方便不同时期结果的对比分析，因此选择矢量系数作为模型回归系数的展示方式。

经研究发现，嵩县聚落区位和规模呈现明显的负相关关系，且这种负向相关关系在不同位置表现形式不同（见图6-2）。随着时间变化这种空间差异在"嵩北"和"嵩南"地区呈现明显的两极分化（弱者更弱，强者更强），即"嵩北"地区聚落斑块数量与平均聚落斑块面积偏弱的负向关系更加趋于减弱，而"嵩南"地区聚落斑块数量与平均聚落斑块面积偏强的负向关系更加趋于增强。具体表现在，平均聚落斑块面积的回归系数绝对值最高的地区主要分布在"嵩南"地区，而回归系数绝对最小的地区主要分布在"嵩北"地区，且随着时间变化绝对值高的地区的回归系数绝对值在逐渐增大，而绝对值低的地区的回归系数绝对值在逐渐减小。

嵩县聚落区位和规模不仅在空间分布上存在差异，而且两者空间分布的影响因素也随位置不同而不同，且随时间发生变化。具体表现在：

（1）受地形影响的空间差异及其变化方面。

由图6-3可知，三个时期嵩县聚落区位的空间分布均受到地形的正向影响，但呈现出显著的空间差异，且随时间变化，不同位置地形因素的影响作用变化趋势不同。具体而言，三个时期地形因子的回归系数均高于0.1，且分类数逐渐增多，1975年时期聚落区位受地形影响的相对高值区较少，仅有闫庄镇的顶心坡村回归系数高于0.432，回归系数的低值区域偏多，主要分布在白河镇，车村镇的顶宝石村、纸房村、栗树街村、天桥沟村、下庙村、明白川村和铜河村，黄庄乡的红堂村、油坊村、庄科村、甲庄村、板蚕村、王村、河东村、黄庄村、蛮子营村、天息村、楼子沟村，饭坡镇的寺沟村、赵庄村、焦沟村、长岭村、田庄村、青山村、汪城村，以及九店乡地区。相较于1975年，1995年时期聚落区位受地形影响的低值区域有所减小，高值区域大幅增加，且回归系数的最大值也有所增加，从0.454增加至0.513，分类数也增加了2个，增加的高值区域主要分布在闫庄镇、田湖镇、黄庄乡、木植街乡以及纸房镇饭坡镇和库区乡的大部分地区。2015年时期这种趋势继续增强，尤其是高值影响区域明显增大，且影响作用显著增强，回归系数的最大值继续有所增加，增加至0.792。总的来说，嵩县聚落区位受地形作用的高影响区域以闫庄镇的顶心坡村为中心逐渐向周边区域扩张，到1995年时期包括闫庄镇、田湖镇、库区乡、城关镇、饭坡镇、纸房镇、黄庄乡以及木植街乡和车村镇的部分地区，到2015年时期高值影响作用显著增强，其中闫庄镇、田湖镇、库区乡、城关镇、何村乡和纸房镇的大多数地区尤为显著。而受地形作用的低影响区域除了在1995年时期有所减少外，整体变化不明显。

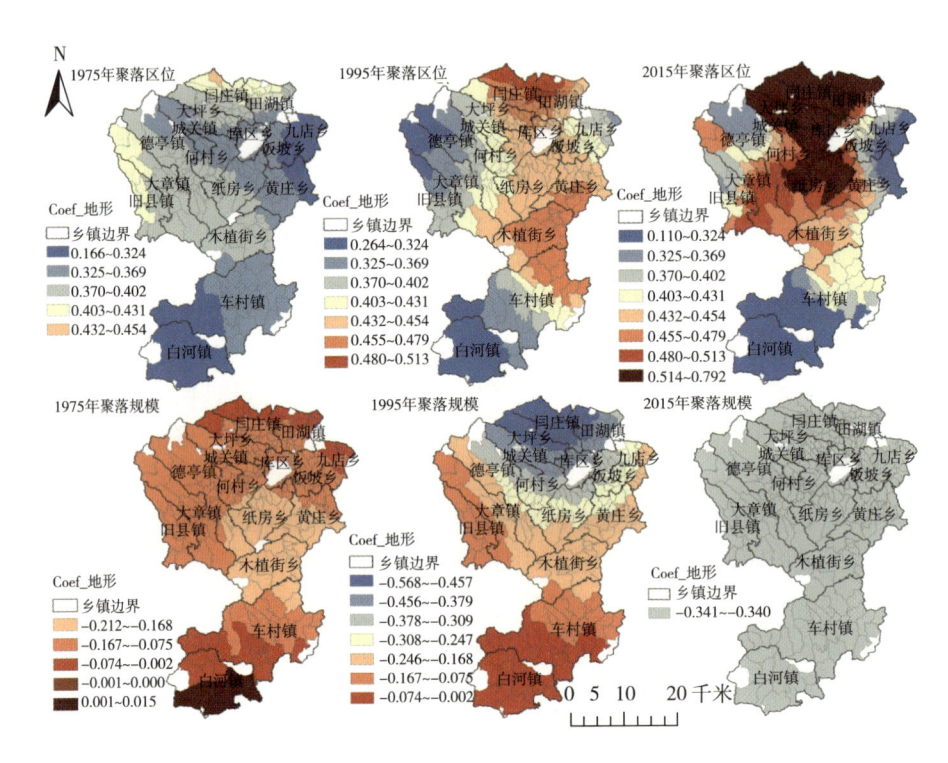

图6-3 1975年、1995年和2015年聚落空间分布受地形影响的空间差异

而聚落规模的空间分布受地形的影响作用虽然在1975年时期和1995年时期也有明显的空间差异，且随时间变化不同地区影响作用变化不同，但其受地形的影响作用相较于聚落区位的空间分布而已明显不同。具体表现在，嵩县聚落规模的空间分布主要受地形因素的负向影响，其中，在1975年和1995年时期，"嵩北"地区的负向影响较为显著，而"嵩南"地区的影响作用不明显，且1995年

124

相较于1975年,"嵩北"地区的负向影响作用在增强,而"嵩南"地区的影响作用变化不明显,到2015年,嵩县聚落规模空间分布受地形负向影响作用的空间差异显著减弱,其回归系数值稳定在一个类型区间之内,但地形影响的负向影响作用较强,回归系数值为-0.341~-0.340。

(2) 受河流影响的空间差异及其变化方面。

嵩县聚落区位与离河流远近距离的关系存在显著的空间差异,且随着时间受离河流远近距离负向影响的区域范围在增大,而高值正向影响区域主要集中在"嵩北"地区且范围在逐渐缩减。具体表现,1975年正向高值影响区域主要集中在德亭镇、城关镇、大坪乡、闫庄镇、田湖镇、库区乡、何村乡、饭坡镇、九店乡、大章镇、旧县镇、纸房镇和黄庄乡的部分地区,到1995年这些正向高值影响区域范围有所缩减,到2015年正向高值影响区域范围继续缩减,缩减至仅有饭坡镇、黄庄乡和何村乡的部分地区;而负值影响区域范围从1975年的车村镇和白河镇大部分地区逐渐增大,在1995年增大至包括车村镇的大部分地区和整个白河镇,到2015年负值影响区域逐渐北移,在嵩县北部地区增加了闫庄镇、田湖镇和大坪乡的大部分地区以及城关镇、德亭镇、大章镇和旧县镇的少部分地区,还有白河镇的两个行政村以及车村镇和木植街乡的部分地区(见图6-4)。

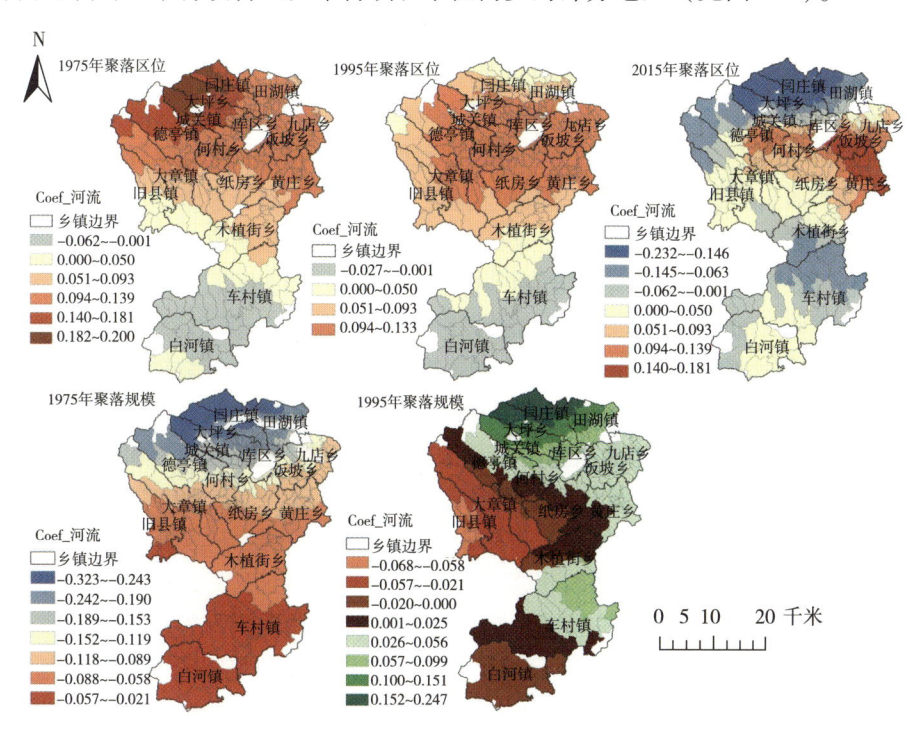

图6-4 1975年、1995年和2015年聚落空间分布受河流影响的空间差异

聚落规模空间分布受离河流远近距离的影响作用仅在1975年和1995年显著，但存在空间差异，且随时间变化明显。表现在，1975年主要受距河流远近距离的负向影响，且负向影响程度自南向北逐渐增强，负向影响作用较大地区集中在嵩县北部闫庄镇、田湖镇、大坪乡、城关镇的部分地区，而负向影响作用较小的地区集中在白河镇、车村镇的大部分地区以及旧县镇的童子庄村和黄沟村；相较于1975年，1995年全县范围内聚落规模空间分布受距离河流远近的负向影响作用均在减弱，且多数地区变为正向影响。其中正向影响作用较大地区集中在闫庄镇的乔沟村、坡头村、竹元沟村、太山庙村、杨大庄村、裴岭村、顶心坡村、冉扒村，田湖镇的裴村、张庄村和大坪乡的关亭村、楼上村（见图6-4）。

（3）受距离道路远近影响的空间差异及其变化方面。

嵩县聚落区位的空间分布受离道路距离远近的影响作用存在显著的空间差异，且随时间在不同位置而有不同的变化（见图6-5）。1975年在"嵩北"多数地区受离道路远近距离的负向影响，即距离道路越近聚落数量越多、越远数量越少，但在不同位置负向影响作用程度有所不同，其中负向影响作用相对较大的地区集中在田湖镇、库区乡、闫庄镇、纸房镇、黄庄乡、城关镇和何村乡的部分地区；而在"嵩南"的白河镇和车村镇部分地区聚落数量空间分布受与道路距离远近的微弱正向影响，即离道路越近聚落数量越少、越远数量越多，但是聚落数量与离道路距离远近的相关性较小。相较于1975年，1995年影响作用不明显区域的范围有所增大；负向影响作用相对较大区域范围也有所增大，但有所转移，例如，田湖镇和闫庄镇部分地区的负向影响作用程度有所降低，而饭坡镇和黄庄乡多数地区的负向影响作用程度有所增强；正向影响区域范围有所缩减。2015年，受道路远近距离的影响的空间差异明显增强，其中负向影响作用程度有所增强，正向影响作用程度也有所增强；在全县北部闫庄镇、大坪乡、城关镇、德亭镇的红色橙色所在地区和南部的白河镇、车村镇以及木植街乡的橙色所在地区是正向影响；而在全县中间区域的何村乡、纸房镇、大章镇、旧县镇、黄庄乡、饭坡镇、九店乡蓝色系区域是负向影响，其中以黄庄乡等深蓝色所在区域的负向影响作用程度更大，即在这些地区，离道路越近聚落数量越多、分布越密集，反之越少、越稀疏。

聚落规模空间分布受离道路远近距离影响仅在1975年和1995年显著，影响作用存在空间差异，且随时间有所不同。在1975年除了影响作用不明显地区之外，均具有正向影响作用，即离道路越近聚落规模越小、斑块面积越小，越远聚落规模越大、斑块面积越大；正向影响作用程度较大地区集中在木植街乡、黄庄乡和车村镇红色所在地区。相较于1975年，1995年影响作用不明显区域范围有所增大，同时正向影响作用较大地区在空间上发生转移，转移至德亭镇、城关镇、大坪乡以及闫庄镇红色所在区域。

第 6 章 聚落空间演变影响因素分析

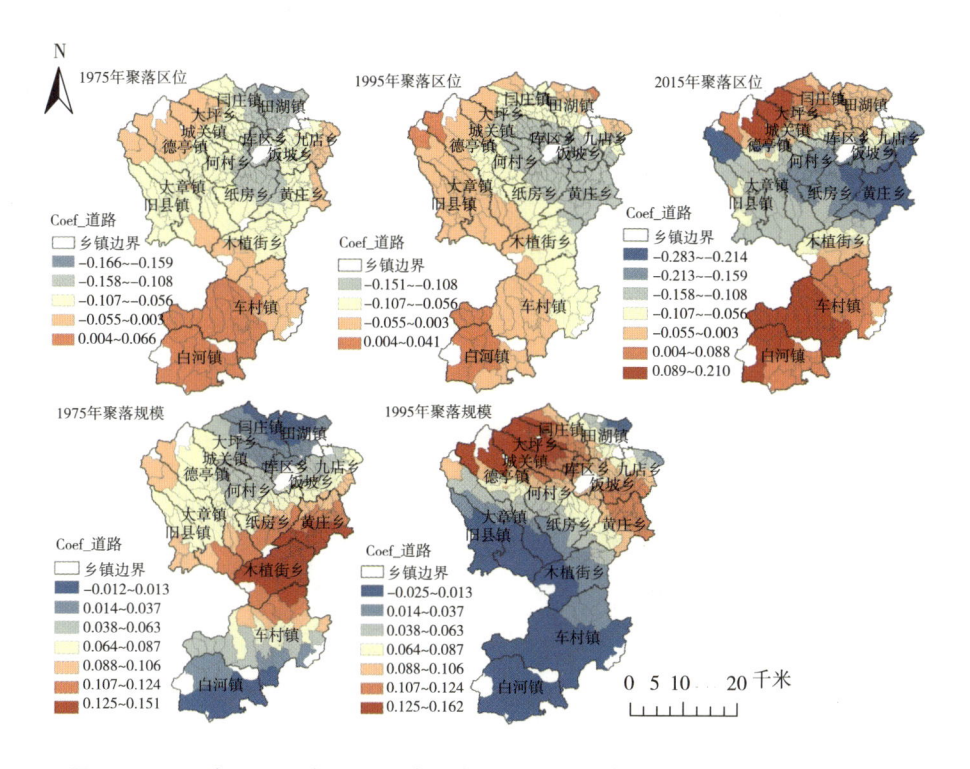

图 6-5 1975 年、1995 年和 2015 年聚落空间分布受道路远近距离影响的空间差异

（4）受距离乡镇中心远近影响的空间差异及其变化方面。

离乡镇中心距离对聚落数量空间分布的影响作用存在空间差异，且随时间变化不仅空间差异在增大，影响作用程度也在增强，且由 1975 年仅为正向影响作用演变成为 1995 年的正向作用和负向作用同时存在，到 2015 年这种趋势在逐渐增强。具体表现在，1975 年时，聚落区位受乡镇中心远近距离的影响均为正向作用，即距离乡镇中心距离越近聚落数量越少、越远数量越多，且在车村镇和白河镇橙色显示区域以及九店乡的石场村受乡镇中心远近距离正向影响作用更为显著。1995 年部分区域受到的影响程度变得不明显（图 6-6 中 1995 年聚落区位黄色区域），还有少数地区受到的影响作用演变为负向影响，集中在德亭镇的大王沟村、小王沟村和老道沟村。到 2015 年，受到正向影响作用的区域范围在继续缩减，但在"嵩北"东部的九店乡和饭坡镇的汪城村、青山村、长岭村、田庄村、赵庄村以及黄庄乡的天息村、楼子沟村、板蚕村、王村、庄科村、甲庄村地区以及周边橙色显示区域受到的正向影响作用程度在增强；而受到负向影响作用的区域范围则增加很多，如图 6-6 中 2015 年聚落区位中蓝色系显示区域，其中以闫庄镇、田湖镇和大坪乡内深蓝色显示区域的负向影响作用尤为显著，在这些

127

受到负向影响作用的地区，离乡镇中心距离越近聚落数量越多、越远数量越少。

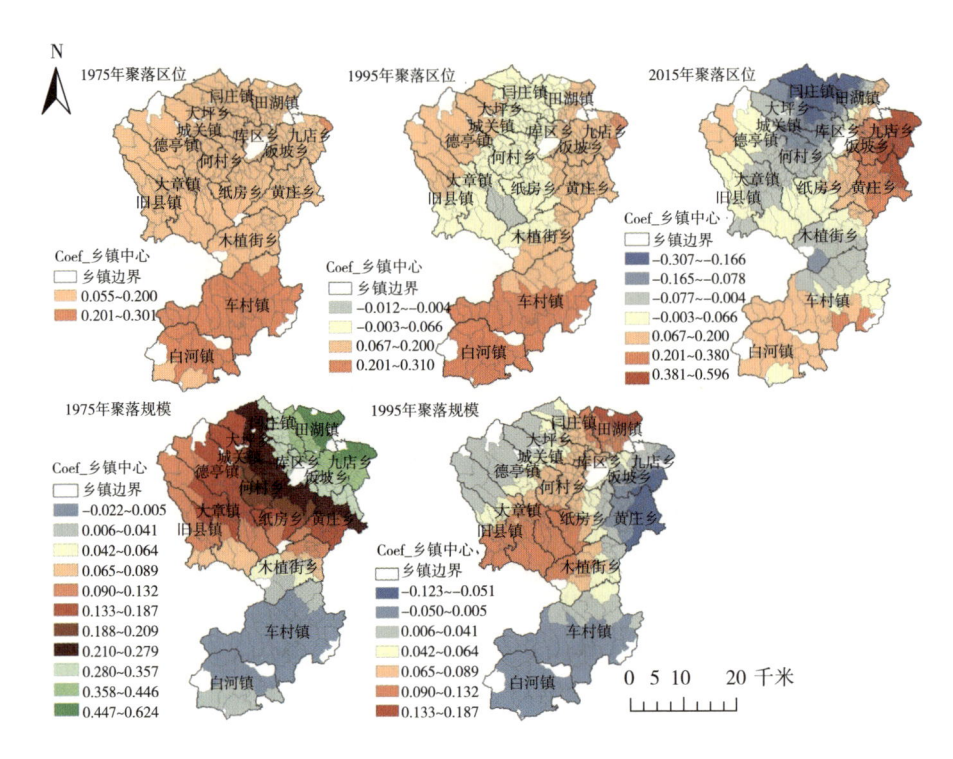

图 6-6 1975 年、1995 年和 2015 年聚落空间分布受乡镇中心远近距离影响的空间差异

聚落规模空间分布受离乡镇中心远近距离影响仅在 1975 年和 1995 年显著，影响作用存在空间差异，且随时间有所不同。在 1975 年，在"嵩南"白河镇、车村镇和木植街乡蓝色系显示区域，聚落规模空间分布受乡镇中心远近距离的影响作用不明显，其回归系数的绝对值小于 0.05；在"嵩北"均受到乡镇中心远近距离的正向影响，且影响作用呈现出自西南向东北逐渐增大的趋势。1995 年"嵩南"地区受离乡镇中心远近距离影响仍然不明显；"嵩北"多数地区受乡镇中心远近距离的正向影响作用在减弱，有少部分地区演变为负值，如九店乡、黄庄乡和饭坡镇深蓝色显示区域；受乡镇中心远近距离正向影响作用较大地区仍在田湖镇，但是其影响作用相较于 1975 年明显减弱。

（5）受距离县城中心远近影响的空间差异及其变化方面。

嵩县聚落区位的空间分布主要受到县城中心远近距离的正向影响，且影响作用自南向北逐渐增大，同时随时间变化多数地区受到的影响作用也在增大。1975

年，县城中心距离远近对聚落区位空间分布的高值正向影响区域主要集中在"嵩北"田湖镇和闫庄镇橙色显示区域，以及大坪乡的关亭村、楼上村，城关镇的王庄村和九店乡的石场村；围绕高值影响区域周边的是次高影响区域，依次往南影响作用在逐渐减小，其中影响区域相对较小地区所占区域范围最大（见图6-7中1975年聚落区位深蓝色显示区域）。1995年，相对较低影响区域范围在"嵩南"白河镇和车村镇内有所缩减，而在"嵩北"大章镇、德亭镇、城关镇以及大坪乡内有所扩张；高值影响区域范围也在减少，缩减至仅有田湖镇和九店乡橙色显示区域。到2015年，全县多数地区受到正向影响的作用程度在增大，相对较低影响区域缩减至仅剩县城中间旧县镇、大章镇、德亭镇、纸房镇、黄庄乡和木植街乡深蓝色区域；而高值影响区域则扩张至包括田湖镇、闫庄镇、九店乡、库区乡、饭坡镇、城关镇、大坪乡和何村乡橙色及红色区域。

聚落规模空间分布受离县城中心远近距离影响仅在1975年和1995年显著，且影响作用空间差异在1975年相对较小，但随时间逐渐增大，由1975年仅受到县城中心远近距离的负向影响转变为到1995年同时受到负向影响和正向影响。在1975年，聚落规模空间分布受县城中心负向影响作用呈现出嵩县"西南"地区低于"东北"地区，其中以木植街乡、大章镇和德亭镇内的界限为边界，如图6-7所示。1995年"嵩南"车村镇内深蓝色显示区域的负向影响作用在增强，木植街内浅蓝色显示区域负向影响作用变得不明显；"嵩北"除少数地区（九店乡和田湖镇深蓝色区域）外，受县城中心远近距离的影响作用由负向转变为正向，但在不同位置正向影响作用程度不同，其中相对高值影响区域集中在城关镇、大坪乡、闫庄镇红色区域。

（6）受劳动力因素影响的空间差异及其变化方面。

嵩县聚落区位的空间分布受劳动力影响作用存在较大的空间差异，且随时间变化负向影响作用的区域范围在扩张（见图6-8中聚落区位蓝色系颜色显示区域），而正向影响作用的区域范围在缩减（橙色和红色所在区域），同时正向影响作用程度的最高值有所降低，三个年份回归系数最高值依次为0.392、0.162和0.097。具体而言，1975年，在全县西边部分主要是受劳动力因素的负向影响，而在全县东边部分主要受劳动力因素的正向影响，但均在不同位置影响作用程度不同，其中，正向影响相对高值地区在车村镇和白河镇内红色区域，而负向高值影响区域在白河镇内深蓝色区域。1995年，正向相对高值影响区域主要集中在"嵩南"白河镇和车村镇橙色区域，但其作用程度相较于1975年有所降低，而在"嵩北"地区负向影响区域有所增加而正向影响区域有所缩减。2015年这种趋势在加强，"嵩南"车村镇和白河镇原有正向影响区域受劳动力影响作用程度在减弱，其中，白河镇的大青村、油路沟村、上庄坪村和五马寺村地区演变为

◆ 山区县域聚落空间演化及重构

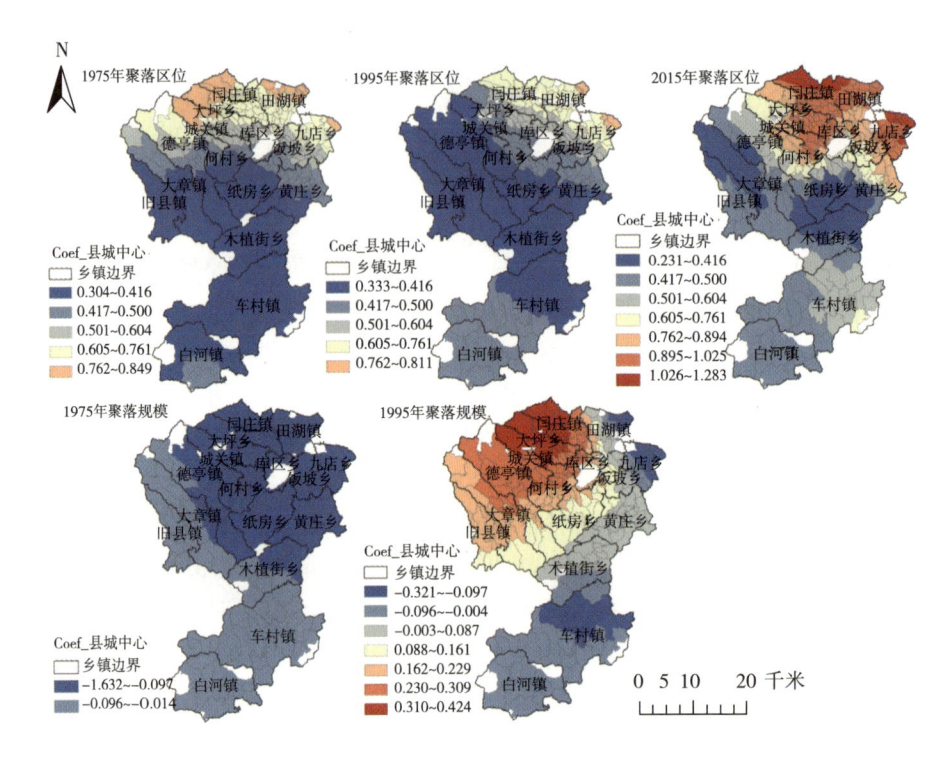

图 6-7 1975 年、1995 年和 2015 年聚落空间分布受
县城中心远近距离影响的空间差异

负向作用，马路魁村、白河街村和上河村演变为不明显；"嵩南"木植街乡受劳动力因素的影响作用有负向演变为正向；"嵩北"除了旧县镇的黄沟村、大章镇的三人场村、九店乡的九皋村和田湖镇高屯村、卢屯村、下湾村、大石桥村、铺沟村、古城村、洒落村、于岭村、上湾村、黄门村、杨湾村是正向影响区域，以及黄色区域为影响作用不明显区域之外，其他地区均为负向影响区域，且负向影响作用下相对最高值集中在城关镇的王庄村（见图 6-8）。

聚落规模空间分布受劳动力因素影响作用的空间差异相较于聚落区位而言，在 1975 年和 2015 年均较小，但随时间变化空间差异程度先增大后又明显减小。具体而言，1975 年全县聚落规模空间分布仅受到劳动力因素的正向影响，且影响程度自西南向东北逐渐减弱，但影响作用程度居中的区域范围占多数。1995年，白河镇以及车村镇部分地区受劳动力影响程度有所降低，其中车村镇的牛庄村以及白河镇的上庄坪村、五马寺村、上河村、油路沟村、大青村、白河街村、栗扎树村、马路魁村、下寺村、火神庙村和黄柏树村演变为负向作用；而其他地区受劳动力影响的正向作用程度均在逐渐增大，但增大程度有所不同，空间差异

130

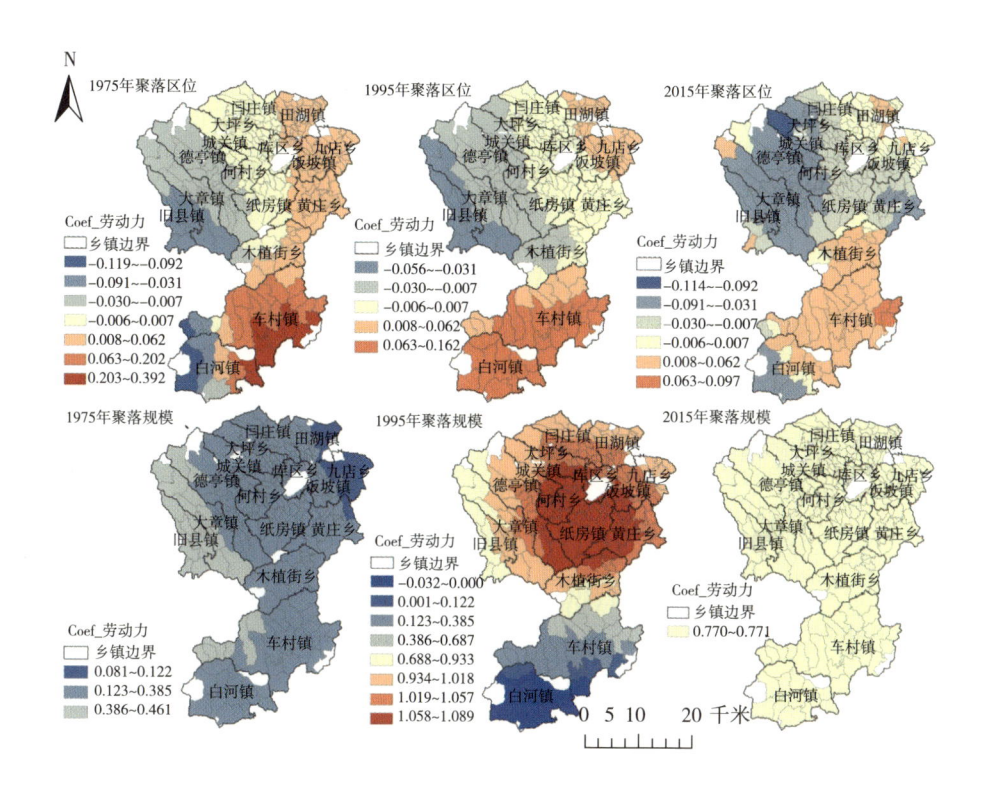

图 6-8　1975 年、1995 年和 2015 年聚落空间分布受劳动力影响的空间差异

明显，正向影响相对高值区域集中在"嵩北"中间位置（红色区域）。2015 年全县受劳动力影响的空间差异不大，其回归系数值范围为 0.770~0.771；影响作用程度较 1975 年有所增强，但却处于 1995 年的作用程度相对居中位置。

（7）受生产条件影响的空间差异及其变化方面。

嵩县聚落区位空间分布受生产条件影响的空间差异在 1975 年相对较大，在该时期同时受到正向和负向影响作用，且自西南向东北呈现出"正向（作用程度依次减小）→负向→正向"的渐变趋势；而 1995 年和 2015 年受生产条件影响作用的空间差异较 1975 年有所缩小，但仅受到生产条件的正向影响，即地区生产条件越好聚落数量越多，反之则越少越稀疏（见图 6-9）。

聚落规模空间分布主要受到生产条件的负向影响，且存在空间差异，但随时间变化整体空间差异先增大后缩小。具体而言，1975 年，除白河镇的大青村和上庄坪村受生产条件的影响作用不明显外，这两个行政村的回归系数绝对值小于 0.04，其他区域均为负向影响；相较于 1975 年，1995 年影响不明显区域有所增加，同时多数地区受生产条件负向影响作用程度在增强，负向影响作用相对较强

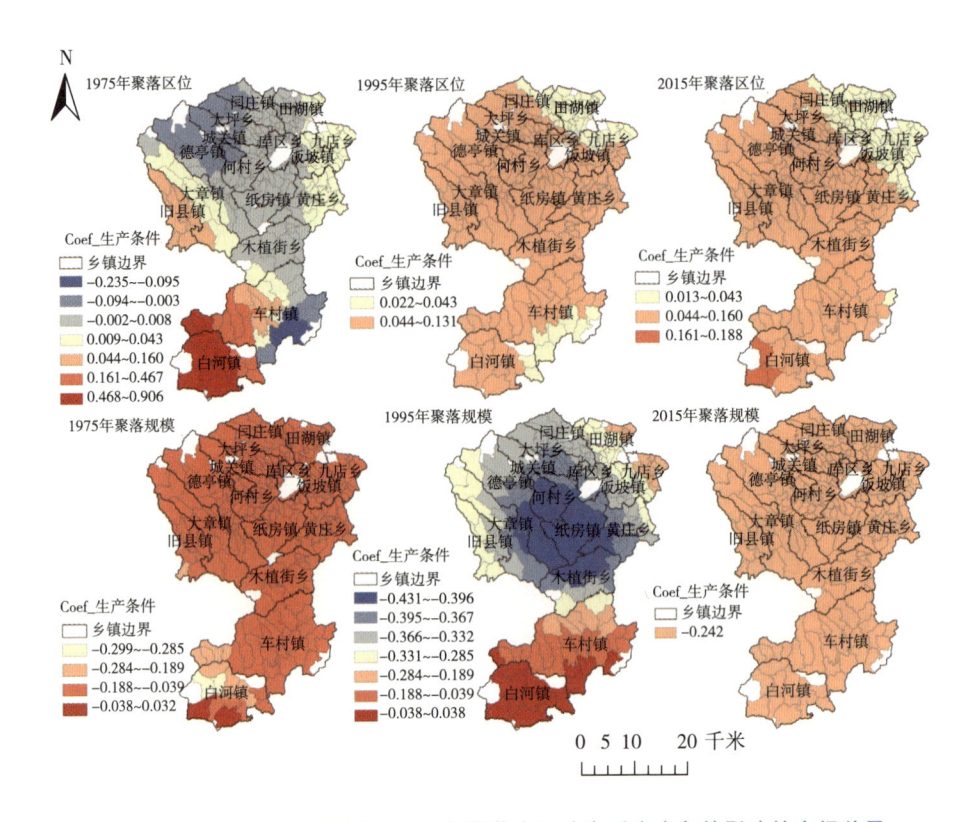

图6-9　1975年、1995年和2015年聚落空间分布受生产条件影响的空间差异

地区集中在纸房镇、何村乡、大章镇、德亭镇、黄庄乡和木植街乡等深蓝色区域。和前两个年份相比，2015年聚落受生产条件影响作用不存在空间差异，即全县地区受生产条件的负向影响作用一致，且负向影响程度有所降低（见图6-9）。

（8）受工矿企业影响的空间差异及其变化方面。

嵩县聚落区位空间分布受工矿企业的影响作用存在明显的空间差异并随时间变化有所增大，同时在各时期均受到工矿企业的正向和负向影响，但正向影响作用和负向影响作用相对较高的地区随时间有所转移，如正向高值影响区域由1975年的饭坡镇、九店乡、黄庄乡、田湖镇和纸房镇等橙色红色地区，转移至1995年的何村乡、纸房镇、德亭镇和大章镇橙色区域，并逐渐扩张至2015年的涵盖田湖镇、德亭镇、何村乡、大章镇、旧县镇、木植街乡等红色橙色区域，且作用程度也有所增强；而负向高值影响区域由1975年的大章镇、德亭镇、城关镇、大坪乡等地区深蓝色区域，转移至1995年的白河镇和车村镇深蓝色区域，再到2015年的九店乡深蓝色区域（见图6-10）。

第6章 聚落空间演变影响因素分析

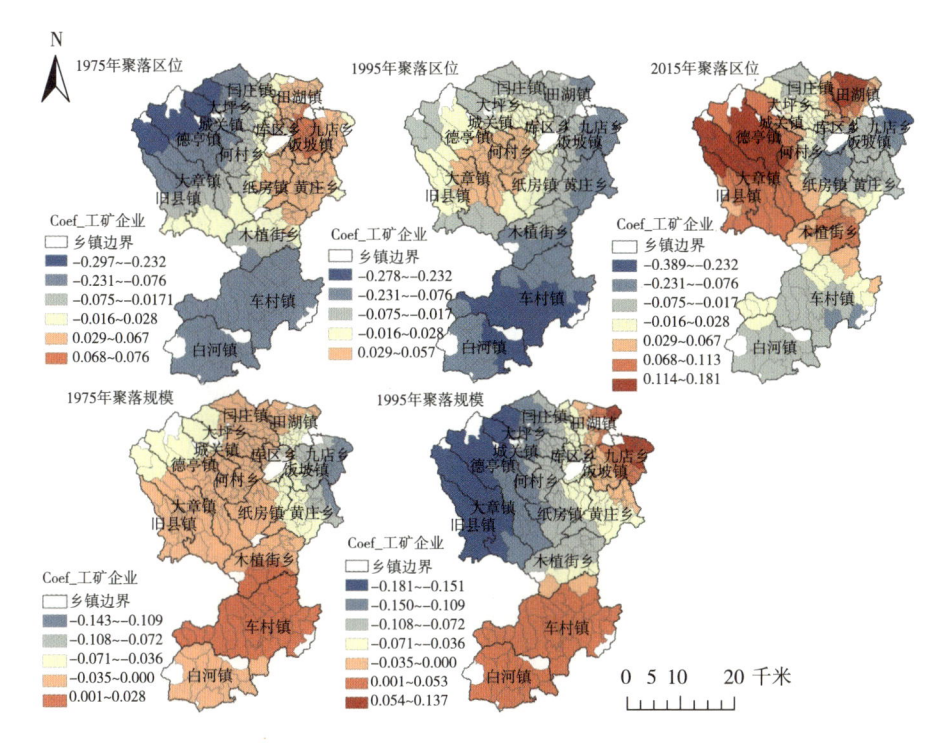

图6-10 1975年、1995年和2015年聚落空间分布受工矿企业影响的空间差异

聚落规模空间分布受工矿企业的影响作用仅在1975年和1995年显著,1975年时在多数区域影响作用不明显,其回归系数的绝对值小于0.05,而在少部分区域,比如,大章镇、德亭镇、城关镇、大坪乡、黄庄乡、纸房镇、饭坡镇、库区乡、九店乡和田湖镇黄色和蓝色区域受到生产条件的负向影响,即离工矿企业越远聚落规模减小;1995年受到生产条件负向影响作用的区域范围在扩张,主要集中在旧县镇、大章镇、德亭镇、何村乡、城关镇、大坪乡、闫庄镇、纸房镇以及木植街乡等地区蓝色区域(见图6-10)。

(9)受养殖业影响的空间差异及其变化方面。

嵩县聚落区位空间分布与家庭养殖业的关系存在显著的空间差异(见图6-11至图6-13),且分别受大家畜、养猪量和山羊产量的空间差异有所不同,同时随时间发生一定的变化。具体来看:①受大家畜影响方面,在1975年聚落区位仅受到大家畜的正向影响作用,且影响作用相对较大的地区集中在纸房镇、黄庄乡和木植街乡等地区红色区域。和1975年相比,1995年"嵩南"部分地区受大家畜的影响由正向转为负向,如车村镇和白河镇深蓝色区域,其回归系数为负值,即在该地区,随着大家畜数量的增加,聚落数量在减少;而在"嵩北"地

133

◆ 山区县域聚落空间演化及重构

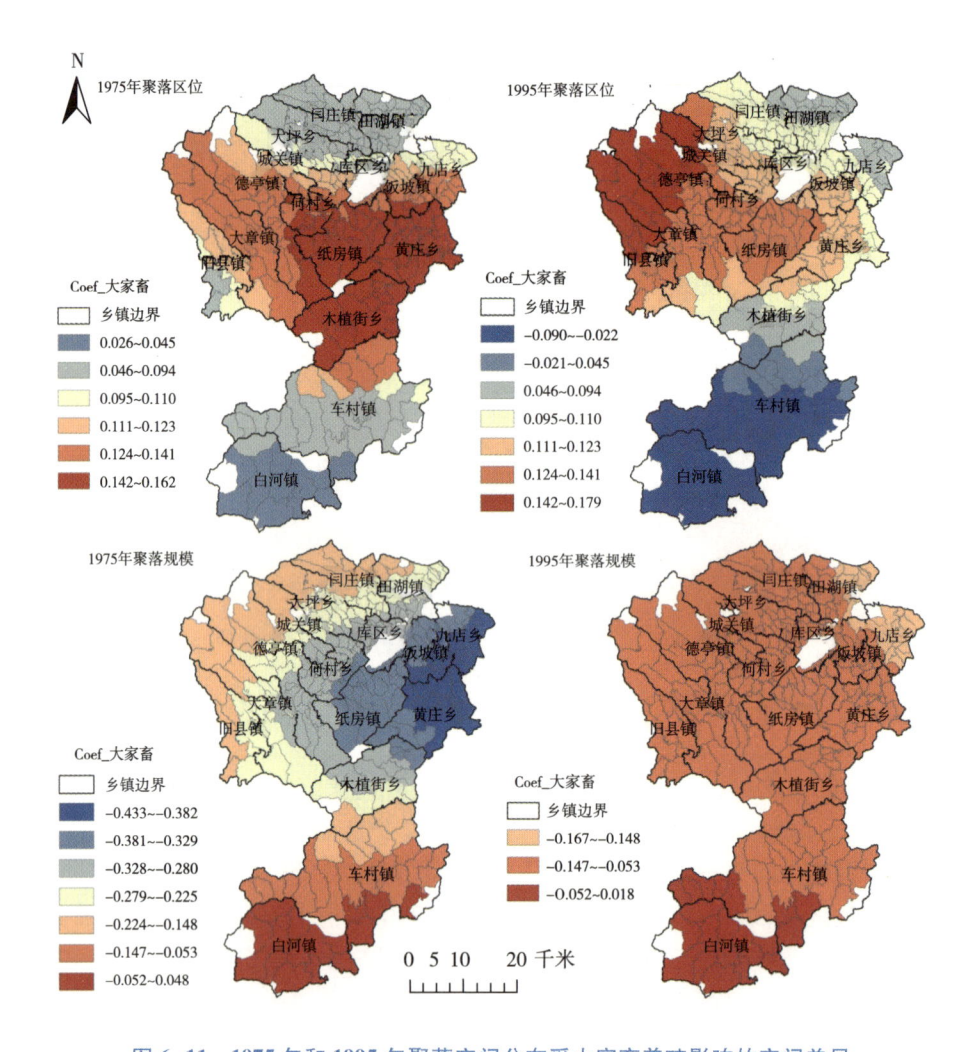

图 6-11 1975 年和 1995 年聚落空间分布受大家畜养殖影响的空间差异

区仅受到大家畜的正向影响作用，但存在空间差异，差异程度呈现自西向东逐渐减弱的渐变趋势；受大家畜影响作用较大地区集中在旧县镇、大章镇、德亭镇和城关镇等地区红色区域。②受养猪量影响方面，在 1975 年聚落区位仅受到养猪量的正向影响作用，且影响作用相对较大的地区集中在旧县镇、大章镇、德亭镇、木植街乡、车村镇和白河镇等地区红色及深红色区域。和 1975 年相比，1995 年"嵩北"大部分地区受养猪量的影响由正向转为负向，见图 6-12 中 1995 年聚落区位蓝色系颜色所在区域，在这些区域，养猪数量与聚落数量成反比；而在"嵩南"部分地区受到养猪量的正向影响作用在减弱，其中白河镇的上庄坪

134

第6章 聚落空间演变影响因素分析

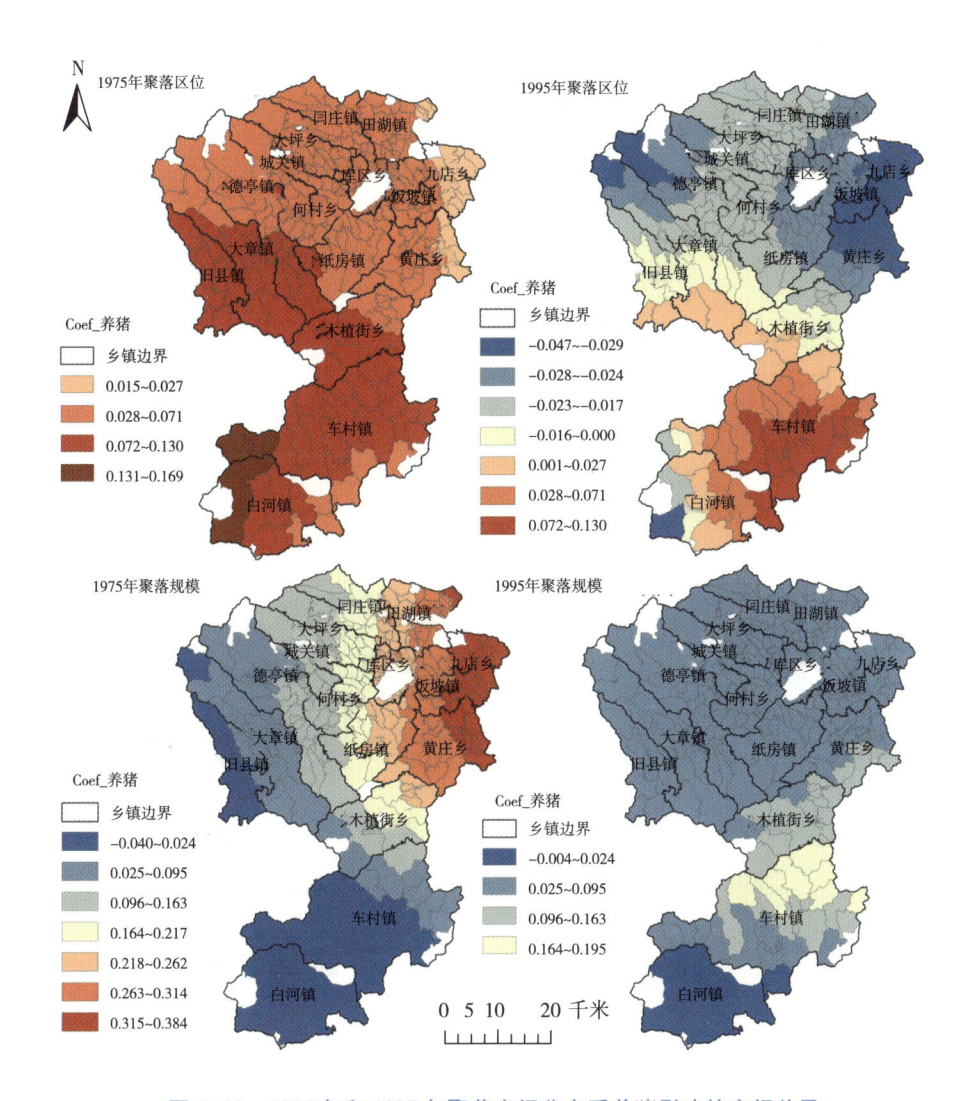

图6-12 1975年和1995年聚落空间分布受养猪影响的空间差异

村、五马寺村和车村镇的铜河村转变为负向影响。③受山羊养殖方面，1975年聚落区位空间分布同时受到山羊养殖的正向和负向影响，且存在明显的空间差异，表现为自西南向东北"正向影响作用逐渐减弱到影响不明显、再到负向影响作用逐渐增强"的渐变趋势；1995年，仅在"嵩南"地区受到山羊养殖的正向影响，且影响作用呈现从"木植街乡→车村镇→白河镇"逐渐增大的变化趋势，在"嵩北"大部分地区受山羊养殖的影响作用不明显，在这些地区的回归系数绝对值小于0.03。

◆ 山区县域聚落空间演化及重构

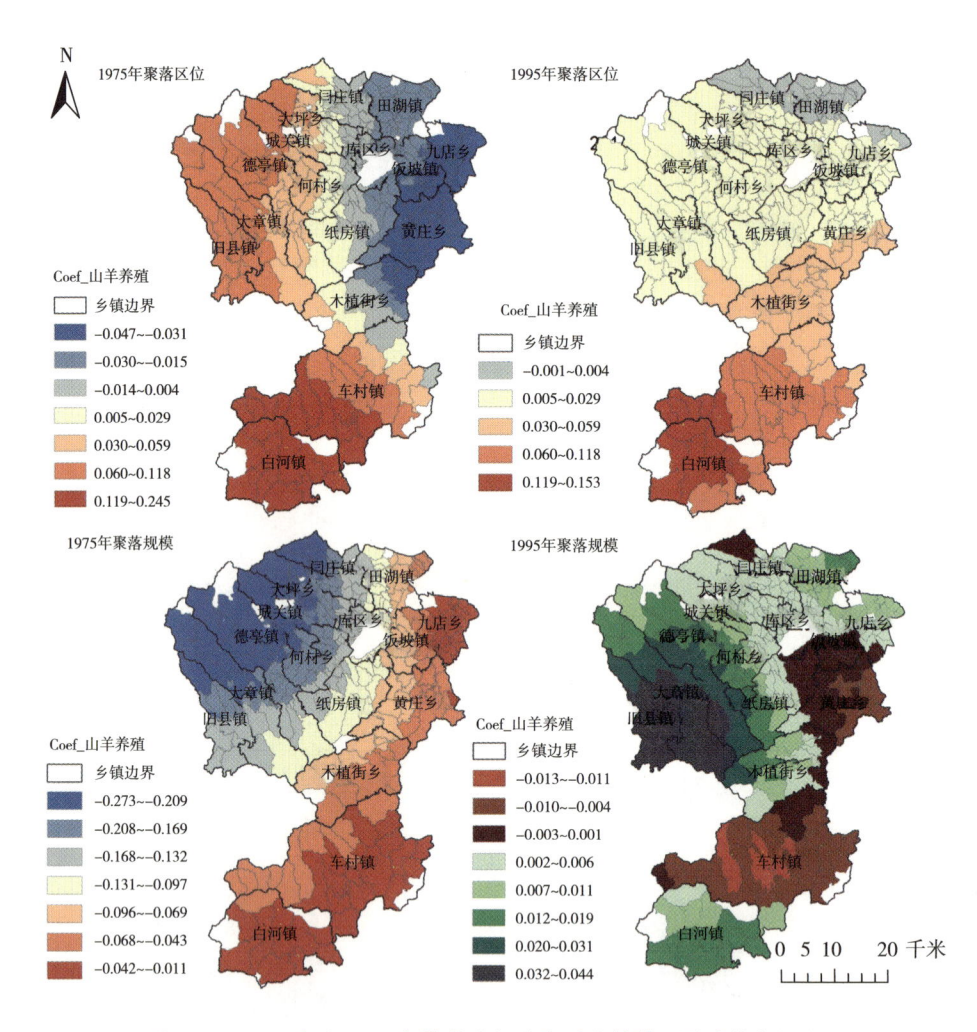

图 6-13 1975 年和 1995 年聚落空间分布受山羊养殖影响的空间差异

聚落规模空间分布与家庭养殖业的关系也存在显著的空间差异（见图 6-11 至图 6-13），且分别受大家畜、养猪量和山羊产量的空间差异有所不同，同时随时间推移发生一定的变化。具体来看：①受大家畜影响方面，在 1975 年聚落规模主要受到大家畜的负向影响作用，且负向影响作用相对较大地区集中在黄庄乡、九店乡和饭坡镇等地区深蓝色区域。和 1975 年相比，1995 年受大家畜影响的空间差异有所缩小，负向影响作用程度有所减弱。②受养猪量影响方面，在 1975 年聚落规模主要受到养猪量的正向影响作用，且存在显著的空间差异，表现为自西南向东北正向影响作用逐渐增强的渐变趋势，受养猪量正向影响作用相对较大地区集中在黄庄乡、饭坡镇和九店乡等地区红色区域。和 1975 年相比，

136

1995年大部分地区受养猪量影响程度有所减弱，空间差异有所缩小。③受山羊养殖方面，1975年聚落规模空间分布仅受到山羊养殖的负向影响，且存在明显的空间差异，整体表现为自西北向东南负向影响作用程度逐渐减弱的渐变趋势；和1975年相比，1995年多数地区受到山羊养殖的影响作用转变为正向，但影响作用程度不明显，回归系数值小于0.05。

6.3 基于乡镇尺度的嵩县聚落空间分布的影响因素分析

鉴于多数社会经济指标数据在自然村、行政村尺度较难获取到，而在快速城镇化进程中尤其是当前新型城镇化阶段山区县域聚落演变受到人文社会方面影响因素更为显著，基于此，本节基于乡镇尺度获取更为全面的自然社会经济等数据，利用主成分分析方法和多元线性回归方法[①]来分析嵩县县域聚落区位和规模空间分布的影响因素。

6.3.1 指标体系的构建

在前人研究的基础上遵循指标体系构建原则并结合数据的可量化性和可得性，选取地形起伏度（x1）、坡度（x2）、地形位指数（x3）、高程（x4）、坡向（x5）、年末总户数（x6）、年末总人口（x7）、生产总值（x8）、第一产业产值（x9）、第二产业产值（x10）、第三产业产值（x11）、农业产值（x12）、林业产值（x13）、牧业（x14）、园林水果产量（x15）、其他园林水果产量（x16）、食用坚果产量（x17）、禽蛋总产量（x18）、肉类总产量（x19）、城镇化率（x20）、人均生产总值（x21）、奶类总产量（x22）、渔业产值（x23）23个自然社会经济方面因子进行分析。其中，各乡镇聚落斑块平均规模、地形起伏度、坡度、地形位指数、高程和坡向是通过ArcGIS10.1基于2015年嵩县聚落斑块相关数据融合提取而来，各乡镇城镇化率是由各乡镇城镇人口除以各乡镇总人口得出，其他数据来自2015年嵩县统计年鉴。

为了避免原始指标之间存在多重共线性问题，在进行多元线性回归之前，先利用主成分分析方法对选取的原始变量分类别进行降维处理。

首先，因变量方面。①聚落区位用各乡镇拥有的聚落斑块数量表示，记为

---

① 由于全县只有16个乡镇，即16个空间单元，不满足空间计量回归模型所要求的分析单元至少有30个空间单元，因此，这里采用传统的多元线性回归分析方法来进行分析。

Y1；②聚落规模主要与人口和聚落斑块面积有关，经过多次尝试最终选取聚落斑块平均规模（y21）、聚落斑块面积比重（y22）和人口密度（y23）3个变量来综合表征聚落规模。显然，表征聚落规模的3个变量之间有较大相关性，利用主成分分析方法做降维处理。由累计方差贡献率可知（见表6-17），第1个主成分的累计贡献率达到91.509%（符合一般标准特征值大于1且方差累计贡献率大于85%），因此选取第1个主成分基本可以代表原始指标的全部信息，即利用主成分分析方法把选取的3项指标综合成1个主成分（段小薇等，2016）。以此主成表征聚落规模（Y2）。最终确定用于分析聚落空间分布影响因素分析的因变量如表6-18所示。

表6-17 聚落规模主成分的特征值、方差贡献率和累计方差贡献率

成分	特征值	方差贡献率（%）	累计方差贡献率（%）
1	2.745	91.509	91.509
2	0.217	7.228	98.737
3	0.038	1.263	100.000

表6-18 基于乡镇尺度的嵩县聚落空间分布影响因素分析的因变量选取

类型		原始变量	
		指标变量及其代码	单位
聚落区位	聚落数量（Y1）	聚落斑块个数（y1）	个
聚落规模	聚落规模（Y2）	聚落斑块平均规模（y21）	平方米
		聚落斑块规模比重（y22）	%
		人口密度（y23）	人/平方千米

其次，自变量指标体系构建方面。选取自变量时涉及自然、社会经济方面23个指标变量，将其按类别进行降维处理。①将代表地形因素的5个变量（X1~X5）做降维处理。在SPSS19.0中按照"满足特征值大于1的条件"做降维处理，发现仅有第1个主成分的特征值大于1，但其方差累计贡献率仅为73.708%小于85%，因此为了使提取的主成分能够较好地反映原始指标的信息，重新设置提取条件，提取前2个主成分，其方差累计贡献率达到91.183%大于85%，此时选取前2个主成分基本可以代表原始指标的全部信息（见表6-19），分别记为X1和X2。②社会经济因素与人口、乡镇生产总值、乡镇农林牧渔业总产值、乡镇畜牧生产总值以及水果生产情况等有关，最终选取表征社会经济因素不同方面的18个指标（X6~X23），为了消除和减少变量间的共线性，在

SPSS19.0 中对这 18 个变量进行多次尝试，发现 X6~X19 相关性强，通过主成分分析方法提取能够表征这些指标大部分信息的主成分，而 X20~X23 可以直接纳入回归模型进行分析（分别对应纳入回归模型的指标 X8~X11）。其中，对变量 X6~X19 提取主成分过程中，先得出的主成分的特征值、贡献率和累计贡献率（见表 6-20），由累计方差贡献率可知，前 5 个主成分的累计贡献率达到 93.715%（符合一般标准特征值大于 1 且方差累计贡献率大于 85%），因此选取前 5 个主成分基本可以代表原始指标的全部信息；即利用主成分分析方法把选取的 14 项指标综合成 5 个主成分，分别对应纳入回归模型中的指标 X3~X7。这里为了更好地看出提取的主成分所表征的主要含义，将其在 SPSS 里面直接进行旋转，并通过旋转矩阵找出各主成分表征的主要变量及代表整体含义（见表 6-21）。

表 6-19　地形因子主成分的特征值、贡献率和累计贡献率

成分	特征值	方差贡献率（%）	累积方差贡献率（%）
1	**3.685**	**73.708**	**73.708**
2	**0.874**	**17.475**	**91.183**
3	0.420	8.397	99.580
4	0.020	0.393	99.973
5	0.001	0.027	100.000

表 6-20　社会经济因素主成分的特征值、贡献率和累计贡献率

成分	初始值			旋转后		
	特征值	方差贡献率（%）	累计方差贡献率（%）	特征值	方差贡献率（%）	累计方差贡献率（%）
1	6.261	44.719	44.719	4.158	29.697	29.697
2	2.535	18.106	62.825	3.290	23.499	53.196
3	1.908	13.630	76.455	2.114	15.098	68.294
4	1.284	9.168	85.623	1.929	13.780	82.074
5	1.133	8.092	93.715	1.630	11.641	93.715
6	0.434	3.102	96.817	—	—	—
7	0.224	1.597	98.414	—	—	—
…	…	…	…	—	—	—

表 6-21　相关性强的社会经济变量的主成分及其表征的原始变量

主成分	指标含义	相关性较高的变量
1	人口经济总量状况	X6、X7、X8、X10、X11
2	农村经济发展水平	X9、X12、X18
3	水果生产水平	X15、X16
4	畜牧业产量	X14、X19
5	食用坚果产量状况	X17

最后，在确定好因变量和自变量之后，需要求出纳入回归模型的指标值。其中，聚落规模、地形因子和社会经济因素中均运用到主成分分析方法做降维处理，在提取主成分之后需要计算主成分的得分值，计算步骤为：①用主成分法提取的主成分法载荷矩阵 P 列初始解（或者旋转后的主成分载荷矩阵 P 列初始解）分别除以主成分特征值的平方根 $\sqrt{\lambda_j}$（j=1，2，…，P）（或者旋转后的各主成分特征值的平方根 $\sqrt{\lambda_j}$），从而得到每个特征根对应的单位特征向量；②由单位特征向量与标准化之后的变量值可以依次写出提取的 P 个主成分的表达式；③依次求出各主成分得分值。最终确定并求出表征聚落规模的指标 Y2、表征地形因素（X1~X5）的两个变量 X1 和 X2 以及表征社会经济因素（X6~X19）的 5 个指标（X3、X4、X5、X6、X7）。最终确定的用于分析聚落空间分布影响因素分析的自变量指标体系如表 6-22 所示。

表 6-22　基于乡镇尺度嵩县聚落空间分布影响因素分析的自变量指标体系

目标层	指标层 指标及代号	表征变量 变量及代号	单位
自然因素	地形高低起伏（X1）	地形起伏度（x1）	米
		坡度（x2）	°
		地形位指数（x3）	—
	坡向（X2）	高程（x4）	米
		坡向（x5）	°
社会经济因素	人口经济总量状况（X3）	总户数（x6）	户
		年末总人口（x7）	人
		生产总值（x8）	万元
		第二产业产值（x10）	万元
		第三产业产值（x11）	万元

续表

目标层	指标层		表征变量	
	指标及代号		变量及代号	单位
社会经济因素	农村经济发展水平（X4）		第一产业产值（x9）	万元
			农业产值（x12）	万元
			禽蛋总产量（x18）	吨
	水果生产水平（X5）		园林水果产量（x15）	吨
			其他园林水果产量（x16）	吨
	畜牧业发展水平（X6）		牧业（x14）	万元
			肉类总产量（x19）	吨
	食用坚果产量状况（X7）		食用坚果产量（x17）	吨
	城镇化发展水平（X8）		城镇化率（x20）	%
	人民生活水平（X9）		人均生产总值（x21）	元
	奶制品发展水平（X10）		奶类总产量（x22）	吨
	渔业发展水平（X11）		渔业产值（x23）	万元

6.3.2 聚落空间分布影响因素分析

基于前面第6.3.1节确定的因变量（聚落斑块数量Y1和聚落斑块规模Y2）和自变量（X1、X2、X3、X4、X5、X6、X7、X8、X9、X10、X11），构建多元线性回归模型如下：

模型1（聚落区位影响因素分析）：

$$Y1 = b_0 + b_1X1 + b_2X2 + b_3X3 + b_4X4 + b_5X5 + b_6X6 + b_7X7 + b_8X8 + b_9X9 + b_{10}X10 + b_{11}X11$$

模型2（聚落规模影响因素分析）：

$$Y2 = c_0 + c_1X1 + c_2X2 + c_3X3 + c_4X4 + c_5X5 + c_6X6 + c_7X7 + c_8X8 + c_9X9 + c_{10}X10 + c_{11}X11$$

其中，b_0、b_1、b_2、b_3、b_4、b_5、b_6、b_7、b_8、b_9、b_{10}、b_{11}和c_0、c_1、c_2、c_3、c_4、c_5、c_6、c_7、c_8、c_9、c_{10}、c_{11}分别为模型1和模型2的常数项系数。

在SPSS19.0中分别对模型1和模型2进行多元线性回归分析，得出两模型的拟合优度R^2分别为0.982和0.986，均通过了1%的显著性检验，且两模型的F统计值分别为19.535和26.151，对应显著性检验分别为0.006和0.003，表明两模型均通过t检验和F检验，模型可行，回归结果及各项参数如表6-23所示。

表 6-23 聚落区位和规模空间分布驱动因素多元回归分析结果

模型		非标准化系数		标准系数	t	Sig.
		B	标准误差			
模型1（聚落区位）	常量	-2.615E-16	0.065		0.000	1.000
	X1	0.264	0.089	0.508	2.982	0.041
	X2	0.416	0.106	0.389	3.936	0.017
	X3	0.455	0.127	1.056	3.567	0.023
	X4	-0.040	0.084	-0.083	-0.471	0.662
	X5	0.134	0.070	0.214	1.928	0.126
	X6	-0.371	0.102	-0.649	-3.646	0.022
	X7	0.237	0.082	0.371	2.879	0.045
	X8	0.134	0.126	0.134	1.065	0.347
	X9	-0.772	0.152	-0.772	-5.080	0.007
	X10	0.173	0.101	0.173	1.721	0.160
	X11	-0.558	0.163	-0.558	-3.433	0.026
模型2（聚落规模）	常量	5.366E-17	0.094		0.000	1.000
	X1	-0.474	0.127	-0.550	-3.728	0.020
	X2	0.116	0.152	0.065	0.763	0.488
	X3	0.470	0.183	0.659	2.569	0.062
	X4	-0.245	0.121	-0.311	-2.029	0.112
	X5	0.008	0.100	0.008	0.081	0.939
	X6	-0.228	0.146	-0.241	-1.564	0.193
	X7	-0.202	0.118	-0.191	-1.705	0.163
	X8	0.203	0.181	0.123	1.120	0.326
	X9	0.143	0.218	0.086	0.656	0.548
	X10	0.089	0.144	0.054	0.620	0.569
	X11	0.318	0.233	0.192	1.364	0.244

由表 6-23 模型 1 回归系数及其显著性水平可知，嵩县聚落区位空间分布受人口经济总量、地形高低起伏、坡向、食用坚果发展水平正向影响显著，其中受人口经济总量规模影响最明显，回归系数值为 1.056，t 统计量的绝对值为 3.567；此外，还受到牧业发展水平、人民生活水平以及渔业发展水平的负向影响，其中受人们生活水平负向影响作用更大，其回归系数为 -0.772，t 统计量的绝对值为 5.080，且在 1% 的水平下显著。由表 6-23 模型 2 回归系数及其显著性

水平可知，嵩县聚落规模空间分布受地形起伏状况和人口经济总量规模影响较大，其中聚落规模空间分布受地形起伏呈负向影响，回归系数为-0.550，t统计量的绝对值为3.728，且在5%的水平下显著；而聚落规模空间分布受人口经济总量正向影响。

表6-23是通过把所选取的变量均纳入模型得出的结果，在一定程度上也反映了聚落空间分布的驱动因素，考虑到选择这些变量时是直观判断认为它们对聚落空间分布有影响，具体是否具有统计学上的意义以及是否显著还需要通过模型结果客观判断，为了更加客观地分析嵩县聚落区位和聚落规模空间分布的驱动因素，对构建的模型1和模型2分别采用多元逐步回归方法进行分析。在进行逐步回归前，首先需要确定检验水平，以作为引入或剔除变量的标准，检验水平根据具体情况而定，一般将F值定在α为0.05、0.1或0.20水平上，这里采用软件里面默认的选入水准0.05，剔除水准为0.1。聚落区位和聚落规模影响因素模型多元逐步回归过程见附表B-8至附表B-15，最终得到多元逐步回归模型结果如表6-24所示。

表6-24 聚落区位和规模空间分布影响因素逐步回归分析结果

模型	变量	非标准化系数 B	标准误差	标准系数	t	P
模型1（聚落区位）	常量	-1.051E-16	0.126		0.000	1.000
	X7	0.402	0.089	0.629	4.531	0.001
	X1	0.312	0.073	0.598	4.277	0.001
	X9	-0.419	0.142	-0.419	-2.949	0.012
模型2（聚落规模）	常量	5.670E-17	0.123		0.000	1.000
	X1	-0.565	0.108	-0.655	-5.251	0.000
	X8	0.594	0.128	0.358	4.647	0.001
	X11	0.455	0.207	0.275	2.202	0.048

逐步回归模型结果表明，嵩县聚落区位和聚落规模空间分布的影响因素均只有3个变量进入回归模型（见表6-24），表明两模型中均只有3个变量具有显著的统计学意义，也就是说嵩县聚落区位主要受到X7、X1、X9影响，而聚落规模空间分布主要受到X1、X8、X11影响。具体而言：

（1）嵩县聚落区位空间分布主要受到食用坚果产量状况、地形起伏状况和人民生活水平影响，其中食用坚果产量状况和地形起伏状况对嵩县聚落区位空间分布的影响为正向作用，而人们生活水平的影响为负。具体而言，食用坚果产量相对影响最大，回归系数为0.629，t统计量绝对值为4.531，在1%的水平下显著；地形因素（包括高程、坡度、地形起伏和地形位状况等）影响次之，回归系数为0.598，t统计量绝对值为4.277，在1%的水平下显著；人们生活水平的负向影响相对最小，回归系数为-0.419，t统计量绝对值为2.949，在5%的水平下显著。

（2）聚落规模的空间分布主要受到地形起伏状况（X1）、城镇化发展水平（X8）和渔业发展水平（X11）影响，其中，地形因素对聚落规模分布的影响为负，而城镇化发展水平和渔业发展水平为正向影响，具体而言，地形因素回归系数为-0.655，t统计量绝对值为5.251，在1%的水平下显著；城镇化水平回归系数为0.358，t统计量绝对值为4.647，在1%的水平下显著；渔业发展水平回归系数为0.275，t统计量绝对值为2.202，在5%的水平下显著。

（3）总的来看，聚落区位和规模空间分布均受到地形的显著影响，但是地形对两者影响的作用相反，即地形对聚落区位空间分布的影响是正向的，而对聚落规模空间分布的影响是负向的，这和现实情况相吻合，在海拔高、坡度大、地形起伏大的山区由于地形差，生存环境恶劣，聚落分布比较散，数量多、规模小，而在地势相对平坦的丘陵地区则刚好相反，聚落分布呈现规模大，数量少的特点。而且随着城镇化进程的推进，这种趋势在加强，从上面分析结果可知聚落规模空间分布与地区城镇化水平成正比，即随地区城镇化发展水平的提高，聚落规模逐渐增大，反之则减小。此外，聚落规模大小和渔业发展水平较为显著的正相关，由于嵩县境内的渔业主要集中在陆浑水库周边，而此地区地势相对平坦，生存环境较好，聚落规模较大且扩展明显，而其他地区渔业发展水平低的地区，聚落规模较小；聚落区位空间分布和人们生活水平呈现明显的负相关，和食用坚果产量呈现正相关：一般而言，生活水平高的地方比较容易吸引更多的人来集聚与此，聚落规模发展比较迅速，因而数量上就会比较少，相反地，生活水平低的地区，人们为了改善生活水平，追求更高的生活质量，会向其他生活水平好的地方集聚，该地方将会逐渐趋于缩减，并且生活水平低的地区主要位于偏远山区，聚落规模小而散；食用坚果主要包括核桃和板栗，一般多产于浅山深山区，而这里并不适合人们大规模生存，聚落散而多。

6.4 本章小结

本章基于1975年、1995年和2015年嵩县自然人文社会经济数据，综合运用因子分析、地理探测器模型、主成分分析、多元回归分析方法、空间计量模型等方法，从自然村、行政村、乡镇层面对聚落空间分布的影响因素及变化进行分析，得出如下结论：

（1）聚落区位和规模空间分布的影响因素不仅随时间有所变化，而且在空间上也存在巨大差异，同时随时间变化在不同位置呈现不同的变化特征。

（2）聚落区位主要受地形、生产条件以及道路、乡镇中心、县城中心和工矿企业的辐射影响，但随时间变化，地形影响在减弱，而道路和乡镇中心的辐射影响在增强，其中，受河流的影响仅在 1975 年为正向影响，受距离道路远近的负向影响先减弱后增强；受乡镇中心距离远近的正向影响逐渐减弱，受县城中心距离远近的正向影响先增强后减弱，受土地生产条件好坏的影响在 1995~2015 年正向影响程度逐渐减弱；受工矿企业的辐射影响仅在 1995 年和 2015 年显著但前一时期是负向影响而后一时期是正向影响，受养猪和大家畜的正向影响作用逐渐减弱而受山羊养殖的正向影响逐渐增强。此外，三个时期嵩县聚落区位受到地形、河流远近距离、道路远近距离、乡镇中心远近距离、县城中心远近距离、劳动力多少、生产条件好坏、工矿企业远近的影响作用程度存在空间差异，且随时间变化在不同位置变化不同。

（3）聚落规模空间分布受自然、社会和经济等方面因子的解释作用均较为显著并随时间有所变化，其中，地形的影响相对较大，社会经济因子中乡镇和县城中心的影响次之，但随城镇化进程的不断加快，县城中心的影响逐渐增强，而乡镇中心和地形的影响逐渐减弱。其中，受地形因素和生产条件的影响均仅在 1995 年和 2015 年为负向显著影响但随时间变化前者逐渐增强而后者逐渐减弱，受河流影响仅在 1975 年时期为显著负向影响，受劳动力的正向影响作用先增强后减弱。此外，嵩县聚落规模空间分布在 1975 年和 1995 年受河流远近距离、道路远近距离、乡镇中心远近距离、县城中心远近距离、工矿企业以及家庭养殖业影响作用存在明显的空间差异，并随时间在不同位置有不同的变化，而在 2015 年受到地形、劳动力多少和生产条件好坏影响的空间差异很小，可以大致忽略。

（4）除以上因素对聚落区位和规模空间分布产生不同的影响外，还有一些其他因素也起着重要作用。例如，文化和政策制度等。其中，以政府政策影响尤为显著，主要表现在扶贫搬迁上，在政府的主导下，2001 年开始，嵩县在河南省率先探索实施易地扶贫搬迁工作，截至 2014 年，累计投资 19.7 亿元，建成搬迁安置点 207 个，搬迁深山贫困群众 1.7 万户 6.6 万人。特别是在"十二五"期间，政府将扶贫搬迁与新型城镇化、旅游开发以及美丽乡村建设相结合，因地制宜地探索实施周转房、保障房、普通安置房"三房"搬迁模式，建设搬迁安置点 110 个，搬迁深山贫困群众 9945 户 39780 人，势必引起聚落的消失或者扩张。

第 7 章　聚落发展适宜性评价及其空间重构研究

随着工业化和城市化的快速发展，广大乡村聚落日趋凋敝，正面临着转型与空间重构。传统乡村特征逐渐转化：经济上从农业向非农业转型、聚落上从乡村型向城镇型转化、空间上从分散向集聚转变、社会构成上农民分化和乡村文化发生转型等（刘彦随，2007；李红波等，2015）。一方面，传统农耕社会形成的乡村地域结构正被城镇化和工业化打破，乡村地域功能分化日益凸显，乡村聚落"散大乱"的空间布局，直接制约乡村建设、产业集聚和生态建设，迫切需要合理调整乡村聚落的生产空间、生活空间和生态空间；另一方面，新型城镇化过程中农民市民化的推进，未来乡村聚落日趋凋敝成为必然趋势，乡村聚落空间重构问题亟待深入探讨（刘彦随和刘玉，2010；李传武等，2015）。20 世纪 50 年代以来的城市化、逆城市化进程中，西方发达国家的乡村地区在社会、经济、环境等方面经历了显著的变化与重构过程，迅速发展的乡村城市化和农业工业化，导致成千上万小村落废弃并逐渐消失，造成乡村聚落结构的根本改变（Ruda，1998）。自 1978 年改革开放政策实施以来，中国广袤的乡村地区也经历了明显的重构过程（Xu et al.，2002；Long & Woods，2011；蔡运龙，1999；冯健，2012；张小林和盛明，2002）。这种现象在山区也尤为显著。正如前面分析的，随着快速城镇化进程的推进，我国山区乡村聚落空间分异明显，山区聚落斑块面积和人口错位关系显著，山区聚落演变的影响因素也发生着巨大变化；然而，山地型聚落普遍存在的规模小、数量多、布局散乱、土地利用率低等现象日趋加剧（邓伟等，2013；余兆武等，2016），成为当前城乡协调发展、新型城镇化建设乃至乡村振兴的制约因素。未来随着人口的大范围迁移这种现象将继续存在，怎样能够向着良好的方向发展？研究山区聚落空间重构可以为这一问题的解决提供一定的决策依据。因此，结合文献述评部分已有学者对乡村聚落或者农村居民点空间重构的相关研究，本章基于空间生产理论、生活质量理论、生态位理论和居住场势理论对嵩县聚落发展适宜性及其空间重构进行研究。

本章研究的整体思路为在聚落空间重构过程中优先考虑聚落的就近搬迁安置，同时，结合"居住场势"理论可知，"居住场势"较高的聚落吸引居民搬迁的引力较强，若开展聚落空间重构时，遵循居民就近迁移并且由低"居住场势"聚落向高"居住场势"聚落迁移的规律，将会大大提升聚落空间重构的质量和效率。鉴于此，同时基于前文构建的有关空间重构适宜性评价的三维指标体系，在空间生产理论、生活质量理论和人地关系中的生态论指导下建立指标体系，对嵩县聚落空间适宜性进行评价，在评价的基础上将各个聚落划分出高、中、低三个适宜性等级，并看各聚落在生态条件、生产条件以及生活条件方面居住场势的高低程度，给出聚落未来的优化及重构方向。主要步骤如下：①根据三生空间指标体系计算嵩县整体聚落适宜性综合得分；②利用 ArcGIS 中自然断裂方法划分嵩县聚落空间适宜性类型；③利用加权 Voronoi 图空间分割功能宏观上实现聚落的空间重构（谢作轮等，2014），确定各搬迁农村聚落的安置去向；④利用加权 Voronoi 图结合居住场势理论，实现微观上的农户搬迁的空间去向；⑤进行综合划分，使聚落空间重构方案更加合理，并且提出未来的重构方向。

7.1 嵩县聚落空间适宜性评价

7.1.1 评价指标体系构建

根据"生产集约、生活宜居、生态文明"的新农村建设目标（梁发超等，2017；秦天天等，2012），在前人研究基础上，遵循指标选取的差异性、代表性以及数据的可获取性和可操作性等原则，从影响聚落空间适宜性的生态条件、生产条件和生活条件中选取具有代表性的 12 项指标（曲衍波等，2010；秦天天等，2012；梁发超等，2017），建立聚落空间适宜性评价指标体系。采用极差标准化法和熵权法确定每项指标的标准化值及其权重（见表 7-1）。指标选取依据如下：

表 7-1 嵩县聚落适宜性评价指标体系

目标层	评价指标				各项指标现状值		指标权重	目标层权重和
	指标层				变化范围	均值		
	变量	含义（单位）		方向性				
生态条件	X1	地形位指数		−	0.13~0.86	0.44	0.015	0.072
	X2	坡向（°）		+	0~359.98	148.68	0.042	
	X3	地形起伏度（米）		−	2.98~253.33	85.94	0.011	
	X4	水源可达性（米）		−	0~8780.59	980.49	0.004	

续表

目标层	评价指标			各项指标现状值		指标权重	目标层权重和
	指标层			变化范围	均值		
	变量	含义（单位）	方向性				
生产条件	X5	耕地面积（公顷）	+	0~234.48	9.75	0.256	0.548
	X6	粮食单产（公斤/亩）	+	0~364.00	223.71	0.009	
	X7	劳动力数量（人）	+	0~4536.79	94.69	0.270	
	X8	工矿企业可达性（米）	−	17.21~16666.78	4944.26	0.013	
生活条件	X9	农村居民点规模（平方米）	+	219.59~8195101.74	51627.63	0.336	0.381
	X10	县城中心可达性（米）	−	556.50~76637.59	28242.15	0.022	
	X11	乡镇中心可达性（米）	−	72.10~30310.70	8606.25	0.011	
	X12	主干道路通达性（米）	−	0.03~15542.18	3285.78	0.012	

（1）生态条件主要反映了自然条件对聚落建设和发展的限制性、居民居住环境的生态适宜性、水土资源的保护性等。自然条件对聚落建设和发展的限制性表现在，聚落选址布局时，应该规避自然灾害易发区和地质承载薄弱区以及生态环境脆弱区。由于地质灾害指标数据缺失，考虑到地质灾害受地形地貌（如高程和坡度）影响显著，集中发生在中低山地区。其中，斜坡灾害、滑坡以及崩塌均与坡度有关（李智等，2017；于德海等，2008；强菲等，2015）；而地形位指数由高程和坡度综合而来，其值的高低从某种程度上可以反映地质灾害发生频率的高低；地形起伏度大小也从某种程度上可以反映地质灾害发生程度。此外，居民居住环境的生态适宜性与高程、坡度、地形起伏度、坡向以及水源关系密切，可以用这些指标进行衡量。因此，选取地形位、坡向、地形起伏、水源影响度作为生态条件的评价指标。

（2）生产条件反映了聚落发展的永续性和居民生存的基础保障。具体表现在以农业为主要产业的劳动者的就业以及农民从事农业和非农业生产的效益。选择耕地面积、粮食单产、劳动力数量和工矿企业可达性作为评价指标。

（3）生活条件集中体现居民生活水平的高低，一般用区位条件和基础服务设施水平来表征。选取居民点规模、县城中心可达性、乡镇中心可达性和主干道路通达性作为评价指标。

7.1.2 指标量化和综合评价模型

（1）进行指标数值的标准化：研究获取的各评价指标数据来源于统计年鉴、测量统计值等，存在量纲影响，需进行标准化处理。本书根据变量对目标层的正负向作用，采用极差标准化法以消除指标的不同向、量纲和数量级差异影响，将各指标数值量化到 0~1。其中，坡向是影响丘陵山地农业生产及居民生活的重要因素，会对农村居民点分布产生重要影响（樊天相等，2015），由于坡向是决定地表局部地面接收阳光程度强弱以及重新分配太阳辐射的重要因素之一，将会直接造成局部地区气候特征差异：光热条件最好的为南坡，其辐射收入也最多，越向北辐射收入越少；使南坡、西南坡比较暖和，而北坡、东北坡比较寒冷。因此在标准化时认为南坡和平地为最大值 1，北坡为最小值 0，其他介于二者之间的根据标准化公式计算其标准化值。

1）正向作用标准化公式：

$$X'_{ij} = \frac{x_{ij} - x_{ijmin}}{x_{ijmax} - x_{ijmin}} \tag{7-1}$$

2）负向作用标准化公式：

$$X'_{ij} = \frac{x_{ijmax} - x_{ij}}{x_{ijmax} - x_{ijmin}} \tag{7-2}$$

3）坡向标准化公式：

$$X'_{i2} = \begin{cases} 1 & -1 \leqslant x_{i2} \leqslant 0 \\ \dfrac{x_{i2} - x_{i2min}}{x_{i2max} - x_{i2min}} & 0° < x_{i2} \leqslant 180 \\ \dfrac{x_{i2max} - x_{ij}}{x_{i2max} - x_{i2min}} & 180° < x_{i2} \leqslant 360° \end{cases} \tag{7-3}$$

式（7-1）至式（7-3）中，X'_{ij} 表示第 i 个村子第 j 项指标的归一化处理值（其中 i=1, 2, 3, …, 3219；j=1, 3, 4, 5, 6, 7, 8, 9, 10, 11, 12），X'_{i2} 表示第 i 个村子坡向指标的归一化处理值，x_{ij}、x_{ijmax} 和 x_{ijmin} 分别表示第 i 个村子第 j 项指标的实际值、最大值和最小值。

（2）根据熵权法确定各指标的权重。熵权法是一种客观赋权方法，相对那些主观赋值法精度较高，客观性更强，能够更好地解释所得到的结果。在具体使用过程中，熵权法根据各指标的变异程度，利用信息熵计算出各指标的熵权，再通过熵权对各指标的权重进行修正，从而得出较为客观的指标权重（Tian et al.，2014；李航等，2017）。利用熵权法求各指标值权重的过程为：

1）计算第 j 个指标下第 i 个对象的指标值的比重 P_{ij}：

$$P_{ij} = \frac{x_{ij}}{\sum_{i=1}^{m} x_{ij}} \tag{7-4}$$

2）计算第 j 个指标的熵值 e_j：

$$e_j = -\frac{\sum_{i=1}^{m} P_{ij}\ln P_{ij}}{\ln m} \tag{7-5}$$

如果 $P_{ij}=0$，则定义 $\lim_{P_{ij}\to 0} P_{ij}\ln P_{ij}=0$

3）计算第 j 个指标的熵权 W_j：

$$W_j = \frac{1-e_j}{\sum_{j=1}^{n}(1-e_j)} \tag{7-6}$$

式（7-4）至式（7-6）中，m、n 分别代表村落的个数和指标项个数，其中 m=1，2，3，…，3219，n=1，2，3，…，12。

（3）聚落适宜性评价指数的计算公式 HSI_i（Habitat Suitability Index，HSI）：

$$HSI_i = \sum_{j=1}^{n} X'_{ij} \times W_j \tag{7-7}$$

式（7-7）中，各指标的含义和前面的一致，依次类推，可以计算出各个村落的生态适宜性、生产适宜性和生活适宜性指数。

7.1.3 嵩县聚落空间适宜性结果评价

经过计算得到嵩县聚落总空间适宜性、生态适宜性、生产适宜性和生活适宜性得分值，依据 ArcGIS10.1 中自然断裂分类方法将嵩县聚落依次划分为高、中、低总适宜性聚落，高、中、低生态适宜性聚落，高、中、低生产适宜性聚落，以及高、中、低生活适宜性聚落。由于县城聚落的特殊性，将其单列出来，并观察其适宜性值归属的区间，将其归类为对应类别，若其适宜性得分值高于高适宜范围最高临界值，则将其划分为更高适宜性聚落。分类区间值以及分类结果见图 7-1 和表 7-2 至表 7-6。通过分析可以发现：

首先，整体看来，嵩县各聚落适宜性值的村级变化范围呈现出"总适宜性>生产适宜性>生活适宜性>生态适宜性"，其极差值依次为 0.700、0.409、0.369 和 0.057。表明嵩县聚落之间总适宜性差距相对最大；此外，生态、生产和生活适宜性方面，又以生产适宜性差距较大，其最小值相对最小，最大值相对最大；而聚落间生态适宜性差距相对最小（见表 7-2）。

其次，从聚落总体适宜性、生态、生产和生活适宜性方面来看：①嵩县总体高适宜性聚落数量偏低，仅有 78 个，占聚落总数比重不到 3%；而低适宜性聚落达到 2114 个，占当年聚落总数的 65.7%。②高、中、低生态适宜性聚落数量占总体比重分别为 34.82%、36.81% 和 28.33%，各类型相对比较均衡。③高生产

表 7-2 总适宜性以及生态、生产、生活适宜性聚落类型划分情况

类型		区间范围		聚落	
		区间（值）	极差	个数（个）	平均斑块面积（平方千米）
总适宜性	总体	(0.03571, 0.735985]	0.700	3219	51627.63
	县城（更高适宜聚落）	0.735985	0	1	8195101.94
	高适宜聚落	(0.216098, 0.567842]	0.352	78	562418.37
	中适宜聚落	(0.109359, 0.216098]	0.107	1026	73011.16
	低适宜聚落	(0.03571, 0.109359]	0.074	2114	18550.69
生态适宜性	总体	(0.011631, 0.069111]	0.057	3219	51627.63
	县城（高生态适宜聚落）	0.058707	0	1	8195101.94
	高生态适宜聚落	(0.048987, 0.069111]	0.020	1121	74009.48
	中生态适宜聚落	(0.03414, 0.048987]	0.015	1185	38117.54
	低生态适宜聚落	(0.011631, 0.03414]	0.023	912	32741.59
生产适宜性	总体	(0.003576, 0.412489]	0.409	3219	51627.63
	县城（高生产适宜聚落）	0.297645	0	1	8195101.94
	高生产适宜聚落	(0.135461, 0.412489]	0.277	58	493532.87
	中生产适宜聚落	(0.043731, 0.135461]	0.092	396	156889.49
	低生产适宜聚落	(0.003576, 0.043731]	0.040	2764	24327.46
生活适宜性	总体	(0.010657, 0.379632]	0.369	3219	51627.63
	县城（更高生活适宜聚落）	0.379632	0	1	8195101.94
	高生活适宜聚落	(0.085613, 0.267611]	0.182	7	2407334.83
	中生活适宜聚落	(0.031394, 0.085613]	0.054	1917	62677.94
	低生活适宜聚落	(0.010657, 0.031394]	0.021	1294	16220.48

适宜性聚落数量偏少，仅有 58 个，占聚落总数比重不到 2%；而低生产适宜性聚落达到 2764 个，占当年聚落总数的 85.9%。④高生活适宜性聚落数量偏少，仅有 7 个，仅占聚落总数的 0.2%；而低生活适宜性聚落达到 1294 个，占当年聚落总数的 40.2%。⑤县城在总适宜性类型划分中归属于更高适宜聚落，在生态、生产和生活适宜性聚落类型划分中分别归属于高生态适宜聚落、高生产适宜聚落和更高生活适宜聚落。⑥在聚落的高、中、低适宜性类型（包括总体、生态、生产和生活）划分中，聚落平均斑块规模均呈现出"高适宜聚落>中适宜聚落>低适宜聚落"（见表 7-2）。

再次，从空间分布上来看：①嵩县高适宜性聚落主要分布在"嵩北"地区

和"嵩南"车村镇镇区,其中,"嵩北"地区又以县城周边及其以北地区分布居多,另外还有德亭镇、大章镇、旧县镇、黄庄乡、饭坡镇以及九店乡镇区所在地;"嵩南"地区仅有车村镇镇区所在聚落属于高适宜聚落。②高生态适宜性聚落在全县范围内分布较广,但仍以"嵩北"地区居多,且呈条带状;"嵩南"地区,在车村镇内沿国道线两侧高生态适宜性聚落分布数量较多且呈线条状分布,在白河镇和木植街乡也有多处高生态适宜性聚落且呈不规则分散分布。③高生产适宜性聚落的空间分布格局与总适宜性聚落类似但范围略偏小,即主要分布在"嵩北"地区和"嵩南"车村镇镇区,其中,嵩北地区又以县城周边及其以北地区分布居多,另外还有德亭镇、大章镇、旧县镇、饭坡镇以及九店乡镇区所在地;"嵩南"地区仅有车村镇镇区所在聚落属于高生产适宜聚落。④高生活适宜性聚落分布区域较少,仅分布在"嵩北"的县城以及与县城紧邻的纸房村和上坡村、饭坡镇镇区所在地(饭坡村)、田湖镇镇区所在地(田湖村)以及田湖镇的柿园村和古城村(见图7-1)。

最后,从各乡镇来看:①高适宜性聚落分布较多的乡镇有田湖镇、库区乡、大坪乡、闫庄镇和城关镇,这些乡镇位于嵩县浅山丘陵区,且位于这5个乡镇的高适宜性聚落主要分布在丘陵地区。这一区域由伊河及其支流和陆浑水库的水源保证,境内由S247、S322、洛栾快速、X048组成便捷的交通网,同时嵩县县城也位于该区域。使得这个区域内的聚落交通便利,靠近城镇和水源,基础设施相对较完善、配套齐全,经济活动相较于其他地区交流频繁,因此该区域内高适宜性聚落数量和面积均占多数。②高生态适宜性聚落在各乡镇均有较多数量的分布,其中数量最少的库区乡也有28个,各乡镇中高适宜聚落总规模分布多的乡镇为田湖镇、库区乡、闫庄镇、德亭镇和何村乡。③高生产适宜性聚落分布较多的乡镇有田湖镇、库区乡、大坪乡、闫庄镇和城关镇,这些乡镇位于嵩县浅山丘陵区,且位于这5个乡镇的高适宜性聚落主要分布在丘陵地区。这一区域由伊河及其支流和陆浑水库的水源保证,适宜耕作的土地面积较多。方便聚落内居民进行生产活动。④高生活适宜性聚落仅有7个,集中分布在田湖镇、库区乡、城关镇、饭坡镇和纸房镇,这5个乡镇位于嵩县浅山丘陵区,且位于这5个乡镇的高适宜性聚落主要分布在丘陵地区。这一区域由伊河及其支流和陆浑水库的水源保证,境内由S247、S322、洛栾快速、X048组成便捷的交通网,同时嵩县县城也位于该区域。使得这个区域内的聚落交通便利,靠近城镇和水源,基础设施相对较完善、配套齐全,经济活动相较于其他地区交流频繁,因此,该区域是高生活适宜性聚落数量和面积的集中地(见表7-3至表7-6)。

第7章 聚落发展适宜性评价及其空间重构研究

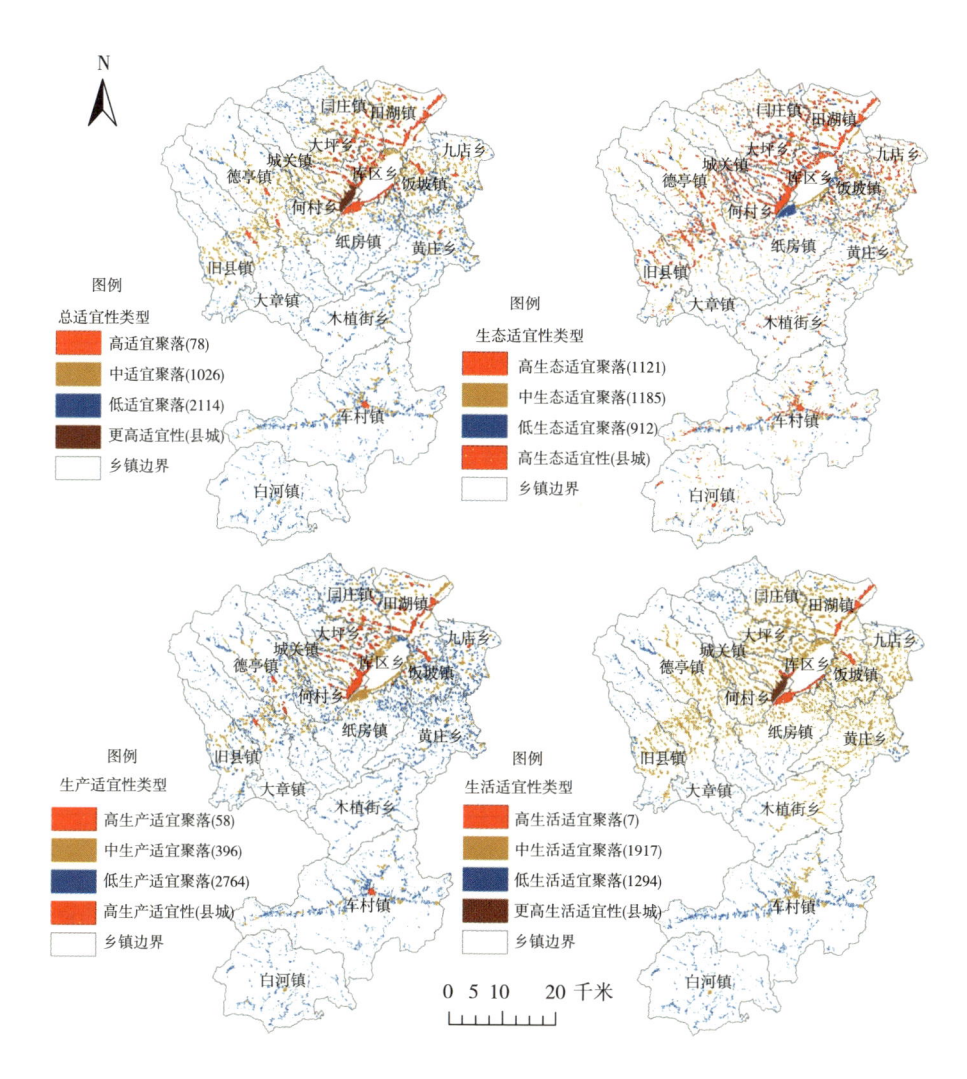

图 7-1 嵩县聚落空间适宜性类型划分

表 7-3 总适宜性聚落类型统计表　　　　单位：平方千米，个

乡镇名称	高适宜聚落		中适宜聚落		低适宜聚落	
	面积	个数	面积	个数	面积	个数
田湖镇	10.42	19	6.63	72	0.46	22
库区乡	7.10	13	3.37	20	0.01	1
大坪乡	4.30	11	4.73	69	1.72	86
闫庄镇	3.91	11	7.22	104	1.39	80

续表

乡镇名称	高适宜聚落 面积	高适宜聚落 个数	中适宜聚落 面积	中适宜聚落 个数	低适宜聚落 面积	低适宜聚落 个数
城关镇	3.38	6	2.78	31	0.70	33
德亭镇	1.54	3	8.72	118	2.99	192
饭坡镇	2.35	3	6.40	86	2.05	60
何村乡	0.91	3	6.11	84	1.11	47
车村镇	1.62	2	4.15	60	8.07	450
大章镇	1.12	2	5.12	73	2.53	178
九店乡	0.87	2	5.87	80	2.30	67
纸房镇	5.48	1	3.71	66	3.69	203
黄庄乡	0.30	1	3.53	67	4.70	236
旧县镇	0.56	1	5.08	66	1.70	86
木植街乡	0.00	0	0.99	27	2.51	148
白河镇	0.00	0	0.51	3	3.28	225
合计	43.87	78	74.91	1026	39.22	2114

表 7-4　生态适宜聚落类型统计表　　　单位：平方千米，个

乡镇名称	高生态适宜聚落 面积	高生态适宜聚落 个数	中生态适宜聚落 面积	中生态适宜聚落 个数	低生态适宜聚落 面积	低生态适宜聚落 个数
田湖镇	13.69	76	3.26	26	0.57	11
库区乡	7.30	28	2.57	4	0.61	2
大坪乡	7.78	91	2.07	51	0.90	24
闫庄镇	7.95	101	3.40	74	1.17	20
城关镇	5.09	29	1.07	25	0.69	16
德亭镇	6.42	113	4.83	129	1.99	71
饭坡镇	4.24	71	4.97	44	1.60	34
何村乡	6.00	71	1.39	40	0.73	23
车村镇	4.48	114	4.18	193	5.17	205
大章镇	4.57	75	2.38	98	1.81	80
九店乡	5.50	75	2.90	56	0.64	18
纸房镇	2.23	54	2.41	89	8.24	127
黄庄乡	2.13	75	4.22	135	2.19	94

续表

乡镇名称	高生态适宜聚落		中生态适宜聚落		低生态适宜聚落	
	面积	个数	面积	个数	面积	个数
旧县镇	3.22	58	2.85	55	1.27	40
木植街乡	1.11	49	1.31	67	1.09	59
白河镇	1.25	41	1.36	99	1.18	88
合计	82.96	1121	45.17	1185	29.86	912

表7-5 生产适宜聚落类型统计表　　　　单位：平方千米，个

乡镇名称	高生产适宜聚落		中生产适宜聚落		低生产适宜聚落	
	面积	个数	面积	个数	面积	个数
田湖镇	7.76	15	8.32	50	1.43	48
库区乡	2.71	8	6.60	13	1.17	13
大坪乡	4.07	10	3.26	27	3.42	129
闫庄镇	3.43	9	5.02	40	4.07	146
城关镇	3.15	5	2.60	21	1.12	44
德亭镇	1.54	3	5.54	45	6.17	265
饭坡镇	2.19	2	3.98	31	4.64	116
何村乡	0.69	2	3.87	31	3.57	101
车村镇	1.33	1	2.84	23	9.67	488
大章镇	0.82	1	3.80	31	4.14	221
九店乡	0.38	1	3.44	25	5.22	123
纸房镇	0.00	0	7.03	16	5.85	254
黄庄乡	0.00	0	1.46	10	7.07	294
旧县镇	0.56	1	3.69	29	3.09	123
木植街乡	0.00	0	0.22	2	3.29	173
白河镇	0.00	0	0.46	2	3.33	226
合计	28.62	58	62.13	396	67.24	2764

表7-6 生活适宜聚落类型统计表　　　　单位：平方千米，个

乡镇名称	高生活适宜聚落		中生活适宜聚落		低生活适宜聚落	
	面积	个数	面积	个数	面积	个数
田湖镇	5.32	3	11.83	97	0.37	13
库区乡	2.41	1	8.07	33	0.00	0

续表

乡镇名称	高生活适宜聚落		中生活适宜聚落		低生活适宜聚落	
	面积	个数	面积	个数	面积	个数
大坪乡	0.00	0	9.27	90	1.49	76
闫庄镇	0.00	0	11.81	139	0.71	56
城关镇	1.64	1	4.66	43	0.55	26
德亭镇	0.00	0	11.59	195	1.66	118
饭坡镇	2.00	1	8.80	148	0.00	0
何村乡	0.00	0	8.00	129	0.12	5
车村镇	0.00	0	6.01	63	7.82	449
大章镇	0.00	0	7.02	116	1.74	137
九店乡	0.00	0	8.61	135	0.44	14
纸房镇	5.48	1	6.82	232	0.57	37
黄庄乡	0.00	0	7.98	272	0.55	32
旧县镇	0.00	0	6.51	97	0.84	56
木植街乡	0.00	0	2.78	127	0.72	48
白河镇	0.00	0	0.39	1	3.40	227
合计	16.85	7	120.15	1917	20.99	1294

7.2 嵩县聚落空间重构区划分

7.2.1 划分依据

依据前面的分析，将县城和高适宜性聚落作为中心居民点，首先，采用加权Voronoi图分割方法进行聚落空间重构的宏观划分，实现待安置聚落的就近迁移安置（见图7-2）；其次，微观的Voronoi图安置区域内，有可能有居民点的居住场势高于中心居民点，则不需要进行搬迁安置，结合"居住场势"理论进行各Voronoi图内部的微观划分，将各重构区内"居住场势"高的聚落进行保留，从微观确定农户安置去向，提高聚落安置的效率。其中，居住场势的原理是借用经济地理区位研究的场理论，优良的居住条件对应着较高的"居住场势"（谢作轮等，2014；梁发超等，2017），借用居住场势理论，实现居民点的空间重构，其中其计算公式如下：

$$N_i = \frac{HSI_i}{\sum_{i=1}^{n} HSI_i} \tag{7-8}$$

式（7-8）中：N_i 为聚落 i 的"居住场势"；HSI_i 为聚落 i 的总适宜性指数；n 为研究区域内的聚落个数。通常情况下，N_i 值越大，则聚落整体居住水平越高，对居民的吸引力和集聚力越大。"居住场势"的生态、生产和生活分量分别可用平均单元的生态、生产、生活维度绝对量与对应维度的区域总量值的比值来表示。即：

$$N_{ei} = \frac{HSI_{ei}}{\sum_{i=1}^{n} HSI_{ei}} \tag{7-9}$$

$$N_{pi} = \frac{HSI_{pi}}{\sum_{i=1}^{n} HSI_{pi}} \tag{7-10}$$

$$N_{li} = \frac{HSI_{li}}{\sum_{i=1}^{n} HSI_{li}} \tag{7-11}$$

式（7-9）至式（7-11）中：N_{ei}、N_{pi}、N_{li} 分别为聚落 i "居住场势"的生态、生产和生活分量；HSI_{ei}、HSI_{pi} 和 HSI_{li} 分别为聚落 i 的生态、生产和生活适宜性指数；n 为研究区域内的聚落个数。

7.2.2 划分结果分析

通过加权 Voronoi 图基于 78 个中心居民点划分的空间重构区可以发现：全县被 79 个泰森多边形分割（见图 7-2），每个多边形均包含一个中心居民点和若干个适宜性低的聚落（即待安置居民点），就近在泰森多边形内安置会缩减空间距离和成本，提高安置效率。

考虑到各泰森多边形内可能存在有部分待安置聚落的居住场势高于中心居民点的居住场势，那么这部分聚落就不需要进行搬迁安置。通过居住场势计算结果，发现：①有 183 个低适宜性聚落的生态分量偏高，而生态分量对应的指标是地形位指数、坡向、地形起伏度和水源可达性，表明这些聚落所在地区自然条件优于其对应的中心居民点所在地区，适合居民居住，但是由于其"居住场势"的生产、生活分量偏低，不适合进行生产生活活动，居住的可持续性低，因此将这 183 个聚落也归类到需要重构的聚落之列，需要进行重新规划或者进行搬迁安置。②有 8 个聚落的生活分量偏高，虽然当前总适宜性偏低，但是有巨大的发展潜力，因此作为保留聚落。那么最终需要搬迁安置的聚落有2116个。

通过研究发现编号为V11、V14、V15、V17、V18、…、V68、V72、V73等40个泰森多边形内没有需要安置的聚落（见表7-7），而这些泰森多边形主要集中在丘陵区的县城及其周边地区；其他低山中山区需要安置的聚落偏多，如在其余39个有需要安置聚落的泰森多边形内，7个泰森多边形内需要安置的聚落数超过100个，其对应编号分别为V0、V3、V12、V21、V31、V42和V75，均位于低山中山区，在这些地区生存适宜性低。此外，还有部分聚落所在地区没有被包围在泰森多边形内，分别是白河镇、车村镇南边的部分地区和旧县镇、大章镇、德亭镇西边的小部分地区以及九店乡东边的一角（见图7-2），主要位于中山区。究其原因在于这些聚落所在地区没有中心居民点，并且其他中心居民点也没能覆盖这些区域。这些没有被包围的聚落中需要安置的聚落数量达371个。

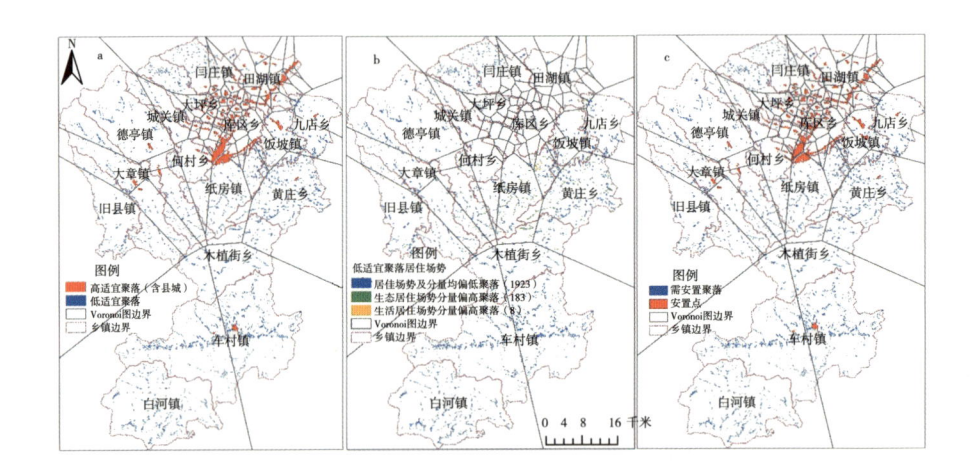

图7-2 嵩县聚落空间重构

注：图中a代表宏观空间重构区划分，b代表低适宜聚落居住场势及分量与高适宜聚落对比图，c代表微观需要安置聚落和安置点分布图。

表7-7 嵩县各聚落空间重构分区内不同适宜类型聚落数量和面积

单位：个，平方千米

泰森多边形编号	高（更高）适宜聚落		中适宜聚落		低适宜聚落		多边形内是否有需要安置的聚落
	数量	面积	数量	面积	数量	面积	
V0	1	564032.35	53	4274932.76	102	1671828.36	是
V1	1	821458.86	29	2102211.74	42	892239.64	是

第7章 聚落发展适宜性评价及其空间重构研究

续表

泰森多边形编号	高（更高）适宜聚落 数量	高（更高）适宜聚落 面积	中适宜聚落 数量	中适宜聚落 面积	低适宜聚落 数量	低适宜聚落 面积	多边形内是否有需要安置的聚落
V2	1	296486.91	25	1825218.39	76	761693.75	是
V3	1	744722.99	85	6507956.56	105	2176080.91	是
V4	1	133337.37	23	1622195.06	14	337061.17	是
V5	1	662452.37	36	2332395.94	64	819447.68	是
V6	1	285711.08	41	3678171.5	25	723719.84	是
V7	1	263290.08	4	471561.85	4	68775.56	是
V8	1	307576.74	23	1716649.99	7	209116.54	是
V9	1	220303.09	36	1966789.82	41	535862.62	是
V10	1	683238.63	17	1259521.97	3	102265.92	是
V11	1	377750.83	4	253129.04	—	—	否
V12	1	210770.4	53	2995252.85	142	2387086.95	是
V13	1	537239.98	7	563448.3	1	41887.61	是
V14	1	298685.77	7	330796.27	—	—	否
V15	1	424129.2	6	564014.52	—	—	否
V16	1	443017.87	4	400287.4	1	21629	是
V17	1	231495.42	4	293079.8	—	—	否
V18	1	235857.23	6	311244.41	—	—	否
V19	1	251513.06	—	—	—	—	否
V20	1	264809.29	1	59116.43	—	—	否
V21	1	292635.15	20	1555314.1	188	3719218.57	是
V22	1	276577.38	1	21188.31	—	—	否
V23	1	245202.44	21	1497171.92	8	221188.63	是
V24	1	416044.63	6	535639.15	—	—	否
V25	1	322996.41	3	100410.71	—	—	否
V26	1	8195102	1	97594.39	—	—	否
V27	1	284064.96	1	24738.39	—	—	否
V28	1	318849.75	2	135069.67	—	—	否
V29	1	802527.40	1	60849.37	—	—	否
V30	1	489687.33	1	138865.48	—	—	否
V31	1	5484627.10	30	1551907.20	137	2191776.86	是

续表

泰森多边形编号	高（更高）适宜聚落		中适宜聚落		低适宜聚落		多边形内是否有需要安置的聚落
	数量	面积	数量	面积	数量	面积	
V32	1	258573.11	3	137037.29	—	—	否
V33	1	1643192.90	1	69092.27	—	—	否
V34	1	834764.09	6	620564.55	—	—	否
V35	1	75605.92	1	118713.64	2	20952.89	是
V36	1	297893.04	1	112823.23	—	—	否
V37	1	352674.17	—	—	—	—	否
V38	1	298197.51	2	297639.42	1	1433.81	是
V39	1	657357.43	1	58684.85	—	—	否
V40	1	234863.04	5	461024.55	—	—	否
V41	1	472821.33	25	1810831.68	4	85008.43	是
V42	1	1326081.80	51	3036809.16	295	5394533.74	是
V43	1	336549.84	2	98824.67	—	—	否
V44	1	500669.77	1	29277.03	—	—	否
V45	1	434963.25	1	90332.95	—	—	否
V46	1	380571.97	1	118282.67	—	—	否
V47	1	343570.83	3	311729.04	—	—	否
V48	1	572783.56	4	410945.41	—	—	否
V49	1	2405269.5	8	373981.23	6	75957.54	是
V50	1	299346.61	22	1841329.93	8	290649.42	是
V51	1	338720.62	1	10338.38	—	—	否
V52	1	318715.43	1	26687.42	—	—	否
V53	1	613786.64	5	1415344.54	1	13064.79	是
V54	1	33805.54	18	799177.31	61	1364792.22	是
V55	1	861062.47	1	123102.17	—	—	否
V56	1	500209.07	3	384490.14	—	—	否
V57	1	340779.23	14	957477.75	3	79373.83	是
V58	1	187321.16	7	1112046.79	1	1135.24	是
V59	1	161101.07	21	1672972.04	23	706468.85	是
V60	1	398202.91	6	1037125.92	1	46305.60	是
V61	1	286908.41	5	438698.12	1	63341.18	是

续表

泰森多边形编号	高（更高）适宜聚落 数量	高（更高）适宜聚落 面积	中适宜聚落 数量	中适宜聚落 面积	低适宜聚落 数量	低适宜聚落 面积	多边形内是否有需要安置的聚落
V62	1	374570.97	7	673603.48	2	24515.83	是
V63	1	188659.87	4	436424.09	—	—	否
V64	1	1635244.20	—	—	—	—	否
V65	1	967776.54	1	99485.98	—	—	否
V66	1	230261.12	5	550793.37	1	13521.18	是
V67	1	363402.46	6	321196.61	10	198187.18	是
V68	1	143719.87	1	150038.19	—	—	否
V69	1	2002846.90	45	3308174.50	22	844248.46	是
V70	1	140898.62	1	409044.92	5	120142.24	是
V71	1	1846450.00	—	—	1	49512.89	是
V72	1	8316.92	—	—	—	—	否
V73	1	1833713.40	—	—	—	—	否
V74	1	3508.23	—	—	—	—	否
V75	1	302342.20	81	4171225.22	271	5445635.32	是
V76	1	1290.70	1	37613.04	—	—	否
V77	1	485910.79	47	3403014.56	45	1720541.75	是
V78	1	382265.63	40	2897456.89	19	673417.55	是
未被涵盖的区域	—	—	16	1229275.29	371	5102545.85	
总计	79	52063734	1026	74909453.60	2114	39216165.40	39/40

注：V26中的中心居民点是县城所在聚落，表格中"—"表示没有这一项数值，右下角最后一个单元格里的数据"39/40"表示多边形内有需要安置的聚落的泰森多边形总个数为39个，没有需要安置的聚落的泰森多边形总个数为40个。

7.3 嵩县聚落空间重构方向及政策建议

基于加权Voronoi图对嵩县高适宜性聚落影响范围的空间分割，实现宏观上搬迁方向的优化，在此基础上，基于"居住场势"理论，从微观上衡量各泰森多边形内低适宜性聚落与高适宜性聚落的"居住场势"相对大小，实现宏观与微观相结合，得出更加合理的聚落空间重构优化方案。基于本章分析结果，并结合前面关于嵩县聚落空间分异特征、影响因素、人口与聚落斑块规模的空间关系得出的相关结论，将嵩县聚落未来的重构方向划分为以下四大类。

7.3.1 城镇化型

城镇化型是指将城镇周边的乡村聚落纳入城镇聚落体系，完善基础设施，实现城乡统筹发展。该类型的乡村聚落与城镇之间的距离较近，主要分布在县城和乡镇政府驻地的周边，受城镇的辐射和影响较大。以嵩县为例，主要是分布在嵩县县城、田湖镇、库区乡、大坪乡、闫庄镇、城关镇、德亭镇、饭坡镇、何村乡、车村镇、大章镇、九店乡、纸房镇、黄庄乡和旧县镇镇区周边的乡村聚落，在对该类乡村聚落空间优化重构过程中，应将原村庄规划、土地整治与城镇规划进行衔接，引导居民向住宅小区集中，并考虑农民对住房面积、容积率和基础设施的需求，设计适合农民居住的社区户型。同时，在转制过程中应合理安排好农民的生产生活，解决好农民的失地补偿、户籍、就业以及对原有农村集体财产的占有与分配等问题，及时地将农民纳入城镇社会保障服务体系。例如，可以通过土地产权和建制转变，采取将镇改为街、将村委会改为居委会或社区委员会、将农业户口转为非农业户口的方式，直接将该类乡村聚落纳入城镇建制。

结合嵩县具体情况，本书认为，在嵩县未来的发展规划中，可考虑侧重"嵩北"以县城为中心和"嵩南"以车村镇为中心的双核发展模式，其中，县城是全县的"政治、经济、文化"中心，"车村镇"是全县的旅游门户。基于此，在"嵩北"地区，适时引导县城及其周边的乡村聚落向县城及其周边迁移；在"嵩南"地区，引导车村镇周边聚落向车村镇镇区及其周边迁移。在城镇周边形成居住型聚落，即居民在县城或者车村镇镇区务工（即谋求生计），在城镇周边的居住型聚落内居住。

7.3.2 重点发展型

该类聚落生态、生产、生活适宜性较强，具有相对优越的发展基础、生产条件以及良好的生活和居住环境，对于农民具有较强的吸引力。在聚落空间优化重构过程中，应将该类聚落作为中心聚落（居民点）重点发展，集中建设现代化型聚落，引导周边适宜性低、分散、规模小的乡村聚落向中心聚落集聚。以嵩县为例，高适宜性聚落有79个（包括县城），面积52.06平方千米。适时地引导泰森多边形分割区域内适宜性低、居住场势低的乡村聚落向该中心聚落集中。对中心聚落内部整理出来的用地保留做建设用地使用，可用于基础设施完善、村企业用地以及其他农村居民点的迁入，同时将迁移后的原乡村聚落建设用地恢复耕地或者林地。

7.3.3 控制扩建型（或者内部改造型）

该类乡村聚落是城镇化型和迁村并点范围之外的乡村聚落，其整体适宜性居中，当前生产和生活条件以及居住环境基本能满足农民的生存需要，但这些地区基础设施和公共服务设施条件较差。在发展中缺乏竞争力，对农民的吸引力一般，内部集约水平相对较低。以嵩县为例，该类型乡村聚落个数为1026个，面积为74.9平方千米，分别占县域总数的31.87%和总面积的45.07%，该类乡村聚落适宜性一般。对该类乡村聚落空间优化重构过程中，应在现有布局的基础上，通过村庄整体规划，依托各村落特有优势、改善布局，注重对村民宅基地房前屋后等闲置地进行改造，加大对空心村和一户多宅用地的整治，同时严格控制村落外延式新建，切实提高村落集约用地水平。此外，还应完善基础设施建设，如完善对外交通建设，加强与集镇或中心村联系，并依靠集镇或中心村完善公共服务设施配套建设。

7.3.4 迁移合并型

迁移合并是指将适宜性低、在空间上分散的乡村聚落合并迁建至附近的镇区或中心村，并完善基础设施和公共服务设施配套。虽然在山区引导村落迁村并点有序推进不能像平原地区那样实现现代农业产业化、规模化经营，但可以大大降低基础设施和服务设施配套建设的成本，提高农户的生活便捷度。以嵩县为例，需要迁移合并的乡村聚落有2114个，面积为39.2平方千米，该类乡村聚落适宜性低、发展基础薄弱、人口规模小、经济收入来源少、交通便捷度低、基础设施和服务设施落后，如在此类乡村聚落进行基础和公共服务设施建设，成本会非常高且会造成资源浪费。因此，需要对该类乡村聚落进行迁移合并，迁移时遵循"就近迁移、由低居住场势向高居住场势地区迁移、有利于迁出农民与迁入农民融合"的原则，并合理安置移民的住房及生产生活，采取整体搬迁和集中安置的方式，提高土地利用效率和基础设施的共建、共享率。同时在迁村合并时，政府应做好积极引导作用，同时也应尊重农户意愿和考虑经济成本等综合因素。

根据分析，可以将嵩县低适宜性聚落按照加权Voronoi图分割的宏观重构区域和依据村落"居住场势"确定的微观重构去向进行迁村合并，其中没有包括在宏观划分重构区域内的白河镇、车村镇南边的部分地区和旧县镇、大章镇、德亭镇西边的小部分地区以及九店乡东边的一角，考虑将其搬迁至最近的中心聚落，如可将车村镇、旧县镇、大章镇、德亭镇和九店乡内未被包含在泰森多边形的村落搬迁至其乡镇镇区所在地区。而白河镇比较特殊，在其境内没有高适宜聚落作为搬迁安置点，且白河镇位于深山区内适宜居住的用地有限，与外界交通非常不便，农民耕地很少，靠外出打工维持生计，受年龄和身体状况限制无法外出打工的农民依靠在当地种植香菇和山茱萸谋生，当年的天气关系很大，可考虑将其整体迁出白河镇，与就近的车村镇合并（白河镇原本人数比较少，仅有10000多人）。

第 8 章 结语

改革开放以来，我国城镇化进入快速发展阶段。在快速城镇化过程中，我国山区聚落不仅在空间格局上发生巨大变化；而且随时间变化，影响山区聚落演化的影响因素也在发生着变化；随着人口的大规模迁移，山区聚落面临转型重构。在这样的大背景下，本书以豫西山地嵩县这一山区县为例，对快速城镇化过程中山区县域聚落空间演化及其重构展开研究。首先，运用平均最邻近指数、Voronoi图变异系数、核密度估算、全局空间聚类检验和空间热点分析等GIS空间分析方法，结合地形起伏度、地形位指数和分维数等指数方法，对嵩县聚落区位和规模空间分布及其演变特征进行分析；并基于空间结构理论和克里斯塔勒中心地理论对聚落空间结构及其变化和聚落中心地体系演变进行研究。其次，在人地关系理论和公共产品理论指导下，基于1975年、1995年和2015年嵩县自然人文社会经济数据，运用主成分分析、因子分析、地理探测器模型、多元回归分析和空间计量模型等方法，从自然村、行政村和乡镇三个尺度对嵩县聚落区位和规模空间分布的影响因素及其时空变化进行分析。最后，基于空间生产理论、生活质量理论和生态位理论构建聚落空间适宜性评价指标体系，并运用加权Voronoi图对高适宜性聚落影响范围进行空间分割，实现宏观上搬迁方向的优化；同时，基于居住场势理论，从微观上衡量各泰森多边形内低适宜性聚落与高适宜性聚落的"居住场势"相对大小；在此基础上，将宏观与微观相结合得出更加合理的聚落空间重构优化方案，并结合分析结果和调研结果，给出嵩县聚落未来的发展方向。本书的主要结论、创新之处以及研究不足与展望如下：

8.1 主要结论

（1）聚落演变的时空特征方面：①聚落数量显著减少而聚落规模却明显增大，从1975~2015年的40年间聚落数量减少了将近1/4，而聚落斑块面积增加了 1.2 倍多；1975~1995 年聚落数量消失的更明显，而 1995~2015 年聚落总规模增大和扩张更为明显。②受地形限制，聚落在空间上多沿道路和河流呈条带状分布，沿县城和乡镇中心呈团状分布，且随着时间变化，多数河流道路沿线聚落仍在原位置发展，规模逐渐增大，同时向县城以及各镇区附近集聚，其中向县城集聚尤为显著。③聚落空间分布的低地、平缓坡度、小地形位指向性明显，且随时间变化分别趋向于丘陵、坡度<6°和地形位指数<0.4 地区布局；此外，聚落区位的微小起伏指向性和聚落规模空间分布的微起伏指向性显著，且随时间变化前者向微起伏地区集中而后者向平微起伏地区集中；聚落区位的南坡指向性和聚落规模空间分布的南坡、东南坡和西南坡指向性显著，且随时间变化趋于增强。④全县聚落在空间上呈树枝状或者线—网状结构分布且随时间变化不明显，但局部有所变化，其中，在 1975 年时期局部呈现出的线—网状结构发展为带状—网状结构，块状发展为带状或者面状结构，带状结构有所扩展，散点状结构有所减少或者发展为块状结构；且全县形成了以嵩县县城（位于"嵩北"）为主中心和车村镇镇区（位于"嵩南"）为副中心的双核结构，其中，县城是全县的政治、经济、文化中心，车村镇是全县的旅游门户中心。

（2）聚落区位和规模空间分布的主要影响因素不仅随时间有所变化，而且在空间上也存在巨大差异，同时，随时间变化在不同位置呈现不同的变化特征，主要表现在：①聚落区位主要受地形、生产条件以及道路、乡镇中心、县城中心和工矿企业的辐射影响，但随时间变化，地形影响在减弱，而道路和乡镇中心的辐射影响在增强，其中，受河流的影响仅在 1975 年为正向影响，受距离道路远近的负向影响先减弱后增强；受乡镇中心距离远近的正向影响逐渐减弱，受县城中心距离远近的正向影响先增强后减弱，受土地生产条件好坏的影响在 1995~2015年正向影响程度逐渐减弱；受工矿企业的辐射影响仅在 1995 年和 2015 年显著但前一时期是负向影响而后一时期是正向影响，受养猪和大家畜的正向影响作用逐渐减弱而受山羊养殖的正向影响逐渐增强。此外，三个时期嵩县聚落区位受到地形、河流远近距离、道路远近距离、乡镇中心远近距离、县城中心远近距离、劳动力多少、生产条件好坏、工矿企业远近的影响作用程度存在空间差异，且随时间变化在不同位置变化不同。②聚落规模空间分布受自然、社会和经济等方面因子的解释作用均较为显著并随时间有所变化，其中，地形的影响相对较大，社会经济因子中乡镇和县城中心的影响次之，但随城镇化进程的不断加快，县城中心的影响逐渐增强，而乡镇中心和地形的影响逐渐减弱。其中，受地形因素和生产条件的影响均仅在 1995 年和 2015 年为负向显著影响但随时间变化前者逐渐增强而后者逐渐减弱，受河流影响仅在 1975 年时期为显著负向影响，受劳动力的正向影响作用先增强后减弱。此外，嵩县聚落规模空间分布在 1975 年和 1995 年受河流远近距离、道路远近距离、乡镇中心远近距离、县城中心远近距离、工矿企业以及家庭养殖业影响作用存在明显的空间差异，并随时间在不同位置有不同的变化，而在 2015 年受到地形、劳动力多少和生产条件好坏影响的空间差异很小，可以大致忽略。③此外，聚落空间分布还受到文化和政策制度等因素的影响。

（3）嵩县聚落空间重构方向可划分为城镇化型、重点发展型、控制扩张型和迁移合并型四大类：①在对城镇化型乡村聚落空间优化重构过程中，应将该类乡村聚落的村庄规划纳入城镇规划体系，设计适合农民居住的社区户型，引导居民向住宅小区集中。②在对重点发展型聚落空间优化重构过程中，应将该类聚落作为中心聚落（居民点）重点发展，集中建设现代化型聚落，引导周边适宜性低、分散、规模小的乡村聚落向中心聚落集聚。③对控制扩建型乡村聚落空间优化重构过程中，应在现有布局的基础上，通过村庄整体规划，依托各村落特有优势、改善布局，注重对村民宅基地房前屋后等闲置地进行改造，加大对空心村和一户多宅用地的整治，同时严格控制村落外延式新建，切实提高村落集约用地水平。此外，还应完善该类型聚落与外界的交通等基础设施建设，加强与集镇或者中心村的联系。④对需要迁移合并类聚落，在迁移合并时应遵循"就近迁移、由低居住场势向高居住场势地区迁移、有利于迁出地农民与迁入地农民融合"的原则，采取整体搬迁或者局部搬迁但集中安置的方式，合理安置迁移居民的住房，并安排好移民的生产生活，提高土地利用效率以及基础设施的共建和共享率。

8.2 创新之处

（1）提出了一个关于山区县域聚落空间演化及重构分析的综合性研究框架。

本书认为山区县域聚落空间演变，既包括聚落区位的空间演变也包括聚落规模分布的空间演变，此外还包括聚落空间结构的演变，从聚落区位→聚落规模→聚落空间结构三方面对山区县域聚落空间演变进行研究。在此基础上，基于空间生产理论、生活质量理论和居住场势理论从宏观和微观两个层面对山区县域聚落空间重构展开研究。同时，本书还将已有理论进行重组和构建，组建了适用于山区乡村聚落空间演化及重构的理论框架。

（2）综合运用 GIS 空间分析、主成分分析、因子分析、多元回归分析、地理探测器模型、空间计量模型等多种分析方法对聚落空间演变的影响因素进行量化分析，实现了微观尺度上对聚落空间演变影响因素的定量化分析。

一般而言，分析聚落空间演变的影响因素时，用自然村尺度数据，相对来说，会更准确；但已有研究中，或受限于研究方法，或受限于数据获取难度大，多以定性分析或者仅到乡镇尺度层面的分析为主。本书借用地理探测器这一可用于微观层面机制分析的模型，结合因子分析方法，获取自然村层面相关数据，对聚落空间分布的影响因素及变化进行分析。相对于前人的研究来说，在研究方法的使用以及在研究内容上，算是一种新的尝试和探索。同时，在分析时，综合运用了遥感影像、GIS空间分析、地形指数以及主成分分析、因子分析、多元回归分析、地理探测器模型和空间计量模型多种分析方法，分别从自然村、行政村、乡镇尺度对聚落空间演变的影响因素进行分析，发挥各个回归模型或者分析方法的优势，同时弥补自然村尺度不能够分析出各影响因素的方向性以及自然村、行政村尺度层面一些社会经济因素缺失的不足。在此部分，除得出相关影响因素结论外，还发现在对影响因素进行量化分析时，分析单元的尺度选取和研究方法的选取均很重要，只有当选择合适的分析单元和适合的研究方法时，才能得到相对较为科学合理的结论。

（3）结合案例县从微观尺度上对快速城镇化进程中山区县域聚落空间演变展开深入分析，弥补了之前对快速城镇化进程中山区县域乡村聚落空间演变研究的不足。

在山区，聚落分布有一定特殊性：受地形限制，社会经济因子与自然因素叠加对聚落格局产生特殊影响，且随着时间变化，山区聚落的演化也具有特殊性。同时伴随社会经济发展和城镇化发展，以及科学技术进步，各影响因素也发生不同的变化。本书以豫西山地山区县——嵩县为例进行研究，发现：①空间分布方面，聚落分布规律由改革开放前的沿河流和交通线呈带状分布，县城乡镇中心呈团状分布，发展为主要沿道路呈条带状分布，沿县城乡镇中心呈团状分布，且带状分布的宽度和团状分布的范围均显著增加。②空间结构方面，以嵩县为例，由1975年主要围绕县城中心呈极核式空间结构，到2015年时期以嵩县县城为中心和车村镇为副中心的双核空间结构。③影响因素方面，山区聚落演变最初主要受到自然因素影响，尤其是受到地形因素（如高程、坡度、地形位、地形起伏和坡向等）限制，交通条件常与地势较低地区或者河流叠加，影响聚落的分布；社会经济条件的影响在不同地形下会发生变异产生不同的空间效果。随着经济社会和城镇化的快速发展，科学技术的飞速进步，生产力水平的极大提高，山区聚落受地形因素的限制作用逐渐减弱，社会经济因素影响作用在逐渐增强。

8.3 研究不足与展望

本书主要围绕改革开放以来，快速城镇化背景下，山区县域聚落空间演变的相关内容展开。研究内容涉及山区县域聚落空间演变特征、聚落空间演化的影响因素及变化分析、聚落空间适宜性及空间重构研究。虽然取得了一定研究成果，但也存在诸多不足之处。其中，由于获取长时段自然村人口数据难度大，加上不同段落斑块空间数据来源不一致，在匹配过程中存在一定的误差，对乡村聚落的时空变化研究结果产生一定的影响；书中聚落适宜性分析和空间重构研究是从乡镇、不同分区、全县层面进行的，缺少从更微观的村域层面选取案例区进行更为具体的研究。同时，山区乡村聚落演变包含多个层面，特别是，在快速城镇化进程中，山区乡村聚落演变不仅局限于聚落区位和规模的空间演变以及聚落空间结构变化，还包括乡村聚落社会空间的变化、乡村聚落职能的演变等。此外，当前乡村振兴提上日程，从微观的村域尺度纳入文化因素、制度因素，综合考虑乡村聚落空间重构以及乡村振兴问题具有很强的现实意义。

（1）长时段不同类型山区聚落的演变过程及其规律研究。

在山区不同类型聚落的演变特征可能存在不同，如扶贫搬迁村庄、以旅游业为主的村庄、以乡镇企业为主的村庄和以农业为主的村庄。本书限于时间未能够对其进行研究，在后续的研究中会着重考虑这方面的内容。

（2）山区聚落斑块和聚落人口耦合关系的微观研究。

受限于自然村落层面人口数据获取难度大加上人口的强流动性，从自然村层面研究山区聚落斑块和聚落人口耦合难度大。后续研究中，可考虑从不同区域选择更微观的村落作为案例区，长期跟踪调查研究显得非常必要，也能够更深入地发现并解决一些现实问题。

（3）微观村域尺度农村聚落重构方向研究。

乡村聚落的空间演变和社会文化密切相关，如农民根深蒂固的"去农文化"已经并且将会持续地引起乡村聚落，尤其是山区乡村聚落，越来越多的人逃离大山到外面居住生活。在宏观研究基础上做好整体把握，从中选择特定案例村，纳入文化、政策制度等因素，进行微观尺度的乡村聚落空间重构研究意义重大。

参考文献

[1] Ahmad N. The pattern of rural settlement in east Pakistan [J] . Geographical Review, 1956, 46 (3): 388-398.

[2] Anselin L. New directions in spatial econometrics [M] . Berlin: Springer-Verlag, 1999.

[3] Anselin L. Local indicators of spatial association: LISA [J] . Geographical Analysis, 1995 (27): 93-115.

[4] Anselin L. The moran scatterplot as an ESDA tool to assess local instability in spatial association [A] //In: Fisher M, Scholten H J, UnwinD (eds) . Spatial analytical perspectives on GIS [M] . London: Taylor & Francis, 1996: 111-125.

[5] Arthur W B. Competing technologies, increasing returns and lock-in by historical events [J] . The Economic Journal, 1989, 99 (394): 116-131.

[6] Bao Y C, Li X. Spatial data analysis and spatial models [J] . Geographical Research, 1999, 18 (2): 185-190.

[7] Bigmore P. Rural process-pattern relationships: Normalization, sedentarization and settlement fixation [J] . The Geographical Journal, 1994, 160 (1): 99-107.

[8] Brunsdon C, Fotheringham A S, Charlton M. Geographically weighted regression: A method for exploring spatial nonstationarity [J] . Geographical Analysis, 1996, 28 (4): 281-298.

[9] Brush J E, Bracey H E. Rural service centers in Southwestern Wisconsin and Southern England [J] . Geographical Review, 1955, 45 (4): 559-569.

[10] Buchanan J M. An economic theory of clubs [J] . Economica, 1965, 32 (125): 1-14.

[11] Bunge W. Theoretical geography [M] . Lund: University of Lund, 1966.

[12] Bylund E. Theoretical considerations regarding the distribution of settlement

in inner North Sweden [J]. Geografiska Annaler, 1960, 42 (4): 225-231.

[13] Campbell A, Converse P E, Rodgers W L. The Quality of American Life: Perceptions, Evaluations, and Satisfactions [M]. New York: Russell Sage Foundation, 1976.

[14] Campbell J L, Pedersen O K. Legacies of change: Transformations of post-communist European economies [M]. New York: Aldine de Gruyter, 1996.

[15] Campbell J L, Hollingsworth J R, Lindberg L N. Governance of the American Economy [M]. New York: Cambridge University press, 1991.

[16] Campbell J L. Mechanisms of evolutionary change in economic governance: Interaction, interpretation and bricolage [A] //In Magnusson L, Ottoson J. Evolutionary economics and path dependence [M]. Cheltenham, UK & Brookfield, Vt: Edward Elgar Publishing Company, 1997: 10-32.

[17] Clark J K, Mcchesney R, Munroe D K, et al. Spatial characteristics of ex-urban settlement pattern in the United States [J]. Landscape and Urban Planning, 2009 (90): 178-188.

[18] Conrad C, Rudloff M, Abdullaev L, et al. Measuring rural settlement expansion in Uzbekistan using remote sensing to support spatial planning [J]. Applied Geography, 2015 (62): 29-43.

[19] David P A. Clio and the economics of QWERTY [J]. The American Economic Review, 1985, 75 (2): 332-337.

[20] Dickinson R E. Rural settlements in the German lands [J]. Annals of the Association of American Geographers, 1949, 39 (4): 239-263.

[21] Duyckaerts C, Godefroy G. Voronoi tessellation to study the numerical density and the spatial distribution of neurons [J]. Journal of Chemical Neuroanatomy, 2000, 20 (1): 83-92.

[22] Fotheringham A S, Brunsdon C, Charlton M. Geographically weighted regression: A natural evolution of the expansion method for spatial data analysis [J]. Environment and Planning A, 1998, 30 (11): 1905-1927.

[23] Friedman J R. Regional development policy: A case study of Venezuela [M]. Cambridge: MIT Press, 1966.

[24] Haining R P. Interaction modeling on central place lattices [J]. Journal of Regional Science, 2010, 18 (2): 217-228.

[25] Haining R P. Spatial data analysis in the social and environment sociences [M]. Cambridge: Cambridge University Press, 1990.

［26］Halfacree K. Trial by space for a "radical rural": Introducing alternative localities, representations and lives ［J］. Journal of Rural Studies, 2007, 23 (2): 125-141.

［27］Hall D R. Albania: Rural development, migration and uncertainty ［J］. GeoJournal, 1996, 38 (2): 185-189.

［28］Hausner J, Jessop B, Nielsen K. Strategic choice and path-dependency in post-socialism ［M］. Aldershot: Edward Elgar Publishing, 1995.

［29］Hill M. Rual settlement and the urban impact on the countryside ［M］. London: Hodder & Stoughton, 2003.

［30］Hoffman G W. Transformation of rural settlement in Bulgaria ［J］. Geographical Review, 1964, 54 (1): 45-64.

［31］Hudson J C. A location theory for rural settlement ［J］. Annals of the Association of American Geographers, 1969, 59 (2): 365-381.

［32］Johnson J H. Studies of Irish rural settlement ［J］. Geographical Review, 1958, 48 (4): 554-556.

［33］Kiss E. Rural restructuring in Hungary in the period of socio-economic transition ［J］. Geo Journal, 2000, 51 (3): 221-233.

［34］Knapp R, Shen D Q. Politics and planning: Rural settlements and housing in contemporary China ［J］. Traditional Dwellings & Settlements Review, 1990, 2 (1): 50-50.

［35］Knapp R. Chinese Landscapes: The village as place ［M］. Honolulu: University of Hawaii Press, 1992.

［36］Lefebvre H. Writings on cities ［M］. Oxford: Blackwell, 1996.

［37］Lefebvre H. The production of space ［M］. Translated by Donald Nicholson-Smith. Oxford UK: Blackwell Publishing (Original work published 1974), 1991.

［38］Lewis C A, Mrara A Z. Rural settlements, mission settlements and rehabilitation in Transkei ［J］. Geojournal, 1986, 12 (4): 375-386.

［39］Lichter D T, Johnson K M. Emerging rural settlement patterns and the geographic redistribution of America's new Immigrants ［J］. Rural Sociology, 2006, 71 (1): 109-131.

［40］Liu Y S, Li Y H. Revitalize the world's countryside ［J］. Nature, 2017, 548 (7667): 275-277.

［41］Lobley M, Potter C. Agricultural change and restructuring: Recent evidence from a survey of agricultural households in England ［J］. Journal of Rural Studies, 2004, 20 (4): 499-510.

[42] Long H L, Woods M. Rural restructuring under globalization in eastern coastal China: What can be learned from Wales? [J]. Journal of Rural and Community Development, 2011, 6 (1): 70-94.

[43] Maslow A H. A theory of human motivation [J]. Psychological Review, 1943, 50 (4): 370-396.

[44] Mcgrath B. The sustainability of a car dependent settlement pattern: An evaluation of new rural settlement in Ireland [J]. The Environmentalist, 1998, 19 (2): 99-107.

[45] Nelson P B. Rural restructuring in the American West: Land use, family and class discourses [J]. Journal of Rural Studies, 2001, 17 (4): 395-407.

[46] Pacione M. Rural geography [M]. London: Longman Higher Education, 1984.

[47] Rey V, Bachvarov M. Rural settlement in transition-agricultural and countryside crisis in the central-eastern Europe [J]. Geo Journal, 1998, 44 (4): 345-353.

[48] Ruda G. Rural buildings and environment [J]. Landscape and Urban Planning, 1998, 41 (2): 93-97.

[49] Swainson B M. Dispersion and agglomeration of rural settlement in Somerset [J]. Geography, 1944, 29 (1): 1-8.

[50] Thorsen I, Uboe J. Modelling residential location choice in an area with spatial barriers [J]. The Annals of Regional Science, 2002, 36 (4): 613-644.

[51] Tian S Z, Li X M, Yang J, et al. Initial study on triaxiality of human settlements: In the case of 10 districts (counties) of Dalian [J]. Sustainability, 2014, 6 (10): 7276-7291.

[52] Trewartha G T. Types of rural settlement in colonial America [J]. Geographical Review, 1946, 36 (4): 568-596.

[53] Turnock D. Rural diversification in Eastern Europe: Introduction [J]. Geojournal, 1998, 46 (3): 171-181.

[54] Unger L. Rural Settlement in the Campania [J]. Geographical Review, 1953, 43 (4): 506-524.

[55] Vermeer E B. Economic development in provincial China: The central Shaanxi since1930 [M]. Cambridge: Cambridge University Press, 1988.

[56] Wang F H. Modeling a central place system with inter urban transport costs and complex rural hinter land [J]. Regional Science and Urban Economics, 1999, 29 (3): 381-409.

[57] Wang J F, Li X H, Christakos G, et al. Geographical detectors-based health risk assessment and its application in the neural tube defects study of the Heshun Region, China [J]. International Journal of Geographical Information Science, 2010, 24 (1): 107-127.

[58] Xu W, Tan K C. Impact of reform and economic restructuring on rural systems in China: A case study of Yuhang, Zhejiang [J]. Journal of Rural Studies, 2002, 18 (1): 65-81.

[59] Zhang Q J, Fu B J, Chen L D. Several problems about landscape pattern change research [J]. Scientia Geographical Sinica, 2003, 23 (3): 264-270.

[60] Zhou G H, He Y H, Tang C L, et al. Dynamic mechanism and present situation of rural settlement evolution in China [J]. Journal of Geographical Sciences, 2013, 23 (3): 513-524.

[61] 沃尔特·克里斯塔勒. 德国南部中心地原理 [M]. 常正文, 王兴中, 等译. 北京: 商务印书馆, 2016.

[62] 白吕纳. 人地学原理 [M]. 任美锷, 李旭旦, 译. 南京: 钟山书局, 1935.

[63] 道格拉斯·诺斯. 经济史中的结构与变迁 [M]. 陈郁, 罗华平, 等译. 上海: 上海人民出版社, 1997.

[64] 华莱士·E. 奥茨. 财政联邦主义 [M]. 陆符嘉, 译. 南京: 译林出版社, 2012.

[65] 刘易斯·芒福德. 城市发展史——起源、演变和前景 [M]. 倪文彦, 宋俊岭, 译. 北京: 中国建筑工业出版社, 1989.

[66] 曼瑟·奥尔森. 集体行动的逻辑: 公共利益和团体理论 [M]. 陈郁, 郭宇峰, 李崇新, 译. 上海: 格致出版社, 2017.

[67] 施坚雅. 中国农村的市场和社会结构 [M]. 史建云, 徐秀丽, 译. 北京: 中国社会科学出版社, 1998.

[68] 施坚雅. 中华帝国晚期的城市 [M]. 叶光庭, 等译. 北京: 中华书局, 2000.

[69] 约翰·肯尼思·加尔布雷思. 富裕社会 [M]. 赵勇, 周定瑛, 舒小昀, 译. 南京: 江苏人民出版社, 2009.

[70] 罗伯特·海宁. 空间数据分析理论与实践 (Spatial Data Analysis Theory and Practice) [M]. 李建松, 秦昆, 译. 武汉: 武汉大学出版社, 2009.

[71] 马歇尔. 经济学原理 (上卷) [M]. 朱志泰, 译. 北京: 商务印书馆, 2010.

[72] 包亚明. 现代性与空间的生产[M]. 上海：上海教育出版社，2003.

[73] 毕硕本，计晗，陈昌春，等. 地理探测器在史前聚落人地关系研究中的应用与分析[J]. 地理科学进展，2015，34（1）：118-127.

[74] 毕硕本. 空间数据分析[M]. 北京：北京大学出版社，2015.

[75] 蔡为民，唐华俊，陈佑启，等. 近20年黄河三角洲典型地区农村居民点景观格局[J]. 资源科学，2004，26（5）：89-97.

[76] 蔡运龙. 农业与乡村可持续发展的地理学研究[J]. 地球科学进展，1999，14（6）：602-606.

[77] 曹瑄玮，席酉民，陈雪莲. 路径依赖研究综述[J]. 经济社会体制比较，2008（3）：185-191.

[78] 曾刚，丁金宏，徐建刚，等. 苏州工业园区中心村建设问题之管见[J]. 经济地理，1998，18（3）：63-67.

[79] 陈国阶，方一平，陈勇，等. 中国山区发展报告——中国山区聚落研究[M]. 北京：商务印书馆，2007.

[80] 陈国阶. 中国山区发展研究的态势与主要研究任务[J]. 山地学报，2006，24（5）：531-538.

[81] 陈利顶，刘洋，吕一河，等. 景观生态学中的格局分析：现状、困境与未来[J]. 生态学报，2008，28（11）：5521-5531.

[82] 陈培培，张敏. 从美丽乡村到都市居民消费空间——行动者网络理论与大世凹村的社会空间重构[J]. 地理研究，2015，34（8）：1435-1446.

[83] 陈阳，李伟芳，任丽燕，等. 空间统计视角下的农村居民点分布变化及驱动因素分析——以鄞州区滨海平原为例[J]. 资源科学，2014，36（11）：2273-2281.

[84] 陈义平. 关于生活质量评估的再思考[J]. 社会科学研究，1999（1）：83-86.

[85] 陈永林，谢炳庚. 江南丘陵区乡村聚落空间演化及重构——以赣南地区为例[J]. 地理研究，2016，35（1）：184-194.

[86] 陈振杰，李满春，刘永学. 基于GIS的桐庐县农村居民点空间格局研究[J]. 长江流域资源与环境，2008，17（2）：180-184.

[87] 道格拉斯·诺斯. 制度、制度变迁与经济绩效[M]. 刘守英，译. 上海：三联书店，1994.

[88] 邓伟，方一平，唐伟. 我国山区城镇化的战略影响及其发展导向[J]. 中国科学院院刊，2013，28（1）：66-73.

[89] 邓祖涛，陆玉麒. 汉水流域中心城市空间结构演变探讨[J]. 地域研

究与开发，2007（1）：12-15+57.

［90］杜相佐，王成，蒋文虹，等．基于引力模型的村域农村居民点空间重构研究——以整村推进示范村重庆市合川区大柱村为例［J］．经济地理，2015，35（12）：154-160.

［91］段小薇，李璐璐，苗长虹，等．中部六大城市群产业转移综合承接能力评价研究［J］．地理科学，2016，36（5）：681-690.

［92］樊天相，杨庆媛，何建，等．重庆丘陵地区农村居民点空间布局优化——以长寿区海棠镇为例［J］．地理研究，2015，34（5）：883-894.

［93］范少言，陈宗兴．试论乡村聚落空间结构的研究内容［J］．经济地理，1995，15（2）：44-47.

［94］范少言．乡村聚落空间结构的演变机制［J］．西北大学学报（自然科学版），1994，24（4）：295-304.

［95］房艳刚，刘继生．集聚型农业村落文化景观的演化过程与机理——以山东曲阜峪口村为例［J］．地理研究，2009，28（4）：969-978.

［96］封志明，唐焰，杨艳昭，等．中国地形起伏度及其与人口分布的相关性［J］．地理学报，2007，62（10）：1073-1082.

［97］冯健．乡村重构：模式与创新［M］．北京：商务印书馆，2012.

［98］冯立天．中国人口生活质量研究：小康生活质量目标的进程与省际比较［J］．人口与经济，1995（6）：3-15.

［99］冯文勇，陈新莓．晋中平原地区农村聚落扩展分析［J］．人文地理，2003，18（6）：93-96.

［100］冯应斌，杨庆媛．农村居民点空间格局演变及效应研究评述［J］．人文地理，2015，30（3）：7-11.

［101］冯应斌．丘陵地区村域居民点演变过程及调控策略［D］．西南大学博士学位论文，2014.

［102］冯长春，赵若曦，古维迎．中国农村居民点用地变化的社会经济因素分析［J］．中国人口·资源与环境，2012，22（3）：6-12.

［103］甘枝茂，甘锐，岳大鹏，等．延安、榆林黄土丘陵沟壑区乡村聚落土地利用研究［J］．干旱区资源与环境，2004，18（4）：101-104.

［104］古杰，岳隽，陈小祥．新中国城镇化的发展阶段及政策分析［J］．规划师，2015，31（10）：74-81.

［105］关小克，王秀丽，李昕，等．山区农村居民点演变的地貌分异与分类调控研究［J］．河南农业大学学报，2016，50（3）：396-403.

［106］郭焕成．乡村地理学的性质和任务［J］．经济地理，1988，8（2）：

125-129.

［107］郭文，黄震方，王丽．文化旅游地空间生产背景下居民社会空间感知模型与实证研究——基于对周庄古镇的调查［J］．地理研究，2015，34（4）：762-774.

［108］郭晓东，牛叔文，李永华，等．陇中黄土丘陵区乡村聚落时空演变的模拟分析——以甘肃省秦安县为例［J］．山地学报，2009，27（3）：293-299.

［109］郭晓东，牛叔文，刘正广，等．陇中黄土丘陵区乡村聚落发展及其空间扩展特征研究——以甘肃省秦安县为例［J］．干旱区资源与环境，2008，22（12）：17-23.

［110］郭晓东，牛叔文，吴文恒，等．陇中黄土丘陵区乡村聚落空间分布特征及其影响因素分析——以甘肃省秦安县为例［J］．干旱区资源与环境，2010，24（9）：27-32.

［111］郭晓东，张启媛，马利邦．山地—丘陵过渡区乡村聚落空间分布特征及其影响因素分析［J］．经济地理，2012，32（10）：114-120.

［112］郭晓东．黄土丘陵区乡村聚落发展及其空间结构研究［D］．兰州大学博士学位论文，2007.

［113］海贝贝，李小建，许家伟．巩义市农村居民点空间格局演变及其影响因素［J］．地理研究，2013，32（12）：2257-2269.

［114］海贝贝．快速城市化进程中城市边缘区聚落空间演化研究［D］．河南大学博士学位论文，2014.

［115］韩非，蔡建明．我国半城市化地区乡村聚落的形态演变与重建［J］．地理研究，2011，30（7）：1271-1284.

［116］韩茂莉，张暐伟．20世纪上半叶西辽河流域巴林左旗聚落空间演变特征分析［J］．地理科学，2009，29（1）：71-77.

［117］韩勇，余斌，朱媛媛，等．英美国家关于列斐伏尔空间生产理论的新近研究进展及启示［J］．经济地理，2016，36（7）：19-26+37.

［118］何悦．基于资源承载力的城市最优规模研究［D］．西南财经大学博士学位论文，2016.

［119］亨利·列斐伏尔（勒菲弗）．空间与政治［M］．李春译．上海：上海人民出版社，2008.

［120］胡佛．区域经济学导论［M］．北京：商务印书馆，1990.

［121］胡贤辉，杨钢桥，张霞，等．农村居民点用地数量变化及驱动机制研究：基于湖北仙桃市的实证［J］．资源科学，2007，29（3）：191-197.

［122］惠怡安．陕北黄土丘陵沟壑区农村聚落发展及其优化研究［D］．西

北大学博士学位论文，2010.

　　[123] 霍仁龙，杨煜达，满志敏. 云南省掌鸠河流域近300年来聚落空间演变[J]. 地理研究，2016，35（9）：1647-1658.

　　[124] 贾晓璇. 简论公共产品理论的演变[J]. 山西师大学报（社会科学版），2011，38（S2）：31-33.

　　[125] 姜方炳. 叠合性：城镇化进程中近郊村落的空间格局及其社会效应——基于浙江9个近郊村的实地调查[J]. 农业考古，2014（3）：336-343.

　　[126] 蒋旭东，王鹏，马众模. 遥感图像自动识别监测平原区农村居民点用地变化[J]. 长江流域资源与环境，2008，17（5）：740-745.

　　[127] 焦贝贝，石培基，刘春芳，等. 黄土高原低山丘陵区农村居民点分布与地形因子关系研究——以兰州市七里河区为例[J]. 资源科学，2013，35（8）：1719-1727.

　　[128] 焦鹏飞，张凤荣，李灿，等. 基于引力模型的县域中心村空间布局分析——以山西省长治县为例[J]. 资源科学，2014，36（1）：45-54.

　　[129] 金其铭. 农村聚落地理[M]. 北京：科学出版社，1988.

　　[130] 金其铭. 农村聚落地理研究——以江苏省为例[J]. 地理研究，1982，1（3）：11-20.

　　[131] 金其铭. 太湖东西山聚落类型及其发展演化[J]. 经济地理，1984，4（3）：215-220.

　　[132] 金其铭. 我国农村聚落地理研究历史及近今趋向[J]. 地理学报，1988，43（4）：311-317.

　　[133] 靳诚，陆玉麒. 基于县域单元的江苏省经济空间格局演化[J]. 地理学报，2009，64（6）：713-724.

　　[134] 匡文慧，张树文，张养贞，等. 1900年以来长春市土地利用空间扩张机理分析[J]. 地理学报，2005，60（5）：841-850.

　　[135] 雷振东. 整合与重构[D]. 西安建筑科技大学博士学位论文，2005.

　　[136] 李伯华，曾菊新. 农户居住空间行为演变的微观机制研究——以武汉市新洲区为例[J]. 地域研究与开发，2008，27（5）：30-35.

　　[137] 李伯华，刘沛林，窦银娣. 转型期欠发达地区乡村人居环境演变特征及微观机制——以湖北省红安县二程镇为例[J]. 人文地理，2012，27（6）：56-61.

　　[138] 李传武，梁双波，车前进. 主体功能区视角下芜湖市乡村聚落空间分类与重构[J]. 长江流域资源与环境，2015，24（10）：1736-1743.

　　[139] 李德一，张安定，张树文. 山东半岛北部海岸带城乡聚落扩展变化特

征与驱动力分析［J］．自然资源学报，2008，23（4）：612-618．

［140］李冬梅，王冬艳，李红，等．吉中低山丘陵区农村居民点时空演变［J］．经济地理，2016，36（5）：143-151．

［141］李桂媛，谢涵笑，黄东升．基于传统民居空间重构的山地城镇景观特色初探——以武陵山区为例［J］．现代城市研究，2016（1）：122-126．

［142］李航，李雪铭，田深圳，等．城市人居环境的时空分异特征及其机制研究——以辽宁省为例［J］．地理研究，2017，36（7）：1323-1338．

［143］李红波，张小林．国外乡村聚落地理研究进展及近今趋势［J］．人文地理，2012，27（4）：103-108．

［144］李红波，张小林，吴启焰，王亚华．发达地区乡村聚落空间重构的特征与机理研究——以苏南为例［J］．自然资源学报，2015，30（4）：591-603．

［145］李骞国，石培基，刘春芳，等．黄土丘陵区乡村聚落时空演变特征及格局优化——以七里河区为例［J］．经济地理，2015，35（1）：126-133．

［146］李君，陈长瑶．村域"居住场势"非均衡态势下的山区农户移民搬迁研究——基于河南省巩义市温堂村69户搬迁农户的实证分析［J］．经济地理，2010b，30（7）：1164-1169．

［147］李君，陈长瑶．生态位理论视角在乡村聚落发展中的应用［J］．生态经济，2010a，224（5）：29-33．

［148］李君，李小建．综合区域环境影响下的农村居民点空间分布变化及影响因素分析——以河南巩义市为例［J］．资源科学，2009，31（7）：1195-1204．

［149］李君，李小建．国内外农村居民点区位研究评述［J］．人文地理，2008，23（4）：23-27．

［150］李君．论农户居住区位选择的"场势效应"与调控［J］．农业现代化研究，2013，34（6）：708-711．

［151］李君．农户居住空间演变及区位选择研究［D］．河南大学博士学位论文，2009．

［152］李平华，于波．城市区位研究的回顾与评述［J］．城市问题，2006（8）：15-20+37．

［153］李平星，陈雯，孙伟．经济发达地区乡村地域多功能空间分异及影响因素——以江苏省为例［J］．地理学报，2014，69（6）：797-807．

［154］李胜坤，张毅，闫欣，等．基于GIS的秦巴山区乡村聚落空间格局研究——以湖北省竹溪县为例［J］．农业现代化研究，2014，35（6）：780-785．

［155］李小建，罗庆．新型城镇化中的协调思想分析［J］．中国人口·资源与环境，2014，24（2）：47-53．

[156] 李小建,许家伟,海贝贝.县域聚落分布格局演变分析——基于1929—2013年河南巩义的实证研究[J].地理学报,2015,70(12):1870-1883.

[157] 李小建.经济地理学[M].北京:高等教育出版社,2006.

[158] 李小建.农户地理论[M].北京:科学出版社,2009.

[159] 李小建.未来乡村有四种专业模式[N].南方农村报,2017-12-26.

[160] 李孝坤,李忠峰,冯敏.重庆三峡库区乡村聚落空间分布探析[J].水土保持研究,2013,20(4):242-247+252.

[161] 李旭旦,金其铭.江苏省农村聚落的整治问题[J].经济地理,1983,3(2):132-135.

[162] 李旭旦.白龙江中游人生地理观察[J].地理学报,1941,8(0):1-18.

[163] 李阳兵,李潇然,张恒,等.基于聚落演变的岩溶山地聚落体系空间结构整合——以后寨河地区为例[J].地理科学,2016,36(10):1505-1513.

[164] 李阳兵,罗光杰,邵景安,等.岩溶山地聚落人口空间分布与演化模式[J].地理学报,2012,67(12):1666-1674.

[165] 李瑛,陈宗兴.陕南乡村聚落体系的空间分析[J].人文地理,1994,9(3):13-21.

[166] 李裕瑞,王婧,刘彦随,等.中国"四化"协调发展的区域格局及其影响因素[J].地理学报,2014,69(2):199-212.

[167] 李增元.农村基层治理单元的历史变迁及当代选择[J].华中师范大学学报(人文社会科学版),2018,57(2):31-42.

[168] 厉以宁.社会主义政治经济学[M].商务印书馆,1986.

[169] 梁发超,刘诗苑,刘黎明.基于"居住场势"理论的乡村聚落景观空间重构——以厦门市灌口镇为例[J].经济地理,2017,37(3):193-200.

[170] 廖荣华,喻光明,刘美文.城乡一体化过程中聚落选址和布局的演变[J].人文地理,1997,12(4):35-38+28.

[171] 林超,楼桐茂,郭令智.大巴山地理考察简报[J].地理学报,1935,3(3/4):1-4.

[172] 刘恩兰.川西之高山聚落[J].地理学报,1948(Z1):29-31.

[173] 刘巧芬,李子君,郭爱请,等.石家庄市农村居民点用地变化特征分析[J].陕西师范大学学报(自然科学版),2009,37(3):100-104.

[174] 刘汉民.路径依赖理论研究综述[J].经济学动态,2003(6):65-69.

[175] 刘晓星.中国传统聚落形态的有机演进途径及其启示[J].城市规

划学刊，2007（3）：55-60.

[176] 刘彦随，刘玉．中国乡村空心化问题研究的进展与展望［J］．地理研究，2010，29（1）：35-42.

[177] 刘彦随，严镔，王艳飞．新时期中国城乡发展的主要问题与转型对策［J］．经济地理，2016，36（7）：1-8.

[178] 刘彦随．中国东部沿海地区乡村转型发展与新农村建设［J］．地理学报，2007，62（6）：563-570.

[179] 刘彦随．中国新农村建设地理论［M］．北京：科学出版社，2011.

[180] 刘彦随．中国新时代城乡融合与乡村振兴［J］．地理学报，2018，73（4）：637-650.

[181] 龙花楼，李裕瑞，刘彦随．中国空心化村庄演化特征及其动力机制［J］．地理学报，2009，64（10）：1203-1213.

[182] 龙花楼，屠爽爽．论乡村重构［J］．地理学报，2017，72（4）：563-576.

[183] 龙花楼．论土地整治与乡村空间重构［J］．地理学报，2013，68（8）：1019-1028.

[184] 陆大道．关于"点—轴"空间结构系统的形成机理分析［J］．地理科学，2002，22（1）：1-6.

[185] 陆大道．论区域的最佳结构与最佳发展——提出"点—轴系统"和"T"型结构以来的回顾与再分析［J］．地理学报，2001（2）：127-135.

[186] 陆大道．区位论及区域研究方法［M］．北京：科学出版社，1988.

[187] 陆大道．区域发展及其空间结构［M］．北京：科学出版社，1995.

[188] 陆树启，陆玉麒．双核结构中的中点城市研究［J］．地域研究与开发，2003（4）：13-16+36.

[189] 陆玉麒，董平．中国主要产业轴线的空间定位与发展态势——兼论点—轴系统理论与双核结构模式的空间耦合［J］．地理研究，2004（4）：521-529.

[190] 陆玉麒．区域发展中的空间结构研究［M］．南京：南京师范大学出版社，1998.

[191] 陆玉麒．区域双核结构模式的形成机理［J］．地理学报，2002（1）：85-95.

[192] 罗光杰，李阳兵，谭秋，等．岩溶山区聚落格局变化及其LUCC响应分析：以贵州省为例［J］．资源科学，2010，32（11）：2130-2137.

[193] 罗光杰，李阳兵，王世杰．岩溶山区聚落格局演变等级效应及其与交

通条件的关系——以贵州省后寨河、王家寨、茂兰地区为例［J］．中国岩溶，2011，30（3）：320-326．

［194］吕一河，陈利顶，傅伯杰．景观格局与生态过程的耦合途径分析［J］．地理科学进展，2007，26（3）：1-10．

［195］马海龙，樊杰，王传胜．我国西部地区乡村坡地聚落迁移的过程与效应［J］．经济地理，2008，28（3）：450-453．

［196］马利邦，郭晓东，张启媛．甘谷县乡村聚落时空布局特征及格局优化［J］．农业工程学报，2012a，28（13）：217-225．

［197］马利邦，郭晓东，张启媛．陇中黄土丘陵区乡村聚落的空间格局——以甘肃省通渭县为例［J］．山地学报，2012b，30（4）：408-416．

［198］马荣华，蒲英霞，马小冬．GIS空间关联模式发现［M］．北京：科学出版社，2007．

［199］马晓冬，李全林，沈一．江苏省乡村聚落的形态分异及地域类型［J］．地理学报，2012，67（4）：516-525．

［200］马亚利，李贵才，刘青，等．快速城市化背景下乡村聚落空间结构变迁研究评述［J］．城市发展研究，2014，21（3）：55-60．

［201］苗长虹，赵建吉．做好乡村振兴这篇大文章［N］．河南日报，2018-03-15（08）．

［202］闵婕，杨庆媛．三峡库区乡村聚落空间演变及驱动机制——以重庆万州区为例［J］．山地学报，2016，34（1）：100-109．

［203］明庆忠，段超．基于空间生产理论的古镇旅游景观空间重构［J］．云南师范大学学报（哲学社会科学版），2014，46（1）：42-48．

［204］牛叔文，刘正广，郭晓东，等．基于村落尺度的丘陵山区人口分布特征与规律——以甘肃天水为例［J］．山地学报，2006，24（6）：684-691．

［205］牛亚菲．中心地模式的实验研究——江苏省赣榆县和灌云县城镇网的优化设计［J］．地理学报，1989，44（2）：167-172．

［206］彭鹏．湖南农村聚居模式的演变趋势及调控研究［D］．华东师范大学博士学位论文，2008．

［207］秦天天，齐伟，李云强，等．基于生态位的山地农村居民点适宜度评价［J］．生态学报，2012，32（16）：5175-5183．

［208］秦颖．论公共产品的本质——兼论公共产品理论的局限性［J］．经济学家，2006（3）：77-82．

［209］秦尊文．聚集经济层次的拓展及其意义［J］．学习与实践，2010（3）：35-38．

[210] 曲衍波, 张凤荣, 郭力娜, 等. 京郊不同城市功能区农村居民点用地集约度的比较研究 [J]. 资源科学, 2011, 33 (4): 720-728.

[211] 曲衍波, 张凤荣, 姜广辉, 等. 基于生态位的农村居民点用地适宜性评价与分区调控 [J]. 农业工程学报, 2010, 26 (11): 290-296.

[212] 任国平, 刘黎明, 付永虎, 等. 都市郊区乡村聚落景观格局特征及影响因素分析 [J]. 农业工程学报, 2016, 32 (2): 220-229.

[213] 任平, 洪步庭, 刘寅, 等. 基于 RS 与 GIS 的农村居民点空间变化特征与景观格局影响研究 [J]. 生态学报, 2014, 34 (12): 3331-3340.

[214] 宋晓英, 李仁杰, 傅学庆, 等. 基于 GIS 的蔚县乡村聚落空间格局演化与驱动机制分析 [J]. 人文地理, 2015, 30 (3): 79-84.

[215] 孙德山. 主成分分析与因子分析关系探讨及软件实现 [J]. 统计与决策, 2008 (13): 153-155.

[216] 孙九霞, 苏静. 旅游影响下传统社区空间变迁的理论探讨——基于空间生产理论的反思 [J]. 旅游学刊, 2014, 29 (5): 78-86.

[217] 谭雪兰, 钟艳英, 段建南, 等. 快速城市化进程中农村居民点用地变化及驱动力研究——以长株潭城市群为例 [J]. 地理科学, 2014, 34 (3): 309-315.

[218] 汤国安, 赵牡丹. 基于 GIS 的乡村聚落空间分布规律研究——以陕北榆林地区为例 [J]. 经济地理, 2000, 20 (5): 1-4.

[219] 田光进, 刘纪远, 张增祥, 等. 基于遥感与 GIS 的中国农村居民点规模分布特征 [J]. 遥感学报, 2002, 6 (4): 307-312+326.

[220] 田光进, 庄大方. 90 年代中国城镇用地动态变化的遥感监测 [J]. 资源科学, 2003, 25 (3): 77-82.

[221] 田光进. 基于遥感与 GIS 的 90 年代中国城乡居民点用地时空特征研究 [D]. 中国科学院研究生院（遥感应用研究所）博士学位论文, 2002.

[222] 佟玉权, 龙花楼. 贵州民族传统村落的空间分异因素 [J]. 经济地理, 2015, 35 (3): 133-137+93.

[223] 涂汉明, 刘振东. 中国地势起伏度研究 [J]. 测绘学报, 1991, 20 (4): 311-319.

[224] 王成, 费智慧, 叶琴丽, 等. 基于共生理论的村域尺度下农村居民点空间重构策略与实现 [J]. 农业工程学报, 2014, 30 (3): 205-214+294.

[225] 王成, 李颢颖. 乡村生产空间系统的概念性认知及其研究框架 [J]. 地理科学进展, 2017, 36 (8): 913-923.

[226] 王传胜, 孙贵艳, 孙威, 等. 云南昭通市坡地聚落空间特征及其成因

机制研究［J］．自然资源学报，2011a，26（2）：237-246．

［227］王传胜，孙贵艳，朱珊珊．西部山区乡村聚落空间演进研究的主要进展［J］．人文地理，2011b，26（5）：9-14．

［228］王传胜，朱珊珊，孙贵艳，等．西部山区坡地村落空间演进与农户生计改变［J］．自然资源学报，2012，27（7）：1089-1100．

［229］王劲峰，李连发，葛咏等．地理信息空间分析的理论体系探讨［J］．地理学报，2000，55（1）：92-103．

［230］王劲峰，徐成东．地理探测器：原理与展望［J］．地理学报，2017，72（1）：116-134．

［231］王利伟，赵明．中国城镇化演进的系统逻辑——基于人地关系视角［J］．城市规划，2014，38（4）：17-22+33．

［232］王曼曼，吴秀芹，吴斌，等．盐池北部风沙区乡村聚落空间格局演变分析［J］．农业工程学报，2016，32（8）：260-271．

［233］王小军，张强，古璇清．基于分形理论的灌溉水有效利用系数空间尺度变异［J］．地理学报，2012，67（9）：1201-1212．

［234］王小宁．农村公共物品供给制度变迁的路径依赖与创新［J］．中国行政管理，2005（7）：74-77．

［235］王秀兰，包玉海．土地利用动态变化研究方法探讨［J］．地理科学进展，1999，18（1）：81-87．

［236］王勇，李广斌，王传海．基于空间生产的苏南乡村空间转型及规划应对［J］．规划师，2012，28（4）：110-114．

［237］王勇，李广斌．苏南乡村聚落功能三次转型及其空间形态重构——以苏州为例［J］．城市规划，2011，35（7）：54-60．

［238］王雨村，杨新海．小城镇总体规划［M］．南京：东南大学出版社，2002．

［239］王志恒，胡卓玮，赵文吉，等．应用累积和分析算法的地形起伏度最佳统计单元确定［J］．测绘科学，2014，39（6）：59-64．

［240］魏后凯．多元化：中国特色的城镇化道路［N］．中国社会科学报，2010-09-16（08）．

［241］魏后凯．现代区域经济学［M］．北京：经济管理出版社，2011．

［242］邬建国．景观生态学——格局、过程、尺度与等级［M］．北京：高等教育出版社，2000．

［243］吴良镛．明日之人居［M］．北京：清华大学出版社，2013．

［244］吴良镛．新型城镇化与中国人居科学发展［J］．小城镇建设，2013

(12)：28-29.

[245] 吴文恒，牛叔文，郭晓东，等．黄淮海平原中部地区村庄格局演变实证分析［J］．地理研究，2008，27（5）：1017-1026.

[246] 吴昕晖，袁振杰，朱竑．全球信息网络与乡村性的社会文化建构——以广州里仁洞"淘宝村"为例［J］．华南师范大学学报（自然科学版），2015，47（2）：115-123.

[247] 席建超，王首琨，张瑞英．旅游乡村聚落"生产—生活—生态"空间重构与优化——河北野三坡旅游区苟各庄村的案例实证［J］．自然资源学报，2016，31（3）：425-435.

[248] 席建超，王新歌，孔钦钦，等．旅游地乡村聚落演变与土地利用模式——野三坡旅游区三个旅游村落案例研究［J］．地理学报，2014，69（4）：531-540.

[249] 席建超，赵美风，葛全胜．旅游地乡村聚落用地格局演变的微尺度分析——河北野三坡旅游区苟各庄村的案例实证［J］．地理学报，2011，66（12）：1707-1717.

[250] 夏建中．新城市社会学的主要理论［J］．社会学研究，1998（4）：47-53.

[251] 肖黎姗，郭青海，何志超．城镇化过程中福建省山区县农村聚落景观格局变化特征［J］．生态学报，2016，36（10）：1-11.

[252] 谢玲，李孝坤，余婷．基于GIS的三峡库区低山丘陵区乡村聚落空间分布研究——以忠县涂井乡、石宝镇为例［J］．水土保持研究，2014，21（2）：217-222.

[253] 谢作轮，赵锐锋，姜朋辉，等．黄土丘陵沟壑区农村居民点空间重构——以榆中县为例［J］．地理研究，2014，33（5）：937-947.

[254] 邢谷锐，徐逸伦，郑颖．城市化进程中乡村聚落空间演变的类型与特征［J］．经济地理，2007，27（6）：932-935.

[255] 熊婷燕．主成分分析与R型因子分析的异同比较［J］．统计与决策，2006（2）：129-132.

[256] 徐建华．计量地理学［M］．北京：高等教育出版社，2006：62-66+95-100.

[257] 徐谦，杨凯健，黄耀志．长三角水网地区乡村空间的格局类型、演变及发展对策［J］．农业现代化研究，2012，33（3）：336-340.

[258] 许家伟．乡村聚落空间结构的演变与驱动机理［D］．河南大学博士学位论文，2013.

[259] 许学强, 周一星, 宁越敏. 城市地理学 [M]. 北京: 高等教育出版社, 2009.

[260] 严钦尚. 西康居住地理 [J]. 地理学报, 1939, 6 (1): 43-56.

[261] 杨庆媛, 潘菲, 李元庆. 城镇化快速发展区域农村居民点空间重构路径及模式研究——重庆市长寿区实证 [J]. 西南大学学报(自然科学版), 2015, 37 (10): 1-8.

[262] 杨忍, 刘彦随, 龙花楼, 等. 基于格网的农村居民点用地时空特征及空间指向性的地理要素识别: 以环渤海地区为例 [J]. 地理研究, 2015, 34 (6): 1077-1087.

[263] 杨吾扬, 梁进社. 高等经济地理学 [M]. 北京: 北京大学出版社, 1997.

[264] 杨振山, 蔡建明. 空间统计学进展及其在经济地理研究中的应用 [J]. 地理科学进展, 2010, 29 (6): 757-768.

[265] 叶超, 柴彦威, 张小林. "空间的生产"理论、研究进展及其对中国城市研究的启示 [J]. 经济地理, 2011, 31 (3): 409-413.

[266] 尹怀庭, 陈宗兴. 陕西乡村聚落分布特征及其演变 [J]. 人文地理, 1995, 10 (4): 17-24.

[267] 尹贻梅, 刘志高, 刘卫东. 路径依赖理论研究进展评析 [J]. 外国经济与管理, 2011, 33 (8): 1-7.

[268] 余斌. 城市化进程中的乡村住区系统演变与人居环境优化研究 [D]. 华中师范大学博士学位论文, 2007.

[269] 余兆武, 肖黎姗, 郭青海, 等. 城镇化过程中福建省山区县农村聚落景观格局变化特征 [J]. 生态学报, 2016, 36 (10): 1-11.

[270] 喻红, 曾辉, 江子瀛. 快速城市化地区景观组分在地形梯度上的分布特征研究 [J]. 地理科学, 2001, 21 (1): 64-69.

[271] 喻新安. 新型城镇化究竟"新"在哪里 [N]. 中国青年报, 2013-04-15 (02).

[272] 袁莉莉, 孔翔. 中心地理论与聚落体系规划——以苏州工业园区中心村建设规划为例 [J]. 世界地理研究, 1998, 7 (2): 67-71.

[273] 张京祥, 赵小林, 张伟. 试论乡村聚落体系的规划组织 [J]. 人文地理, 2002, 17 (1): 85-96.

[274] 张荣天, 张小林, 李传武. 镇江市丘陵区乡村聚落空间格局特征及其影响因素分析 [J]. 长江流域资源与环境, 2013, 22 (3): 272-278.

[275] 张文奎. 人文地理学概论 [M]. 长春: 东北师范大学出版

社，1987.

［276］张文忠．经济区位论［M］．北京：科学出版社，2000.

［277］张小林，盛明．中国乡村地理学研究的重新定向［J］．人文地理，2002（1）：81-84.

［278］张小林．乡村空间系统及其演变研究：以苏南为例［M］．南京：南京师范大学出版社，1999.

［279］张新乐，张树文，李颖，等．近30年哈尔滨城市土地利用空间扩张及其驱动力分析［J］．资源科学，2007，29（5）：850-856.

［280］张志环，赵伟．"行政村"可不可用［J］．中国地方志，2005（6）：4.

［281］赵海林．统筹城乡发展必须转变城市偏向发展战略［J］．中国乡村发现，2010（2）：24-27.

［282］赵荣，王恩涌，张小林，等．人文地理学［M］．北京：高等教育出版社，2006.

［283］赵思敏．基于城乡统筹的农村聚落体系重构研究［D］．西北大学博士学位论文，2013.

［284］郑文升，姜玉培，罗静，等．平原水乡乡村聚落空间分布规律与格局优化——以湖北公安县为例［J］．经济地理，2014，34（11）：120-127.

［285］钟奕纯，冯健．城市迁移人口居住空间分异——对深圳市的实证研究［J］．地理科学进展，2017，36（1）：125-135.

［286］周国华，贺艳华，唐承丽，等．中国农村聚居演变的驱动机制及态势分析［J］．地理学报，2011，66（4）：515-524.

［287］周长城．全面小康：生活质量与测量——国际视野下的生活质量指标［M］．北京：社会科学文献出版社，2003.

［288］朱炳海．西康山地村落之分布［J］．地理学报，1939，7（6）：40-43.

［289］朱国宏．生活质量与社会经济发展［J］．人口与经济，1992（5）：36-42.

［290］朱红春，陈楠，刘海英，等．自1∶10000比例尺DEM提取地形起伏度——以陕北黄土高原的实验为例［J］．测绘科学，2005，30（4）：86-88+7.

［291］朱纪广．黄淮海平原城乡聚落等级体系及其空间结构演变研究——以河南省周口市为例［D］．河南大学博士学位论文，2015.

［292］朱晓翔，朱纪广，乔家君．国内乡村聚落研究进展与展望［J］．人文地理，2016，31（1）：33-41.

附录 分析附表

附表1 三个时期行政村聚落平均规模主成分特征值、方差贡献率和累计贡献率

成分	1975年 特征值	1975年 方差贡献率（%）	1975年 累计方差贡献率（%）	1995年 特征值	1995年 方差贡献率（%）	1995年 累计方差贡献率（%）	2015年 特征值	2015年 方差贡献率（%）	2015年 累计方差贡献率（%）
1	2.836	94.535	94.535	2.947	98.247	98.247	2.844	94.804	94.804
2	0.161	5.351	99.886	0.051	1.711	99.958	0.155	5.161	99.965
3	0.003	0.114	100.000	0.001	0.042	100.000	0.001	0.035	100.000

附表2 三个时期行政村聚落平均规模成分矩阵

成分	1975年 主成分1	1995年 主成分1	2015年 主成分1
Zscore（MJuLuoA）	0.943	0.983	0.945
Zscore（MHuShu）	0.988	0.997	0.988
Zscore（MPop）	0.984	0.993	0.987

附表3 三个时期行政村地形因素主成分特征值、方差贡献率和累计贡献率

成分	1975年 特征值	1975年 方差贡献率（%）	1975年 累计方差贡献率（%）	1995年 特征值	1995年 方差贡献率（%）	1995年 累计方差贡献率（%）	2015年 特征值	2015年 方差贡献率（%）	2015年 累计方差贡献率（%）
1	1.989	99.472	99.472	1.984	99.175	99.175	1.982	99.106	99.106
2	0.011	0.528	100.000	0.016	0.825	100.000	0.018	0.894	100.000

附录 分析附表

附表4 1975年、1995年、2015年行政村聚落规模地形因素成分矩阵

成分	1975年	1995年	2015年
	主成分1	主成分1	主成分1
Zscore（SSlopeValue）	0.997	0.996	0.996
Zscore（SDXQFDValue）	0.997	0.996	0.996

附表5 1995年和2015年行政村生产条件主成分特征值、方差贡献率和累计方差贡献率

成分	1995年			2015年		
	特征值	方差贡献率（%）	累计方差贡献率（%）	特征值	方差贡献率（%）	累计方差贡献率（%）
1	**3.958**	**79.169**	**79.169**	**4.725**	**94.504**	**94.504**
2	0.676	13.510	92.679	0.183	3.667	98.171
3	0.184	3.690	96.369	0.058	1.160	99.332
4	0.126	2.524	98.893	0.027	0.537	99.868
5	0.055	1.107	100.000	0.007	0.132	100.000

附表6 1995年和2015年时期行政村生产条件成分矩阵

成分	1995年		2015年
	主成分1	主成分2	主成分1
Zscore（WYGA95）	0.932	-0.234	0.924
Zscore（WYGOP95）	0.856	0.448	0.986
Zscore（SGA95）	0.952	-0.174	0.985
Zscore（SGOP95）	0.865	0.434	0.987
Zscore（PlantA95）	0.838	-0.449	0.977

附表7 1975年、1995年和2015年三个时期提取变量主成分计算公式

变量	年份	计算公式
行政村聚落平均规模	1975	ZMJuLuoScale = 0.560210955 × ZMJuLuoA + 0.586885584 × ZMHuShu + 0.584575912×ZMPop
	1995	ZMJuLuoScale = 0.572558627 × ZMJuLuoA + 0.580941893 × ZMHuShu + 0.578518052×ZMPop
	2015	ZMJuLuoScale = 0.560603196 × ZMJuLuoA + 0.585779105 × ZMHuShu + 0.585309231×ZMPop

续表

变量	年份	计算公式
行政村地形因素	1975	ZXLandForm2＝0.707106781×ZSSlopeValue+0.707106781×ZSDXQFDValue
	1995	ZXLandform2＝0.707106781×ZSUMSlope+0.707106781×ZSUMDXQFDV
	2015	ZXLandForm2＝0.707106781×ZSUMSlopeV+0.707106781×ZSUMDXQFDV
行政村土地生产条件	1995	ZlandProduct ＝ 0.79169 ×（0.46821266 × ZWYGA95 + 0.430389579 × ZWYGOP95+0.478511278×ZSGA95+0.434903034×ZSGOP95+0.42122206×ZPlant95）+ 0.13510 ×（-0.284778853 × ZWYGA95 + 0.545485474 × ZWYGOP95-0.211398345×ZSGA95+0.527984705×ZSGOP95-0.545792537×ZPlant95）
	2015	ZplantProduct ＝ 0.425078052 × ZPlant15 + 0.453655246 × ZWYGA15 + 0.453300239×ZWYGOP15+0.45401981×ZSGA15+0.449322237×ZSGOP15

附表8　聚落数量影响因素逐步回归分析过程及结果

模型	变量	非标准化系数 B	标准误差	标准系数	t	p
第一步	常量	−5.757E-17	0.196		0.000	1.000
	X7	0.418	0.129	0.654	3.234	0.006
第二步	常量	−3.693E-17	0.159		0.000	1.000
	X7	0.338	0.109	0.529	3.114	0.008
	X1	0.254	0.089	0.487	2.866	0.013
第三步	常量	−1.051E-16	0.126		0.000	1.000
	X7	0.402	0.089	0.629	4.531	0.001
	X1	0.312	0.073	0.598	4.277	0.001
	X9	−0.419	0.142	−0.419	−2.949	0.012

附表9　聚落数量影响因素逐步回归方差分析表

模型	变异来源	平方和	df	均方	F	p
第一步	回归	6.414	1	6.414	10.457	0.006
	残差	8.586	14	0.613		
	总计	15.000	15			
第二步	回归	9.739	2	4.869	12.032	0.001
	残差	5.261	13	0.405		
	总计	15.000	15			

续表

模型	变异来源	平方和	df	均方	F	p
第三步	回归	11.950	3	3.983	15.672	0.000
	残差	3.050	12	0.254		
	总计	15.000	15			

附表 10 聚落数量影响因素逐步回归相关系数和决定系数表

模型	复相关系数（R）	决定系数（R^2）	p
第一步	0.654	0.428	0.006
第二步	0.806	0.649	0.013
第三步	0.893	0.797	0.012

附表 11 聚落数量影响因素逐步回归分析未进入方程的自变量

模型	变量	标准化系数	t	p
第一步	X1	0.487	2.866	0.013
	X2	0.209	1.021	0.326
	X3	−0.343	−1.433	0.176
	X4	0.294	0.953	0.358
	X5	−0.157	−0.714	0.488
	X6	−0.341	−1.618	0.130
	X8	−0.198	−0.976	0.347
	X9	−0.255	−1.223	0.243
	X10	−0.177	−0.808	0.434
	X11	−0.418	−2.265	0.041
第二步	X2	0.188	1.144	0.275
	X3	0.019	0.073	0.943
	X4	0.436	1.879	0.085
	X5	0.019	0.095	0.926
	X6	0.038	0.146	0.886
	X8	−0.186	−1.140	0.277
	X9	−0.419	−2.949	0.012
	X10	0.062	0.303	0.767
	X11	−0.101	−0.366	0.720

续表

模型	变量	标准化系数	t	p
第三步	X2	0.060	0.411	0.689
	X3	0.408	1.955	0.076
	X4	0.382	2.164	0.053
	X5	0.202	1.307	0.218
	X6	0.093	0.447	0.663
	X8	0.157	0.859	0.409
	X10	−0.049	−0.295	0.773
	X11	−0.163	−0.750	0.469

附表12 聚落规模影响因素逐步回归分析过程及结果

模型	变量	非标准化系数 B	标准误差	标准系数	t	p
第一步	常量	3.091E−17	0.208		0.000	1.000
	X1	−0.755	0.112	−0.874	−6.738	0.000
第二步	常量	3.114E−17	0.141		0.000	1.000
	X1	−0.751	0.076	−0.870	−9.936	0.000
	X8	0.611	0.145	0.369	4.209	0.001
第三步	常量	5.670E−17	0.123		0.000	1.000
	X1	−0.565	0.108	−0.655	−5.251	0.000
	X8	0.594	0.128	0.358	4.647	0.001
	X11	0.455	0.207	0.275	2.202	0.048

附表13 聚落规模影响因素逐步回归方差分析表

模型	变量来源	平方和	df	均方	F	p
第一步	回归	31.474	1	31.474	45.399	0.000
	残差	9.706	14	0.693		
	总计	41.180	15			
第二步	回归	37.073	2	18.536	58.663	0.000
	残差	4.108	13	0.316		
	总计	41.180	15			

续表

模型	变量来源	平方和	df	均方	F	p
第三步	回归	38.255	3	12.752	52.301	0.000
	残差	2.926	12	0.244		
	总计	41.180	15			

附表14 聚落规模影响因素逐步回归相关系数和决定系数表

模型	复相关系数（R）	决定系数（R^2）	p
第一步	0.874	0.764	0.000
第二步	0.949	0.900	0.001
第三步	0.964	0.929	0.048

附表15 聚落规模影响因素逐步回归分析未进入方程的自变量

模型	变量	标准化系数	t	p
第一步	X2	-0.093	-0.700	0.496
	X3	0.129	0.933	0.368
	X4	-0.094	-0.708	0.492
	X5	-0.053	-0.383	0.708
	X6	-0.048	-0.306	0.764
	X7	-0.112	-0.824	0.425
	X8	0.369	4.209	0.001
	X9	0.315	2.794	0.015
	X10	0.080	0.519	0.613
	X11	0.310	1.551	0.145
第二步	X2	0.022	0.230	0.822
	X3	-0.070	-0.652	0.527
	X4	-0.132	-1.585	0.139
	X5	-0.052	-0.562	0.585
	X6	-0.132	-1.311	0.214
	X7	-0.137	-1.599	0.136
	X9	0.088	0.675	0.512
	X10	0.146	1.494	0.161
	X11	0.275	2.202	0.048

续表

模型	变量	标准化系数	t	p
第三步	X2	-0.055	-0.611	0.554
	X3	-0.036	-0.369	0.719
	X4	-0.115	-1.551	0.149
	X5	0.011	0.122	0.905
	X6	-0.082	-0.851	0.413
	X7	-0.118	-1.553	0.149
	X9	0.151	1.357	0.202
	X10	0.064	0.602	0.559